本书的出版得到国家自然科学基金项目"清洁产业出口扩张与污染天堂规避——基于贸易、环境政策协调的CGE模型研究"（项目编号：71563061）的资助，书中研究内容为该项目的部分研究成果。

贸易与环境政策协调研究

——中国贸易与环境政策实证分析

兰　天◎著

TRADE AND ENVIRONMENT POLICY
COORDINATION STUDY

—China's Trade Policy Empirical Analysis with the Environment

经济管理出版社
ECONOMY & MANAGEMENT PUBLISHING HOUSE

图书在版编目（CIP）数据

贸易与环境政策协调研究——中国贸易与环境政策实证分析/兰天著.—北京：经济管理出版社，2017.6

ISBN 978-7-5096-5032-5

Ⅰ.①贸…　Ⅱ.①兰…　Ⅲ.①贸易政策—研究—中国 ②环境政策—研究—中国 Ⅳ.①F720 ②X-012

中国版本图书馆 CIP 数据核字（2017）第 054468 号

组稿编辑：郭丽娟
责任编辑：侯春霞
责任印制：黄章平
责任校对：王淑卿

出版发行：经济管理出版社
　　　　　（北京市海淀区北蜂窝 8 号中雅大厦 A 座 11 层　100038）
网　　　址：www. E-mp. com. cn
电　　　话：（010）51915602
印　　　刷：北京玺诚印务有限公司
经　　　销：新华书店
开　　　本：720mm×1000mm/16
印　　　张：14
字　　　数：230 千字
版　　　次：2017 年 6 月第 1 版　　2017 年 6 月第 1 次印刷
书　　　号：ISBN 978-7-5096-5032-5
定　　　价：58. 00 元

目　录

第一章 绪 论

第一节 选题背景与意义

20 世纪 80 年代以来，随着中国对外贸易的不断扩大，国民经济初步实现了从封闭型模式向开放型模式的转变，中国的经济发展已逐步融入世界经济总体的格局中。1985 年中国进出口总额仅 2066.7 亿元，到 2015 年达到 116921.8 亿元，增长了 56 倍，年均增长高达 16.9%，从世界第 11 位上升至世界第 3 位，占世界贸易的比重达 6.2%，中国对外贸易在规模上取得了长足的进步。然而在对外贸易特别是出口贸易高速发展的同时，我国资源、环境问题日益凸显，可持续发展面临严峻的挑战，大部分出口行业的工业废水排放量、废气排放量和固体废物排放量等不断增加。2006 年，中国的工业废气排放量与工业废水排放量分别为 330992 亿立方米和 218 亿吨。

环境损害问题日趋严重，引起了政府的高度重视，中国共产党第十七次全国代表大会报告在 5 个方面、共 15 处强调了环境保护的内容，会议还决定将"建设资源节约型、环境友好型社会"写入《中国共产党章程（修正案）》，这充分表明环境保护作为基本国策真正进入了党和国家工作的主干线、主战场和大舞台。报告对新形势下的环境与资源保护工作进行了科学的定位，标志着中国对环境资源保护问题的认识又有了新的突破和发展，开始进入了一个可持续发展理论进一步深化的全新发展阶段。

近几十年来，各环境污染指标均呈现出上升趋势，经济贸易增长与环境污染之间的关系以及出口产业扩张对中国环境的影响已经受到了国内学者的广泛关注。目前，就理论研究而言，围绕贸易与环境损害问题的分析在国内不断增多，中国学者从贸易与环境的作用机制（赵玉焕，2001）、污染产业转移动因以及壁垒对产业国际竞争力的影响效应（赵细康，2003）等基础理论问题出发，探讨了中国贸易增长过程中存在的环境损害。关于中国实务贸易附带环境负担转嫁压力不断增大（刘敬智等，2005）、自由贸易条件下的有效环境保护在非合作博弈下必将成就"向下竞争"的战略性环境政策（佘群芝，2003）以及贸易与环境挂钩的南北分歧导致国际环境合作的"囚徒困境"（范纯增等，2003）等研究结论，则从不同角度映射出中国贸易增长与环境协调的紧迫性。与此同时，生态足迹理论模型关于中国进出口贸易中的生态足迹对经济发展的可持续性由赤字转为盈余（陈丽萍等，2005）、中国水污染和收入增长回归分析求证出的污染征税制度可以消除环境扭曲的可喜结论（Dean，2000)，又为贸易增长与环境冲突协调机制的建立提供了有益的理论借鉴。然而就目前已有的研究文献来看，实证分析的结论层出不穷，难以达到一致，使西方学者的研究成果很难直接应用到我国贸易与环境问题的政策实践中。有鉴于此，本书试图从理论上初步构建分析贸易增长与环境污染的基本框架，同时运用中国实际经济数据对我国贸易与环境政策的内在关联及相互作用机制进行实证分析。希望研究结论能够为中国贸易增长方式转变和环境治理提供深层理论基础和战略调整思路。

中国已经成为 WTO 的正式成员国，各国之间的经济联系越来越广泛和频繁，贸易发展使中国直接面对贸易与环境冲突的挑战。如何把握国际环保大趋势，实现贸易与环境保护的协调发展，我们需要更为有效的理论指导。就研究意义而言，中国关于贸易与环境问题的学术研讨还比较少，本书在前期研究成果的基础上，以经济活动存在生态边界为分析起点，研究中国环境损害中贸易增长的动态成因及其协调机制构建等问题。从现有研究成果上看，贸易快速、持续增长不是环境恶化的根本原因，自由贸易在提高资源配置效率的同时也造成了环境损害（Strutt，2000)。贸易政策处理环境问题尚存在一些不确定的后果（Schleich，1999)，而环境政策对贸易规模和方式的影响，无论在范围和程度上都存在着诸多争议（Oates，1995)。因此，中国贸易发展与环境冲突应在理性思考中审慎解决。此外，以产业扩张为支撑的贸易增长引致的环境污染，因其对不同产业生产力交互影响的负外部性而呈现差异化特征，本书对贸易与环境冲突的政策协调研究将在贸易与环境内在关联的基础上，通过构架清洁产业出口扩张的战备性贸易政策理论框架，借助贸易与环境 CGE 模型实证分析中国贸易与环境政策协调的途径与措施。因此，从理论上扩展贸易与环境政策协调问题的研究内容，无论对理论本身的丰富与发展或是对实践活动的政策指导都是十分有益的。

第二节　研究思路与内容

针对贸易与环境污染冲突的政策协调这一核心问题，本书首先回顾了国内外学者关于贸易与环境问题的理论和实证研究文献，并结合改革开放以来中国对外贸易发展与环境污染不断恶化的新背景，对现有理论与模型进行归纳及应用拓展，针对目前贸易政策与环境政策缺乏统一协调和联动的现状，提出了以调整出口产业结构、降低环境污染为目的的贸易与环境政策协调理论依据和政策措施。

其次，以扩张清洁出口产业为理论出发点，构建战略性贸易政策理论模型，探讨出口大国实施战略性贸易政策的先发优势。结合中国实际经济贸易数据，推导贸易政策的选择工具和最佳作用力度。通过建立适合本研究内容的全新内梅罗累积指数等综合指标，按照产业污染程度将中国产业分为清洁型产业和污染型产业，并在此基础上提出战略性、贸易性的运用范围。

最后，结合中国可持续发展原则，探讨 WTO 体制下贸易与环境政策协调的方法与路径，重点分析贸易政策、环境政策以及环境污染控制政策之间的关系和相互之间的作用机理，为我国制定合理、科学的环境贸易政策提供一定的依据。由于贸易对我国的经济规模、产业结构和技术进步产生了综合复杂的影响，进而影响我国的污染水平，所以贸易增长对环境的影响具有复杂性、全方位性。基于此，本书引入 CGE 贸易环境模型，结合贸易环境效应，对中国代表性产业贸易环境问题、战略性贸易政策运用等进行了实证研究，并在此基础上给出政策建议。研究思路如图 1-1 所示。

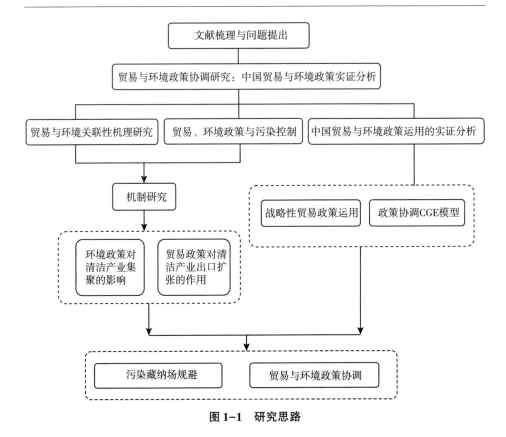

图1-1　研究思路

从总体上看，对贸易与环境问题的理论和实证研究主要集中在以下五个方面：第一，贸易自由化对环境质量、社会福利的影响；第二，环境政策或环境管制对比较优势、专业化生产、污染产业转移、贸易方式以及贸易条件的影响；第三，战略性贸易手段的环境政策应用；第四，贸易与环境政策目标的冲突与协调；第五，跨国界环境污染问题。虽然有关自由贸易与环境问题的争论仍在继续，但学者们普遍认同以下研究结论：一是开放的贸易促进了经济增长，改善了社会福利；二是自由贸易并不一定会导致环境恶化，但需要以适当的环境政策为前提。

本章将对贸易与环境研究的理论和实证文献予以概括性综述，目的在于为进一步的分析提供理论借鉴和研究方法。

第三节 国内外研究现状

一、贸易与环境问题的理论研究

贸易对环境的影响既是贸易与环境关系的一个基本内容，也是深入研究其他问题的出发点和归宿。随着这一问题涉及因素的不断增多，围绕该问题的争论也越加激烈。这里介绍两种比较具有影响力的观点，并对其研究方法和结论进行分析。

（一）贸易对环境质量及社会福利的影响

1. 贸易有害论观点

随着环境保护意识的增强，大多数环境学家认为贸易对环境的直接影响是不利的，这一观点也在一定程度上被部分经济学者所认同，他们认为贸易是环境问题出现的直接原因，不加限制的贸易会使生态环境遭到破坏，尤其在环境政策宽松的国家，贸易对环境的危害更大。贸易有害论观点认为，如果商品生产和消费模式对环境产生负面影响，那么开放贸易后，世界产出的增加会导致环境更进一步的破坏。[①] 例如，Chilchilnisky（1994）认为，[②] 在私人产权没有得到明确界定的情况下，自由贸易会加速发展中国家环境资源的破坏，从而对全球环境构成进一步的威胁。Daly（1993）考察了自由贸易对污染排放量的影响，结论是自由贸易将加剧环境污染。Daly 和 Goodland（1994）、Ayres（1996）对贸易自由化带来的经济增长与环境保护关系的积极性提出了质疑，认为这种贸易增长不但不是改进社会福利的重要因素，而且与环境保护目标背

---

① 该理论假定环境政策和生产方式均是外生变量。

② Chilchilnisky（1994）是最早使用扩展的 H-O 模型分析发展中国家和发达国家之间贸易污染问题的学者之一。在他的论文中，将产权机制不完备的发展中国家称为南方，而将发达国家称为北方。由于没有很好地解决产权问题，与北方相比，南方在既定的环境商品价格下总是比北方消耗更多的超过最佳数量的环境资源。

道而驰。

Copeland 和 Taylor（1997）利用南—北模型对国际贸易的规模、结构和技术环境效果进行了分析①，结果表明：①自由贸易降低了北方的污染水平，但增长了南方的污染水平，并使世界总体污染水平增长；②富裕北方生产可能性的增长会导致污染的增加，而贫穷南方生产可能性同样的增长却能够降低污染；③从北方向南方的单方面转移会降低世界污染，但这种做法似乎只存在理论上的可能性。

持有贸易有害论观点的学者在研究思想上固守两个理论源泉：一是对马尔萨斯学说的继承，强调人口增长与自然资源的极限，他们在分析贸易与环境问题中没有充分考虑技术变化的可能性。二是纯粹的环境保护主义思想，带有生态宿命论的色彩，其特点是过分拘泥于热力学二定律的法则。这两种观点在思维上都存在明显缺陷。

2. 贸易有益论观点

贸易有益论观点认为，区域性与全球性的贸易自由化不是环境恶化的根本原因。采用贸易限制手段解决环境问题只会造成进一步扭曲，而基于比较优势的专业化分工能够促进全球资源的有效配置和合理利用，有利于环境保护。因此，更大程度地开放市场，推进贸易自由化进程是减少环境污染的有效途径。

以 Keydiche Stevens（1993）和 Runge（1993）为代表的一批学者就贸易有益于环境保护进行了深入的研究。他们认为，随着时间的推移，贸易自由化最终会对环境产生积极影响。Keydiche Stevens（1993）把贸易自由化对环境的影响归结为三个主要方面②：一是规模效应，它反映经济活动规模的变化；二是结构效应，它代表着全球范围内专业化分工的变化；三是技术效应，它体现产业生产技术的改变。规模效应被认为具有加剧环境恶化的作用，而从污染产品向清洁产品的生产结构转变以及清洁技术的应用会使全球环境状况随着贸易自由化进程的推进而大大改善。Stevens 认为，贸易活动不是环境问题的根源，相反，贸易自由化可以为环境保护增加资金投入、提高技术水平以及促进资源的有效配置。

---

① Copeland 和 Taylor（1997）通过将环境视为可再生资源扩展了 Chilchilnisky 的南—北模型。进一步了解参见 Brander, James and Taylor. Internation Trade and Open Access Renewable Resources: The Small Open Economy Case [J]. Canadian Journal of Economics, 1997, 30 (3): 526 - 552; Internation Trade between Consumer and Consrvationist Countries [J]. Resource and Economics, 1997, 19 (4): 567-597.

② 坎迪什·史蒂文斯. 贸易的环境效应 [J]. 世界经济, 1993 (7).

基于 Keydiche Stevens 关于贸易对环境影响的三个效应的研究思路，Bhag-wati（1993）、Selden 和 Song（1994）、Grossman 和 Krueger（1995）以及 Dean（1997）进一步确定了积极效应与消极效应综合作用的"分水岭"，即当收入达到一定水平后，结构效应与技术效应的积极作用终将超过规模效应的负面影响。正如库兹涅茨假设所表明的那样，自由贸易引起的高收入最终会导致一个极低的环境损害。Antweiler、Copeland 和 Taylor（2001）通过引入国家间要素禀赋差异扩展了 Copeland 和 Taylor（1994，1995a）的南—北贸易模型，其研究结果表明，要素禀赋的差异在一定程度上能够控制环境政策差异对比较优势的影响，当国家间资本与劳动差异足够大且资本丰裕国环境政策更为严厉时，它将出口资本密集型产品。他们利用该模型对一组国家 1971～1996 年的二氧化硫污染进行了实证检验，发现规模、结构和技术对环境质量的综合效应是积极的，统计结果表明三种效果对环境的积极影响是显著的。

Runge（1993）把贸易自由化的环境影响分为五个方面，即资源配置效率、经济活动规模、产出结构、生产技术以及环境政策。这些影响可以是积极的，也可以是消极的，取决于所考察的具体情况。Runge 认为，贸易改变了国际间的分工模式，扩大了经济活动的规模。经济活动与污染的非线性关系说明，除贸易之外，产出结构、技术和环境政策也起着重要作用。GDP 增加使生产从污染严重部门转向服务部门，产出结构的变化减少了污染水平，抵消了由于贸易活动带来的部分污染，同时，人均 GDP 的增长会引起对环境保护政策的需求上升。根据 Runge 的分析结果，经济增长规模对环境造成的负面影响一定程度上被产出结构所抵消。因此，从总体上说，贸易自由化在造成污染的同时提高了资源配置效率。人均 GDP 的增长会使环境保护需求增加，并导致产出结构和生产技术的变化，反过来降低污染物的排放量（Runge，1993）。

Anderson 和 Blackhurst（1992）、Gorden（1997）认为，在贸易自由化政策实施的同时，采取适当的环境政策可以改进全球福利。其他自由贸易的倡导者从经典的 H-O 模型出发，论证了贸易自由化提高生产效率、减少资源消耗压力的可能性。因为只要各国专门使用其丰裕要素进行生产的倾向始终存在，那么上述结论就不难成立。

（二）环境政策与产业国际竞争力

就环境保护来说，环境管制（或政策）是一种可供选择的手段。为保护环境，实现人类的可持续发展目标，环境资源的使用应该被赋予合适的价值或价格，以体现其社会稀缺性，这一做法被称为"环境成本内部化"。"环境成本内部化"引发的直接问题是，一国产品国际竞争力将在多大程度上被内部化的环境成本所改变。

在传统的赫克歇尔—俄林要素禀赋模型中，资本与劳动力的禀赋差异是比较优势产生的基础以及国际贸易出现的原因。Siebert（1990）在他的分析中将环境因素纳入了 H-O 模型，并将其列为影响一国比较优势的生产要素。拥有丰富环境资源的国家将倾向于出口污染密集型产品。[①] 例如，假设有两个国家开展贸易，即本国和外国。如果本国富有环境资源，即本国对污染具有较强的容纳能力，那么，当本国环境服务的影子价格小于外国时，本国对环境服务（如污染可能性）的使用将更为廉价。

在发展中国家，由于收入水平低，对环境资源的估价与偏好相对于发达国家比较低，同时，发展中国家的环境保护标准、环境成本内部化过程普遍较低，从而使其在环境资源禀赋方面拥有了某种依赖于低环保标准的所谓"虚假"比较优势。这就直接导致了环境标准与国际竞争力关系的争论。

关于环境管制对产业国际竞争力的影响，理论上存在着两种观点。传统观点认为一国较高的环境标准会降低本国厂商的国际竞争力，严厉环境管制带来的利益甚至有可能因国外市场的丢失而被抵消。Pethig（1976），Siebert（1977），Yohe（1979），McGuier（1982），Palmer、Oates 和 Portnery（1995）等从不同的角度对这一观点进行了理论辩护。他们认为更严厉的环境管制会成为厂商追求利润最大化问题的新约束，具有更多约束的相同最大化问题只能导致同样或更低的利润。Simpson 和 Bradford（1996）认为，严厉的环境管制对被管制产业的业绩影响是不尽相同的，也是无法精确描述的。实际上，人们无法找到一个合适的例子说明制定更为严格的环境标准确实能够提高产业的长期竞争力。因此，以获得有利竞争条件为目的的严厉环境管制能否作为一种可行的政策措施令人怀疑。

另一派观点的代表 Porter 和 Linde（1995）认为，如果将环境管制与国际竞争力之间的讨论置于动态的分析框架之下，即考虑环境管制变动下生产技

---

① 这里，环境资源"丰富"的定义比较模糊。尽管某些自然资源可以精确地计量其丰富程度，但事实上，对于大部分环境资源而言，其经济意义上的稀缺程度更多地依赖于国内环境标准的严厉程度，依赖于环境成本内部化的状况。

术、产品和生产过程改进的可能性，那么，严厉环境管制与产业国际竞争力提高之间必然存在着因果关系。环境管制增加了厂商面临的限制条件，但它同时也给了厂商改革的动力并可能由此弥补环境管制造成的成本损失。Fredriksson和 Eliste（1998）建立了一个利益集团游说模型，用于说明当环境质量需求增加时，污染税和生产补贴也会同时增加，污染密集型产业通过游说政府可以获得因环境管制导致费用增加的额外补贴。在该模型中，Fredriksson 和 Eliste 论证了环境需求的增加可以通过环境政策和生产补贴政策的相对变化导致出口的增长和进口的下降。

（三）战略性贸易政策

早在 20 世纪 90 年代，Brander 和 Spencer（1985）针对战备性贸易政策的精辟论述对贸易与环境问题的讨论产生了很大影响，关于政府如何利用经济政策干预环境问题的讨论很快集中到战略性贸易政策的使用上。Conrad（1993）和 Kennedy（1994）将战略性贸易政策的分析思路引入贸易与环境的讨论中。在假设的三国垄断模型中，两个国家都只有一个垄断厂商，它们出口全部产品在第三国市场进行古诺竞争。与 Brander 和 Spencer（1985）最初分析框架的不同之处是，两个厂商的生产活动产生了污染，并对本国造成污染损害。当两国政府只能通过征收排污税或制定排放标准来控制污染时，研究结果表明，最佳单边政策是"环境倾销"，即制定相比边际损害等于边际控制成本下的环境政策更为宽松的政策标准。这一结论意味着在古诺—纳什均衡下，两国政府都将使用环境政策补贴本国厂商，并不断降低环境标准，也就是通常所说的"向下竞争"（Race to Bottom）。另外，如果当两个出口国政府通过合作制定更严厉的环境政策，那么两国的污染排放都会降低并能提高世界市场的商品价格，这实际上意味着双方贸易条件的改善。

非合作下的次优状态是环境政策兼顾两个目标的必然结果：一方面，环境政策必须将外部污染内部化；另一方面，政府又想借助宽松的环境政策补贴本国厂商以实现战略性环境政策的目的，宽松的环境政策减少了本国厂商的边界生产成本，并赋予它们在国际市场上更具进攻性的战略竞争。因此，战略性环境政策被定义为依靠降低环境标准来获得贸易利益的贸易发展战略。

当然，这一分析结论毫不例外地遭到了激烈的批评，并引发对战略性环境政策更深入的讨论。Barrett（1994）指出，如果假设两个垄断出口国在第三国市场上进行贝特朗竞争而不是古诺竞争，那么，最佳环境政策将会比边际损害等于边际控制成本下的环境政策更为严厉，其结果是"向上竞争"（Race to Top）而不是"向下竞争"。这一研究结果表明，在贝特朗竞争下，政府通过使用严厉的环境政策以避免本国厂商在国际市场上打价格战。Althammer 和 Buchholz（1995）考察了厂商数目与环境政策之间的关系。结论显示，随着一国厂商数量的增加，政府的最佳环境政策会变得更加严厉，厂商数量增加后，国内厂商贸易条件的改善比战略性贸易动机更为重要。

Ulph（1996a）在以往研究的基础上，将 R&D 投资引入模型中。在他的模型里，环境政策不仅直接影响本国厂商的边际生产成本，而且还通过对厂商 R&D 投资的推动作用间接影响厂商的边际生产成本。Ulph 认为，环境政策对厂商 R&D 投资的影响会改变政府进一步放宽环境政策的动机。

目前，对战略性环境政策的关注主要集中在发达国家和发展中国家的关系问题上。一方面，由于发达国家的环境标准通常高于发展中国家，因此，前者往往指责后者构成"环境倾销"，[①] 主张用贸易措施加以限制；另一方面，发展中国家认为这些指责实际上是发达国家设置的非关税壁垒和市场准入障碍，是新贸易保护主义行为。

参与战略性环境政策讨论的还有 Walz 和 Wellisch（1997）、Sturm（2000）以及 Ulph（2000），理论上的争论由于缺乏实证研究的有力支持而显得异常激烈。

国际环境政策的最初应用是 Barrett（1994）对环境标准和 Conrad（1993，1995）对税收问题的讨论。这些研究表明，与边际社会收益等于边际社会成本的最优政策相比，在贝特朗竞争下，政府在纳什均衡时所选择的环境政策更为严厉，而在古诺竞争下则较为宽松。

在研究环境政策的国际维度方面，贸易与环境文献始终占有一席之地。一些论文将注意力集中在战略改革与环境问题上，如 Ulph（1992）、Ulph（1994）、Ulph（1996a、b）和 Ulph（1996）。另一些异于排污标准和排污税的政策研究包括：Verdier（1993）关于排污技术标准的讨论以及 Ulph（1998）、Ulph 和 Valentini（1998）、Ulph（1997b）、Johal 和 Ulph（1998）关于工厂区

---

① "生态倾销"是指一国依靠降低自身环境标准，以取得污染密集型产业的国际竞争力的行为。Rauscher（1994）将其定义为"没有把环境外部效应内部化的政策"。

位的选择、压力集团和跨国公司的影响研究。

1. 战略性贸易政策理论研究

Brander 和 Spencer（1985）建立了战略出口政策模型。该模型假定一个寡头行业中有两个生产同质产品的厂商，分别位于两个不同的国家，并且二者的产品均在两个生产国以外的第三国市场上销售，两国内部无消费，企业在该市场上利润的增加就等同于国民福利水平的上升。贸易政策的目的就是使垄断利润从外国厂商那里转移到本国厂商。如果没有政府的干预，两个技术水平相同的企业之间竞争的结果是：两个企业的销售额和垄断利润额都是相同的。但是，如果本国政府给予本国企业出口补贴，会使本国企业获得一种斯塔科尔伯格领导者地位，增加其在第三国市场的销售额。出口补贴所带来的企业利润增加可能超过补贴额，从而使得本国的福利水平提高。

Brander 和 Spencer（1981，1984）建立了战略进口政策模型，其主要观点是对进口的寡头垄断产品征收进口税，关税带来的进口价格上升会小于关税本身，这相当于政府利用关税来抽取外国寡头垄断厂商的垄断利润，在这样的情况下，本国的关税收入可能会大于消费者剩余的减少，征收关税就提高了本国的福利水平。

Krugman（1984）建立了以进口保护促进出口政策模型，它被认为是传统的幼稚产业理论的扩展。Krugman 认为，在寡头垄断和规模经济的条件下，一个受到保护的国内市场能够使国内寡头厂商获得许多优势，包括：使它们能够借助有保障的国内市场来扩大生产，从而获得静态的规模经济；使它们能够通过大量生产和销售积累经验，使产品成本沿着学习曲线不断下降；使它们能够在国内市场索取较高价格来支持其在国外市场的低价倾销。这些优势能够使寡头厂商增加在国外市场的份额，从而将垄断利润从外国厂商那里向本国厂商转移，提高本国的福利水平。

2. 战略性贸易政策基本模型的扩展

战略性贸易政策的基本模型论证了在寡头垄断市场结构条件下，一国政府可以通过贸易政策干预来抽取和转移国外垄断企业的利润或租金，从而提高自身的福利水平。战略性贸易理论提出后，许多学者对战略性贸易政策的基本模型做了多方向的扩展，这些扩展可以分为以下几个方面：

（1）企业竞争行为。Eaton 和 Grossman（1986）指出，根据战略贸易模型的古诺竞争假定，每一个厂商的最佳产出是假定对手的产量给定而推测出来的。但是，如果厂商进行的是贝特朗竞争而非古诺竞争，那么最佳政策应该是出口税而非补贴。同样，Helpman 和 Krugman（1989）说明了在战略进口政策模型中，如果企业采取贝特朗竞争，关税未必会使本国获益。

（2）企业数目。Eaton 和 Grossman（1986）认为，在 Brander 和 Spencer（1985）模型中只有一个本国企业，如果本国企业的数目大于1，在确定政府干预政策时会出现相互矛盾的倾向，这种矛盾存在于以出口补贴来转移利润的动机和传统的为改善贸易条件而施加出口税的动机之间，所以，只有当本国的企业数目不太大时，出口补贴才是合理的。

（3）一般均衡分析。战略性贸易政策的基本模型都是采用局部均衡分析。Dixit 和 Grossman（1986）采用了一般均衡分析，考虑同时存在多个寡头垄断行业的情形。假定每个行业都有一个本国企业和一个外国企业进行古诺竞争，产品销售到第三国市场。在这样的情况下，一国通过出口补贴来支持某一行业的寡头垄断厂商在国际市场上竞争的动机减弱了，这是因为某一行业寡头垄断厂商在国际市场上的扩张和由此带来的利润转移，必然伴随着其他行业寡头垄断厂商的收缩和利润损失。

（4）公共基金的机会成本。在战略出口政策的基本模型中，隐含了这样一个假定，即对出口补贴与企业利润进行同等对待，政府并不关心国内收入的转移支付。但在实际中，筹集补贴会给经济带来扭曲的成本，这意味着1美元公共基金的机会成本大于1美元。Gruenspecht（1988）和 Neary（1994）对这种情况进行了分析，他们指出只有当公共基金的社会成本不太高时，出口补贴才是合理的，否则最佳政策就应该是出口税而不是补贴；并且当政府应该采取补贴政策时，本国企业在成本上越具有竞争优势，补贴值相对也就越高。与此相关的，如果政府出于收入分配的考虑或其他原因更看重纳税人的福利而不是企业股东的福利，那么国内的福利函数就会发生变化。如果将战略进口政策与战略出口政策进行比较，就会发现战略进口政策不大会受到公共基金成本的影响，仅从这一点来看，关税就更可取一些。

（5）企业进入的情况。Markusen 和 Venables（1988）以及 Horstmann 和 Markusen（1986）认为，如果该行业是自由进入的，出口补贴给本国企业带来的利润会诱使新的企业加入，这将会造成行业集中度的降低，提高行业的平均成本，从而降低利润转移效应。因此，造成补贴无法收回，生产者的超额收益率极不可靠，国民福利也比自由贸易条件下低得多。

（6）两国政府同时干预。利用适当的贸易政策从外国企业转移利润的动机不会只存在于一国政府，Brander 和 Spencer（1985）在提出战略出口政策框架时就指出了这一点。他们考察了两国政府同时施加出口补贴的情况，得到的结果类似于一个"囚徒困境"。对两国政府来说，同时对出口进行补贴只能使双方的福利恶化，联合的最优政策应为同时对出口征税。Collie（1991）指出，如果一国预期对手国将进行报复，其利用贸易干预转移租金的动机就会消除。同样的情况在战略进口政策的模型中也会发生。

3. 战略性贸易政策在我国的适用性及政策选择

由于在对战略性贸易政策基本模型的扩展研究中，大部分得出了否定的结论，所以，胡昭玲（2002）把战略性贸易政策的适用条件归纳为三类：一是前提条件，战略性产业要具有寡头垄断的市场结构；二是约束条件，国内寡头垄断企业的数目不能过多，进入战略性产业有长期的较高的进入壁垒，该行业有限地使用瓶颈资源，实施战略出口政策时应有足够的财政收入，政策的实施并未引发其他国家的报复，本国政府决策不被利益集团左右等；三是经济体制条件，即较为成熟的市场经济体制。

胡昭玲（2002）及国内许多学者认为，我国满足实施战略性贸易政策的相关条件。但是曹雪（2004）认为，现阶段战略性贸易政策在我国不适用，原因是我国许多战略性产业以外资企业为主，战略性贸易政策所导致的利润转移大部分为外国投资者获得，而国内消费者的福利水平却会降低。

刘璞（2001）、孙文远（2003）认为，我国成为世界贸易组织成员国以后，贸易政策的制定和实施受到世界贸易组织相关协定的约束，传统的贸易政策工具的使用受到极大的限制，采用世界贸易组织《补贴与反补贴协议》中允许的补贴政策成为我国实施战略性贸易政策的可行途径。胡涵钧和王作维（2005）从战略性贸易政策理论中的外部经济理论出发，认为我国应该采用的战略性贸易政策工具是研发补贴。黄先海和谢璐（2005）以汽车产业为例比较了 R&D 补贴和出口补贴，认为 R&D 补贴是优于出口补贴的政策工具，并且我国政府向企业提供的补贴大大低于最优水平。

4. 战略性贸易政策实证研究

Dixit（1988）评估了战略进口政策在美国汽车行业实施的效果。Dixit 考虑了关税是唯一政策工具和对进口施加关税的同时对本国企业给予生产补贴两种情况。他发现，无论有无生产补贴，最佳关税的数值均应高于对从日本进口实际施加的关税。根据战略进口政策对日本进口实施关税，可以使美国的国民福利提高，但这种福利收益是很小的。在 Dixit 之后，Laussel、Monte 和 Peguin-Feissolle（1988）以相似方法和模型考察了欧洲对日本汽车进口的最佳政策，得出的结论与 Dixit 的基本一致，即欧洲应实行的最佳关税要高于对从日本进口实际实行的关税，这一关税可以使福利提高，尽管提高的幅度并不大。

Baldwin 和 Krugman（1988）以日本在与美国的半导体产品贸易中所实施的贸易保护政策为例，对以进口保护促进出口政策的效果进行了实证分析。Baldwin 和 Krugman 分析了两种政策的效果：一是双边自由贸易的情况；二是贸易战的情况，即双方都对从对方进口施加100%的关税，此时双边贸易不存在。对政策效果的分析集中于政策对市场份额、贸易方式和国民福利的影响。实证结果表明，日本政府的贸易政策确实对保护和促进本国行业发展起了重要作用，进口保护的确起到了促进出口的作用。但是从福利的角度看，日本的保护政策却导致了本国的损失。此外，在贸易战的情况下，日本的福利会受到严重损失；而美国虽然在自由贸易下福利最高，但在日本单边保护的情况下福利会受到损失。

Venables 和 Smith（1986）、Venables（1994）、Smith（1994）考察了欧洲几个产业的最佳贸易政策，他们的结论与 Dixit（1988）的结论非常相似：第一，在寡头垄断市场结构下总有应用战略性贸易政策的可能性，只有在极为巧合的情况下，一个国家的最优政策才有可能是自由贸易。第二，政府的贸易政策对生产和贸易量的影响是很大的，但对福利的影响却很小。

Baldwin 和 Krugman（1988b）分析了在中远程宽体喷气式飞机市场上，欧洲几国通过补贴支持空客 A30 的政策效果及其对美国、欧洲和世界其他地区福利的影响。实证结果表明，欧洲的补贴虽然使空中客车得以存在和发展，并占有了相当大的市场份额，但这种补贴的福利效果从总体上看是不利的，在美国福利受损的同时，欧洲也没有获利，其消费者剩余的增加并不足以弥补补贴的成本，欧洲补贴的最大受益者是美国、欧洲以外其他地区的消费者。

二、实证分析

与理论研究一样，贸易自由化与环境问题的实证分析也可谓异彩纷呈。从已有文献的研究内容看，大体可分为两类：关于贸易模式与产业区位的实证研究以及贸易影响环境机制的分析调查。下面我们将逐一予以评述。

（一）贸易模式与产业区位

从理论研究文献中，学者们似乎看到了随着国家之间要素流动和贸易规模的不断加大，污染产业（环境密集型产业）有从发达国家向发展中国家转移的趋势。出于对收入和政治经济的考虑，特别是在经济发展的早期阶段，丰富的环境资源常常诱导发展中国家放松环境管制标准，因此，发展中国家更多地生产污染密集型产品，这种现象被称为"污染产业迁移"或"污染产业飞行"。当发达国家加强环境管制时可能引起这种产业"置换"，另外，环境管制的缺乏也能吸引污染产业向发展中国家转移，因此，人们又把这种现象称为"污染天堂"。虽然有很丰富的理论研究支持"污染天堂"假说，但实证分析的结果却是十分混乱。

20世纪70~80年代，许多学者对这一问题进行了实证分析，我们先对他们的研究做一简要评述，而后将重点集中在最近的研究成果上。[①] 早期研究表明，环境控制成本相对于总成本的支出很小。Walter（1973）对1968~1970年的数据分析表明，环境控制成本仅占出口商品总成本的1.75%。Robinson（1988）为"污染天堂"假说提供的经验支持显示，1973~1982年美国进口商品的污染含量增长率高于出口产品，这意味着美国在这一时期的贸易活动趋于更多地进口污染密集型商品。Tobey（1990）利用赫克歇尔—俄林—维奈特模型对23个国家65个产业（包括农业）中最具污染的部门进行了统计分析，不同的回归分析表明环境控制对贸易模式的影响并不显著。

Lucas等（1992）为污染产业转移提供了否定的经验证据，虽然他们并没有将污染产业转移现象与国际贸易直接联系在一起。根据1987年美国环境保护署（Environmental Protection Agency，EPA）有害物品详细目录资料和产业统计数据，作者首先计算出美国不同行业单位美元产出的有害物排放总量，然后假定这些污染强度对56个国家在1960~1988年保持不变，并依此对上述国家的有害污染数据进行了分析比较。最后，Lucas等在考虑贸易自由化对有害

---

① 有关20世纪70~80年代的研究成果可参见早期Dean（1992）、Xign和Kolstad（1996）的文献综述。另外，Beghin等（1994）虽然未对这一领域给予全面的总结，但也提供了一个很好的前期综述。

物污染排放的影响后得出结论：虽然 1970～1980 年发展中国家有害物污染排放增长较快，但这种快速增长的趋势在封闭经济下表现得更加明显。Lucas 等认为贸易不会引起"污染产业飞行"。Birdsall 和 Wheeler（1992）利用 Lucas 等（1992）的相关数据对拉丁美洲的污染密集型产业进行了实证研究。他们对产业污染强度与收入增长、贸易开放措施以及其他控制变量之间的相关关系进行了回归分析，其研究结果与 Lucas 等（1992）的研究结果十分相似，即缓慢的、封闭的社会经济体系表现出更快的有害污染强度增长，而开放的、快速发展的经济体系则呈现出较慢的有害物污染排放增长。

Low 和 Yeats（1992）通过对 1967～1968 年和 1987～1988 年两组世界贸易数据的比较，以验证"污染天堂"假说的存在。他们建立了一个比较优势指数，即一国某产业出口相对总额（某产业出口总额占世界该产业出口总额的比率）与其全部出口相对总额（一国出口总额占世界贸易总额的比率）之比，如果该指数大于 1，那么该国在这一产业上具有明显的比较优势。根据美国环境保护署有害物品详细目录资料，Low 和 Yeats 对钢铁、非铁金属、精炼石油、冶金制造和造纸五个最具污染性的行业指数变化进行了研究，结果发现：①在污染行业具有明显比较优势的国家增多；②在一些发展中国家，污染产业占据了很大的出口增长份额；③随着时间的推移，污染产业占出口份额的比重呈下降趋势。由此，作者认为污染产业确实存在迁移现象，但他们并没有将这种现象与发达国家（原生产地）苛刻的环境标准或开放贸易相联系。

Grossman 和 Krueger（1993）做了与 Tobey（1990）相似的工作，他们考察了环境管制对贸易流向的影响。Grossman 和 Krueger 使用了美国从墨西哥进口的数据，其分析结果再一次验证了 Tobey（1990）关于环境政策并不影响贸易流向的结论。

Mani 和 Wheeler（1999）为产业转移理论提供了新的证据，他们认为，富裕国家苛刻的环境标准迫使污染产业向环境管制较为宽松的发展中国家迁移。1960～1995 年，OECD 国家污染与非污染产业的产出比率持续下降，与此同时，污染产业的进口与出口比率却逐年上升，而且被认为最具污染性的产业正是美国环境保护署有害物品详细目录中的前 5 项。另外，作为迁移理论的实证补充，Mani 和 Wheeler（1999）在对拉丁美洲和亚洲（不包括日本）的调查中发现，污染与非污染产业的产出比率上升，而污染产业进口与出口比率却明显下降，这些现象充分说明了污染产业转移的存在。令人遗憾的是，作者并没有向我们澄清引起产业区域重新定位的直接原因是环境管制。实际上，作者也认识到除了环境管制之外，还有其他因素能够对产业转移起到推动作用。它们是：①收入增长和污染密集型产业的低需求收入弹性；②能源和土地价格的上涨（污染产业大都是该要素密集型产业）；③自 20 世纪 70 年代以后发达国家更为苛刻的环境标准。

Wheeler（2000）提供了与"污染天堂"假说完全相反的证据。他指出，那些吸收了世界对外直接投资最多的国家（如巴西、墨西哥和中国），其城市空气污染水平都呈现出下降的趋势。[①]

Grossman 和 Krueger（1993）、Tobey（1990）的回归分析并未对控制成本或环境管制决定贸易流向做出可信的解释，这也使许多学者大感困惑。随之而来的一种可能解释就是，较高的控制成本未必与产出下降必然相连，因为一般均衡的力量可以抵消这种由控制成本变动引起的产出减少。Eskeland 和 Harrison（2002）指出，当控制成本上升时，生产会出现要素替代，如果这些替代要素的使用降低了污染排放，那么，它们对边际成本的减少有可能超过控制成本提高所导致的边际成本上升。这似乎是一种不太可能存在，但又有可能发生的情况。Eskeland 和 Harrison 研究了美国对墨西哥和委内瑞拉的投资状况，结果发现，这些投资去向与它们在本国产业所面对的控制成本并无太大关系。这一结果并不令他们感到吃惊，正如以往研究所述，较大的控制成本不一定意味着更高的边际成本。

出于对环境政策解释贸易模式的模糊认识，Levinson 和 Taylor（2001）、Ederington 和 Minier（2001）提出了一种有力的论点。他们认为，经济理论实际上是将环境政策视为内生变量，战略性贸易观点将环境政策作为保护产业的贸易工具，政治经济文献主张环境政策应该作为社会不同利益集团收入再分配的手段。以上原因表明，将环境政策视为外生变量的做法必然导致错误的结果，并模糊了人们对真相的认识。Levinson 和 Taylor（2001）考察了美国从加拿大和墨西哥（1974～1975 年）进口商品的贸易状况，显示出当环境政策被视为外生变量时，环境政策与贸易流向无关，然而，当把环境政策看作内生变量后，美国国内控制成本最大的产业，其进口增加最多。Ederington 和 Minier（2001）对美国 1978～1992 年所有制造行业的进口状况进行了同样的分析。他

---

① 此处是以可吸入微粒物的密度为标准。

们发现，环境管制对贸易流向十分重要，但影响却很小。特别是，当用控制成本占总成本的份额表示环境管制力度时，环境管制加强导致进口增加，但进口环境管制弹性系数很低（只有 0.53）。然而，环境管制作为内生变量的情况却有所不同，借助因素分析法对两个联立方程求解后的结果表明，环境管制对贸易流向的影响是相当大的，其弹性系数为 3.5。另外，他们还发现，当进口渗透对环境政策有很重要的负面影响时，环境政策可以间接地用于产业保护的目的。

检测环境政策对产业区位影响的另一种方法是产业内厂商在某一区域选择范围内估计环境政策的边际效果。Levinson（1996）选择了 48 个具有诸如市场规模、基础设施、工资、能源成本等影响工厂设置因素的国家，应用有条件的多元逻辑模型解释了美国公司在这 48 个邻近国家的工厂设置。在引入不同环境管制程度的变量之后，其结果十分复杂。然而，环境法规的 FREE（Fund for Renewable Energy and the Environment）指数和产业控制成本两者无论是从单独还是综合来看，对于产业区域的选择都是十分重要的（负相关）。List 和 Co（2000）用同样的方法解释了进入美国的外国公司其工厂位置的选择，结果表明，具有低控制成本的国家和对污染管理不严厉的国家都表现出很强的吸引外国工厂的可能性。

对这些看似混乱的经验文献的总结似乎使越来越多的人更加接受"污染天堂"假说。这一方面是因为在研究的早期，关于"污染天堂"假说的不同结论似乎只能通过相对低的控制成本加以证明[①]，而发展中国家污染产业的相对增长为经验研究提供了很好的证明。另一方面，发展中国家污染产业的增长本身也能够通过发展路径而不是差异化的环境政策所证明。然而，在环境政策内生化理论支持下的经济实证分析正在向人们表明，环境政策并不影响产业区位和贸易模式。

（二）发展评价、贸易与环境联系

了解贸易影响环境机制的有效方法是将贸易对环境影响的经济结果分为规模效应、结构效应和技术效应。这种由 Grossman 和 Krueger（1993）最早提出

---

① 所谓相对低的控制成本是指相对于影响产业区位选择的其他因素而言。这些因素包括取消税收、投入要素价格、市场的相似性、政治稳定性等。

的方法现在已经被经济学者广泛采用。

规模效应与产出扩张引起的污染排放量的变化紧密相连，当然，它是以假定经济活动本质上没有变化为前提的。也就是说，经济的所有部门按比例扩张，且生产技术保持不变，污染的变化只是由规模效应引起的。显然，在开放贸易条件下，这是一个不可能实现的结果。由于要素会随着价格的相对变化在产业之间重新配置，贸易引起具有比较优势部门的生产扩张和其他部门的生产规模收缩，由这种产出结构变化所引起的污染变化被称为结构效应。另外，开放贸易和对外投资很可能改变生产过程中的技术应用，进而改变单位产出的环境损害。

有许多渠道能说明生产技术的变化，例如，贸易能够引进更清洁的技术。然而，最主要的渠道还是依赖于收入的增长。虽然，经验文献对贸易是否能加速经济增长仍然存在着不同的看法，但大多数学者认为贸易能够引起经济增长。假定环境质量是正常品，那么，当贸易引起收入增加后，人们对更好的环境质量的需求也会增加。因此，严厉环境标准的实施会转化为使用更清洁的技术或增加对污染控制的投入。

规模经济无疑会引起环境恶化，而结构效应对环境的影响取决于一国的比较优势和技术效应对环境的积极作用。因此，贸易对环境是否有益似乎并不明确。例如，结构效应使一个国家放弃了污染产业的生产，并专业化生产清洁产品，那么，贸易很可能是有益的。[①] 但在这种情况下，被一个国家放弃的产业会在另一个国家重新开始生产，因此，由贸易所引起的全球结构效应是中性的。此外，如果技术效应随着收入的增加变得比从前更强，那么国家的环境终将得到改善。Grossman 和 Krueger（1993）的跨国研究表明，二氧化硫和烟雾的排放量在某一个临界值水平之下会随着收入的增长而增加，一旦超过这一临界值，污染排放水平就开始减少。因此，用图形表示的污染排放与收入的关系呈倒 U 形曲线。

某种技术条件和偏好结构必然遵守库兹涅茨曲线。López（1994）验证了库兹涅茨曲线的存在要依赖于污染和清洁要素之间的高技术替代弹性以及对风险厌恶有一个较高的偏好。同样，就环境和消费品而言，福利必然是不相似

---

① Bandara 和 Coxhead（1999）借助于可计算一般均衡模型考察了斯里兰卡的贸易污染情况，结果表明由于贸易结构效应的积极影响占据主要作用，贸易对该国的环境是有益的。

的。另外，如果环境改善被认为是控制污染投入的结果，那么正如 Andreoni 和 Levinson（1998）所说的那样，为了满足库兹涅茨曲线，技术必须能够增加规模报酬。涉及技术要求是非常重要的，因为它们并不是对所有产业和整个经济体系的统一描述。

Grossman 和 Krueger（1993）对 KEC 曲线的发现激发了许多学者用不同的样本（国家和时间段）、污染物和环境质量标准去验证它的存在。虽然我们不能对所有相关文献进行广泛的评述，但关注这一问题的主要研究脉络却是十分必要的。① 正如 Grossman 和 Krueger（1993）所显示的那样，大多数研究表明，就二氧化硫而言，KEC 曲线似乎是存在的。然而，这一结论最近被 Stern 和 Common（2001）的一项实证研究所否定，他们认为污染水平只随着时间而不是收入表现为倒 U 形曲线。对于可吸入污染微粒物的 KEC 检验结论相当混乱，如 Grossman 和 Krueger（1993）对可吸入污染微粒物的 KEC 检验否定了倒 U 形曲线的存在，而 Wheeler（2001）以发展中国家为例对可吸入污染微粒物的 KEC 检验却提出了与 Grossman 和 Krueger 相反的结论。另外，对二氧化碳的 KEC 检验结论也各不相同，这一点从 Galeotti 和 Lanza（1999）的研究中可窥一斑。对于产业水污染（Hettige 等，1999）和采伐森林（Koop 和 Tole，1999），KEC 曲线似乎不存在。有证据表明，对于像生活垃圾、臭氧等，KEC 也不存在（或者说人们还没有观察到倒 U 形曲线的转换点）。

总的说来，通过贸易和经济发展改善环境质量似乎并不存在一条预先可知的路径。贸易能够引起经济增长的变化，而这种变化本身既可能有利于环境也可能对其造成损害。如果比较优势能够由环境管制的差异所决定，那么贸易很可能对环境是有害的。对于一些污染物，尤其是对本国环境有重要损害的，如与酸雨有关的二氧化氮，KEC 曲线也许存在，但就全球范围的污染排放，如二氧化碳和温室气体来说，KEC 曲线是否存在还不十分清楚。

---

① 更为全面完整的关于不同污染物与环境质量测度的 KEC 实证研究，请参见 Nordstrom & Vaughan. Trade and Environment ［C］. Special Studies 4, World Trade Organization, Geneva, 1999.

第四节　结　论

随着环境保护意识的不断增强，人们对贸易与环境问题的关注也越来越多，丰富的理论与实证研究使我们有些应接不暇。本章的主要任务是通过对贸易理论与环境经济学思想的基础性回顾，思考如何将环境因素引入贸易分析框架之中，以便于为下一步展开的贸易与跨国界污染讨论提供理论借鉴和研究方法。

从西方主流的自由贸易理论——赫克歇尔—俄林的要素禀赋观点出发，结合现代贸易理论的一般均衡分析方法，我们不难发现新古典主义信奉的自由贸易准则仍然是世界贸易体系的基石，贸易有效论的思想即便是在现实与理论假设存在明显背离的情况下，似乎也没有受到根本的动摇。随着人们对贸易与环境问题的关注，环境因素影响贸易的思想正逐渐纳入贸易理论的分析视角。尽管在分析技巧和分析范围上还有进一步拓宽的空间，但对环境因素融入贸易理论的根本认识，理论界却有着大致相同的看法，即环境污染因素导入贸易模型，正在赋予贸易理论以新的含义，贸易理论的发展应具备更广的包容性，而分析环境与贸易问题所依托的国际贸易理论基础仍然是古典自由贸易理论。

从现代环境经济学的角度看，经济学对污染的解决办法是在自然环境的自净能力条件下，寻找最优污染。经济学者并不主张"零污染"，因为"零污染"意味着"零发展"。通常解决环境污染的经济手段有两种：一是利用经济学中解决外部性的传统方法，即以庇古理论为代表的庇古税（补贴）、合并、内在化和产权重组等政府干预市场措施。二是以科斯定理为指导的非政府干预行为。应该说，两种理论的现实运用都有其局限性。

庇古税实施的难点在于首先需要知道最优污染水平。由于环境评估中往往存在着误差，又由于信息不对称等原因，不论是最优水平的确定，还是对环境污染达到最优水平时的边际私人净收益的估计，都会存在相当的难度。在开放贸易条件下，这类信息将更难得到，信息不对称是实施庇古税的一个重要障碍。另外，庇古税不能很好地解决由谁付税的问题，这也成为一些利益集团反对该政策的借口。

科斯定理从理论上论证了产权途径具有使环境管理达到帕累托最优的潜力。但这一潜力的实现受制于诸多因素，这些因素包括公共物品、交易成本和策略行为。首先，跨国界污染以及全球性的环境问题与环境资产的价值在贸易中被忽略不计密切相关。贸易自由化可能加重"市场失灵"，从而使环境更加恶化。因此，必须纠正市场失灵导致的消极外部效应，以促使资源的合理使用和环境的有效保护。但是，国际环境合作表现为各国提供公共物品的形式，各方倾向于选择"免费搭车"①的策略。只要把这一问题的国际合作严格限于市场条件下，就不可能产生帕累托最优。② 其次，完全竞争假设能否适用于国际间大多数污染密集型产业也是一个值得商榷的问题。Carlo Larraro 和 Yiannis Katsoulacos（1996）认为，寡头市场结构更符合现实国际贸易中的污染产业特征。③ 如果竞争不完全，科斯定理就无法成立。最后，有关全球环境问题的跨国以及多边谈判受到交易成本的制约，高昂的费用阻碍了各方讨价还价和寻求最优解的可能性。

本章对大量理论和实证文献的回顾展示了许多有价值的研究成果。首先，多数学者认为，贸易自由化不是环境恶化的根本原因，采用贸易手段解决环境问题只会造成进一步的市场扭曲。在解决环境问题上，环境政策通常要比贸易政策更为有效，而贸易政策处理环境问题尚存在一些不确定的后果。只有在特定的条件下，贸易限制手段的使用才能达到保护环境的目的。这警示我们在采取贸易手段达到环境保护目标时，必须十分谨慎。其次，发达国家和发展中国家对环境质量有不同的评价标准，因此，各国环境政策的统一协调还存在相当的难度，不同的国家还是需要适合本国实际情况的环境政策。再次，环境政策影响着国际贸易，但在影响的程度和范围上学者们还存在许多争议。最后，现有文献基本支持"倒 U 形曲线"假说，即贸易自由化提高了资源配置效率，同时造成了环境污染。人均 GDP 的增长会使环境保护需求增加，同时也导致产出结构和生产技术的变化，反过来降低污染物的排放量。

贸易与环境的理论研究仍存在着局限性和不完善之处，其主要表现在：

---

① 按照 Varian（1990）的解释，"免费搭车"问题指的是对个人的一种诱惑，即让别人去提供公共物品。一般来说，由于存在"免费搭车"行为，纯粹个人主义的机制不会产生最优数量的公共物品。

② 对环境资产定价的实际困难在于，发展中国家环境资产的价值经常被人为地低估，致使资源密集型初级产品出口定价偏低，为多挣外汇而竞相输出初级产品，导致环境资源过度开发。

③ 汪丁丁. 资源经济学若干前沿课题//汤敏，茅于轼. 现代经济学前沿专题［M］. 北京：商务印书馆，1993.

第一，考察一个具体国家或地区贸易自由化的环境影响，需要大量的资料支持，而数据的缺乏显然限制了人们对此类问题的深入讨论。另外，即使根据目前掌握的资料数据得出的部分结论，也会由于各种原因而使结论变得难以确定。

第二，对自由贸易影响环境的内在机制等问题仍缺乏有说服力的解释，进行政策分析所依据的基础理论框架仍比较简单化和表面化。

第三，现有研究结论对发展中国家有着一定的借鉴作用，但问题在于某些研究是以发达国家作为制度背景的，这无疑削弱了研究结论的普遍适用性。例如，实证研究中所确定的环境保护成本可能不适合发展中国家，它未包括工作环境、健康和安全保障成本，而且，发展中国家投入到环境治理方面的资金起点很低。此外，衡量工业部门所受影响时，需要能对资金花费进行财务上的确认，且工业部门应对有关价格的变动反应灵敏，但这些在发展中国家很难实现。

第二章 贸易与环境污染关联机理研究

贸易与环境之间到底存在着怎样的对立统一关系，又以何种方式相互作用？从 20 世纪 70 年代开始，包括自由贸易主义者和环境保护主义者在内的众多学者站在各自不同的立场，对贸易与环境的关系进行了广泛而深入的研究，直至今天仍然争论不断，尚未形成统一的结论。当前我国对外贸易在规模上取得了长足的进步，但伴随着我国对外贸易特别是出口贸易的高速发展，环境损害也日趋严重。第一章主要对国内外关于贸易与环境问题的理论和实证文献做了回顾，本章在此基础上，主要从环境经济学的角度对贸易与环境损害问题进行深入的理论研究：贸易增长与环境之间是怎样的关系？贸易与环境之间通过怎样的作用机制相互影响？贸易是否会引起环境问题？环境对贸易的发展有什么作用？从而为本书后续的研究提供必要的理论基础。

第一节 贸易的环境效应分析

针对贸易的环境效应问题，本书以泰勒关于贸易与环境问题的研究思路为依据，紧紧围绕贸易可能影响环境的两条核心途径展开：其一是贸易通过影响经济活动水平或规模对环境造成影响。如果贸易刺激经济活动，那么，单纯由贸易所带来的收入增长效应对环境可能是有害的。其二是由于贸易引起各国经济活动结构的变化，因而贸易通过影响经济的布局对环境造成影响。许多环境保护主义者担心，贸易可能导致污染性工业由富裕国家向贫困国家转移，而这种全球经济结构的变化可能导致世界整体污染程度的增加。

由于国际贸易、经济发展与环境之间的关系细微而复杂，把可能导致环境损害发生变化的根本性因素分解为规模效应、结构效应和技术效应对我们的研究是极为有益的，本节我们将分别探讨贸易对环境的这三个效应。国际贸易和经济增长都能对经济起到刺激作用，都可能导致经济规模扩大。因此，我们需要引入一种度量标准以准确地度量经济规模。换言之，我们需要定义一个产出指数。定义这样一种数量化指数的方法很多，本书将选择世界价格水平下净产出的值作为度量经济规模的标准。经济规模 S 的定义如下：

$$S = p^0 x + y \qquad (2-1)$$

其中，p^0 表示没有出现任何扰动因素之前 X 产品的世界相对价格水平。如果世界价格水平发生变化，则依然利用原始的（基期的）世界价格水平度量经济规模 S，这样能够确保经济规模 S 不会仅仅因为世界价格水平的变化而发生变化。当然，如果 x 和 y 的产出由于世界价格水平的变化而发生了变化，则经济规模 S 将随之发生变化，此时需要确定与原始的世界价格水平相对应的新的产出。

有了经济规模 S，由（2-1）式可知污染排放 $Z = e\varphi_x S / p^0$，其中 $\varphi_x = p^0 x / S$ 就是在给定世界价格水平下净产出 x 的值占总的净产出的比重。为了使得该定义更加简化，可以选择 x 产品的度量单位，使得 $p^0 = 1$，则有：

$$Z = ex = e\varphi_x S \qquad (2-2)$$

因此，污染排放取决于生产技术的污染排放强度 e、污染性产业在整个经济体系中所占的比重 φ_x 以及经济规模 S。

在（2-2）式两边同时取对数，并求导则可完成对规模效应、结构效应和技术效应的分解：

$$\hat{z} = \hat{S} + \hat{\varphi}_x + \hat{e} \qquad (2-3)$$

其中，$\hat{z} = dz / z$，以此类推。

（2-3）式的第一项度量规模效应。该项度量在经济体系中产品构成和生产技术维持不变的情况下，仅仅由于生产规模的扩大可能增加的污染排放量。举例来说，在规模收益不变的情况下，如果经济体系中所有要素禀赋增加 10%，而产品的相对价格和污染排放强度均维持不变，则经济体系中的污染排放量也将增加 10%。

（2-3）式的第二项度量结构效应，即产出中污染性产品比例的变化对污染排放水平的影响。如果经济规模和污染排放强度维持不变，则经济体系中投入更多的资源用于污染性产品的生产将导致环境损害程度的增加。

（2-3）式的第三项度量技术效应。如果其他因素维持不变，污染排放强度的下降将降低环境损害的程度。

上述概念可以用图示来阐释。接下来的图 2-1~图 2-3 不仅可以说明上述模型的机理，而且可以很好地展示推动经济增长的不同因素如何以不同的方式对环境产生影响。由于在同一图示中列示净生产可能性曲线和总生产可能性曲线较为繁杂，因而我们将仅仅列示净生产可能性曲线。

一、规模效应

规模效应是指自由贸易扩大了经济活动的规模所带来的环境影响。贸易自由化影响一国经济规模的途径是随着贸易自由化的实施，各国之间贸易摩擦减少，导致一国出口商品的价格上升，从而刺激本国厂商扩大生产，使该国未被开发的国内资源得到充分利用。也就是说，通过自由贸易，一国能够把由于不充分的国内需求造成的未被利用的资源转移到贸易上来，这样本来在生产可能性曲线之内的低效率的生产点就可以外移到生产可能性曲线之上，整个国家的生产规模也随之增加。另外，贸易壁垒的减少，使整个交易市场扩大，各国之间的要素流动打破了一国资源的约束，同时也带来消费需求的增加，从而拉动一国生产的增加、产品规模的扩大。

规模的增长一方面表明自由贸易带来了收益，另一方面意味着对环境造成的损害。在污染系数和产品组成不变的情况下，扩张经济活动会导致污染的增加，这时的经济增长是不利于环境的。当然，随着收入的增长，居民对环境质量的要求也随之提高，他们有较高的意愿购买严格环境标准下生产的产品，这就会刺激厂商降低单位产出的污染密度，同时政府也会制定较严厉的环境标准和税收标准，以此来满足消费需求。从这一角度来讲，规模的收入效应对环境是有利的。通常在收入效应弹性不是足够大的情况下，产出规模扩大会占主导地位，因此加重环境压力。

自由贸易使经济活动的规模和收入增加并促进了经济增长，除非资源效率得到改善与结构变动降低单位产出的资源使用量和污染程度，否则经济活动规模扩大将提高自然资源的使用水平和环境损害程度。在结构和资源使用效率一定的情况下，自由贸易的规模效应肯定是负的。当存在市场失灵时（如产权界定不清晰、无偿使用生态系统、缺乏公共产品等），这种负效应会加大。如果再加上政策失灵，那将会进一步加剧自由贸易的负效应。

若要分离出规模效应，就有必要设定污染排放强度维持恒定不变。例如，政府监管部门征收某一固定的污染排放税就是这样一种情况。设经济体系中所有的禀赋正好同比率增加导致经济规模扩大，λ 为要素禀赋增长因子，则经济系统中新增加的要素禀赋可以表示为（λK，λL）。由（2-2）式取对数后对 λ 求导，即可以把污染排放的变化量分解为规模效应、结构效应和技术效应的表达式：

$$\frac{\dfrac{dz}{d\lambda}}{z} = \frac{\dfrac{dx}{d\lambda}+\dfrac{dy}{d\lambda}}{S} + \frac{\dfrac{d(x/S)}{d\lambda}}{\varphi_x} + \frac{\dfrac{de}{d\lambda}}{e} \qquad (2-4)$$

注意（2-4）式求导过程中利用了（2-1）式，并设 x 具有适当的度量单位正好使得 $p^0 = 1$。假定 x 和 y 在要素 K 和 L 上具有一次同次性，则有：

$$\frac{\dfrac{dx}{d\lambda}+\dfrac{dy}{d\lambda}}{S} = \frac{x(p,\tau,K,L)+y(p,\tau,K,L)}{x(p,\tau,\lambda K,\lambda L)+y(p,\tau,\lambda K,\lambda L)} = \frac{1}{\lambda}>0 \qquad (2-5)$$

因此，规模效应为正。这不难理解，因为要素禀赋规模扩大时也扩大了生产规模。而且，（2-5）式是纯粹的规模效应，因为结构效应和技术效应为零。x 和 y 在要素 K 和 L 上具有一次同次性，意味着 x/S 不受 λ 影响。$d(x/S)=0$，即（2-4）式中的第三项等于零，表明技术效应不存在。由此可知，在污染排放税外生给定的情况下，要素禀赋规模的扩大生产具有纯粹的规模效应，即：

$$\frac{\dfrac{dz}{d\lambda}}{z} = \frac{1}{\lambda}>0 \qquad (2-6)$$

规模效应如图 2-1 所示。A 点，即净生产可能性曲线上生产者单位净产出的价格为 q=p（1-α）时的初始产出点。图 2-1 的下半部分为污染排放密度维持在 e_0 不变的条件下污染排放函数 Z=ex 的曲线图。给定初始产出点为 A，对应的初始污染排放为 Z_a，设要素禀赋同比率扩大使得经济规模扩大。由于规模经济不变，新的生产可能性曲线就是在原生产可能性曲线的基础上向外同比率地扩大，新的产出点 B 点必定与 A 点同在一条射线上。污染排放量则从 Z_0 增加到 Z_b，这一增量就是纯粹的规模效应。

由于污染排放政策维持不变，技术效应不存在，同时，X 产业与 Y 产业

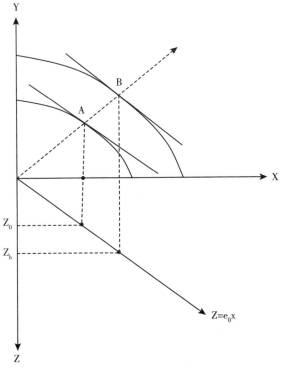

图 2-1　规模效应

同比率扩张，结构效应也不存在，因此，在污染排放效应固定不变的情况下，污染排放的增加完全源自要素禀赋均衡增长所导致的经济规模的扩大效应。

二、结构效应

结构效应产生于贸易所导致的全球范围内的专业化分工。要素禀赋理论认为，每一个国家都应该分工生产并出口该国相对丰裕的要素密集型商品，进口该国相对稀缺的要素密集型商品。自由贸易以后，由于各国的要素丰裕程度不同，因此各国专业化生产的产品也就不同，这样可能导致各国之间的产业在全球范围内进行重新分配。同时，在贸易自由化的过程中，如果一国在某商品上具有比较优势而出口此商品，这时不断减少的贸易摩擦使该商品的价格上升，其影响是使该产业的规模扩大；如果一国在某些商品上具有比较劣势而进口该商品，则贸易摩擦的减少使这些商品价格下降，从而导致该产业规模的缩小。其结果是使一国的产业结构发生改变。

结构效应是指在贸易自由化的进程中，一国不同部门产品的相对价格发生变动，导致各部门相对规模发生变化，从而生产者和消费者改变原有的选择组合。由于不同的经济结构所包含的商品类型和服务不同，因而所需要的资源和环境投入也有很大差别，参与贸易自由化的国家将更加倾向于在其具有比较优势的部门进行专业化生产。随着贸易自由化程度的提高，这种趋势变得更加明显。

贸易能够使一国具有扩张比较优势产业生产规模的趋势，产业结构由此与比较优势相适应。在没有市场失灵和政策失灵的情况下，与封闭条件相比，开放贸易更能适应一国的环境资源禀赋。经济发展水平越高，自由贸易越能使经济结构向着降低污染的方向转化，并加速向清洁产业转移。由于许多发展中国家劳动力成本比其他生产要素低，自由贸易使劳动密集型产业向发展中国家转移。发展中国家在国家资源禀赋丰富以及对环境质量的需求有收入弹性时，自由贸易对可持续发展的影响取决于环境资源是否正确定价（即环境成本内部化），以及这些价值在市场上是否得到充分的体现，否则，自由贸易导致的分工将使经济结构不利于可持续的经济发展。

结构效应的特点是其对环境质量的影响不明确，尤其是当国际间比较优势差异来源于要素禀赋时。开放的贸易促使一国倾向于加大其相对丰裕要素的投入并在这些部门中形成比较优势，最终的影响取决于新的部门相对原有部门而言的污染程度，即取决于扩张部门与收缩部门的相对污染强度比较，如果结构调整形成污染密集型和资源依赖型专业化生产的部门，那么将对环境构成负面影响。结构效应表现为在不同的发展阶段对环境的影响不一样。当劳动和资源密集型居主导地位时，主要的环境问题是对自然资源的过分使用，如毁林、土地破坏等；当经济发展以重工业、石油工业为主导时，有毒物质、空气污染和水污染成为主要环境问题；而当高新技术、服务业在经济中居主导地位时，整个经济就会朝着清洁生产的方向发展。

为了更好地说明结构效应，我们同样设定污染排放强度维持不变，而仅仅考虑资本禀赋的变化。首先我们通过图 2-2 探讨资本的变化对污染的影响，然后再以数学方式证明之。随着资本积累的增加，由于 X 产业是资本密集型产业，生产可能性曲线不再同比率地向外扩大，而是更加偏向 X 轴方向。在生产者价格 q=p（1-α）维持不变的情况下，此时经济系统均衡的产出水平由 A 点移动至 C 点。由雷布津斯基定理可知，相对于 A 点，在 C 点经济系统中 X 产业的产出水平上升了，而 Y 产业的产出则下降了。

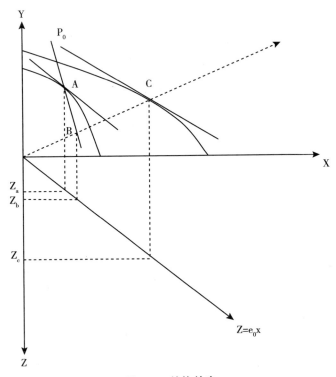

图 2-2　结构效应

此时，规模效应和结构效应同时存在。接下来，我们说明经济系统的均衡点由 A 点移动到 C 点的过程如何分解成规模效应和结构效应。直线 P_0 表示在基期世界价格水平下经济系统初始产出的大小，A 点表示初始产出条件下经济系统均衡时的规模。由于污染政策的存在，直线 P_0 较生产者的价格直线更加陡峭。直线 P_0 上的点都有相同的经济规模，因此，由资本积累引发的经济系统的变化可以分解为两个过程，即 A 点到 B 点，再由 B 点到 C 点。

由 A 点到 B 点的过程就是纯粹的结构效应。此时，相当于整个经济规模维持不变，而仅仅是 X 产业的产出增加。经济系统这一结构性变化使得污染排放由 Z_a 增加到 Z_b。由于 X 产业是污染性产业，所以污染排放增加了。由 B

点到 C 点的过程就是纯粹的规模效应。此时，相当于经济系统的产出结构维持不变，而仅仅是经济规模的增加导致污染排放增加了。在图 2-2 中就是原点出发的联结 B 点的射线上所有点的产出结构是完全相同的，污染排放由 Z_b 增加到 Z_c 就是规模效应。因此，由资本积累所导致的污染排放的增加一方面可以归咎于经济系统产出结构的变化导致污染性产品的产出相对增加，另一方面可以归咎于生产规模的扩大。

接下来，我们利用数学方法分析资本积累增加所带来的上述两种效应。同样，由（2-2）式取对数后对 K 求导数，可以把污染的变化分解为规模效应、结构效应和技术效应，其表达式如下：

$$\frac{\frac{dz}{dK}}{z}=\frac{\frac{dx}{dK}+\frac{dy}{dK}}{S}+\frac{\frac{d(x/S)}{dK}}{\varphi_x}+\frac{\frac{de}{dK}}{e} \qquad (2-7)$$

假定污染排放税恒定不变，技术效应不存在。因此，$de/dK=0$，即（2-7）式右边最后一项等于零。（2-7）式右边中间一项代表结构效应。由 $x/S=1/(1+y/x)$ 以及雷布津斯基定理可知，资本积累增加导致 Y 产业萎缩而 X 产业扩张。由 $d(y/x)/dK<0$ 可知，资本积累增加所带来的结构效应无疑将导致污染排放增加，即：

$$\frac{\frac{d(x/S)}{dK}}{\varphi_x}>0 \qquad (2-8)$$

上述结构效应即图 2-2 中 A 点到 B 点的变化过程。（2-7）式右边第一项代表规模效应，由前文可知：

$$p(1-\alpha)\frac{dx}{dK}+\frac{dy}{dK}=\frac{d\tilde{G}(p,\tau,K,L)}{dK}=r>0 \qquad (2-9)$$

因此，规模效应的表达式可以改写为：

$$\frac{dx}{dK}+\frac{dy}{dK}=r+\left[p^0-p(1-\alpha)\right]\frac{dx}{dK}=r+\alpha\frac{dx}{dK}>0 \qquad (2-10)$$

（2-10）式必然大于零，因为开放经济中国内价格与国际价格相同，$p=p^0=1$，由雷布津斯基定理可知：$dx/dK>0$。

上述探讨所得的一个重要结论就是，资本积累增加所引发的产品结构变化必然导致污染排放的增加，而这具有非常重要的实践指导意义。如果我们仅仅观测到资本丰裕程度这一个指标，显然无法预知各国污染排放程度的差异，但是在各国经济规模和污染排放技术完全相同的情况下，我们可以肯定，由于结构效应的存在，资本密集型国家的污染排放必然更高。

以上关于结构效应的探讨仅仅局限于资本积累效应，但是如果考虑由于劳动力要素禀赋增加而导致产品结构发生变化，则我们将得到相反的结论，即劳动力增加所引发的产品结构变化将导致污染排放减少。由雷布津斯基定理可知，劳动力的增加将导致清洁产业 Y 的产出增加，污染性产业的产出下降，因而 x/S 将随着 L 的增加而下降，这意味着此时产品结构的变化将导致污染排放下降。因此，劳动力要素禀赋的增加与资本积累的增加对环境污染的影响正好相反。

总体而言，如果外部扰动导致经济系统产出结构的平均污染排放水平上升，则产品结构为正，污染排放水平将上升，反之亦然。在上述较为简要的模型中，其结论简单而直观，但即使推广到更加复杂的一般化模型中，其基本结论依然十分可靠。

三、技术效应

贸易对环境的技术效应是指随着人均收入水平的提高，生产单位产品所造成的环境损害程度不断降低。贸易自由化对一国技术的影响主要通过以下几种途径：一是各国之间不断开放的贸易促进了生产增长，而生产分工使各国在其拥有比较优势的行业扩大生产规模，提高整体收入，使各国有更多的资金投入技术的开发与研究，有利于技术的改造和创新。二是贸易壁垒的减少使各国之间的贸易交流更加频繁，交易范围扩大，加速了先进技术和设备在全球范围内的传播，使发展中国家更容易学习和模仿发达国家的先进技术，节约开发成本和时间。三是自由贸易加剧了世界市场的竞争，在优胜劣汰的环境中，迫使企业提高生产效率，降低生产成本，改进产品质量，由此推动开放国家的技术创新。

技术效应包括两个方面：一是投入—产出效率的提高；二是可贸易清洁技术的采用。清洁技术的采用会减少单位投入和产出中的环境消耗，有利于环境质量的提高。当自由贸易提高了经济效率时，从既定的投入产出更多的产品这个意义上讲，这一作用对资源利用和环境保护来说是积极的。Cheneer（1986）

所做的一项对贸易战略与全要素生产力增长的回归分析中，将其对工业化与发展的系统研究集中在整个要素生产力增长的源泉上。研究结果提醒人们，贸易开放时期也是整个要素生产力超乎寻常增长的时期。贸易自由化带来的出口扩张有助于形成行业的规模经济。同时，其导致的竞争对削减生产成本形成了有效的刺激，规模经济和成本减少都提高了全要素生产力对经济增长的贡献。可以说，自由贸易促进了经济增长方式由外延型向内涵型的转变。随着这一转变，经济活动和投入之间的技术转化系数不断改善，单位经济活动的环境资源投入随时间而递减，产出的扩大并不一定增加对环境资源的消费。这可能部分甚至全部地消除规模扩大对于环境的负面影响，使资源永续利用、经济的持续发展成为现实。

现在，我们引入环境污染政策变化因子，以考察技术变化对环境污染的影响效应。假设由于外部政策的变化，污染排放税上升，这一变化不会影响净产出的生产者价格，但污染排放强度必定下降。由于更多的资源必须用于污染治理，其结果必然是净生产可能性曲线向内移动。这一外生政策变化所引发的效应如图 2-3 所示。最初，经济系统在 A 点达到均衡，污染的排放量为 Z_a，单位产出的污染排放量为 e_0。污染排放税的上升导致污染治理活动增加，因而使得单位产出的污染排放量下降（从 e_0 下降到 e_1），图 2-3 下半部分所表示的污染排放函数曲线因此上移（任意净产出 x 所对应的污染排放量下降了）。如果产出维持在 A 点不变，则污染排放量从 Z_a 下降到 Z_1。这一过程就是技术效应，即更高的污染排放税导致更加清洁的生产技术，在经济规模和产出结构维持不变的情况下，污染排放量下降了。

环境污染政策的变化也同时具有其他两种效应。首先，由于生产可能性向内移动，经济系统最终的均衡点为 C 点。这一变化过程既包含了规模效应（由 A 点到 B 点），使得污染排放量由 Z_1 进一步下降到 Z_b，也包含了结构效应（由 B 点到 C 点），使得污染排放量最终下降到 Z_c。产出的规模下降主要是由于污染治理增加（因而耗费了更多的资源），而结构效应的出现主要是由于污染治理增加所耗费的资源对污染性产业产生的影响更大。结果是，生产 x 产品的机会成本上升，在世界价格固定不变的情况下，生产者转而更多地生产清洁性产品 y。

为了论证上述结论，由 $\dfrac{de/d\tau}{e} = -\dfrac{1}{\tau} < 0$ 可知，技术效应是负的，因为更高

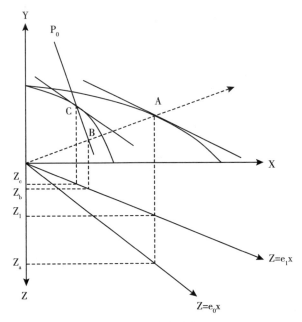

图 2-3 技术效应

的污染排放税降低了污染排放强度。

其次，结构效应的影响方向可以由（2-11）式决定：

$$\frac{d(x/S)}{d\tau}=\frac{d[1/(1+y/x)]}{d\tau}<0 \qquad (2-11)$$

由于污染排放税增加将导致 X 产业萎缩，而 Y 产业扩张，因此（2-11）式必然为负。

最后，规模效应的影响方向由（2-12）式决定：

$$\frac{dx}{d\tau}+\frac{dy}{d\tau}=-z+a\frac{dx}{d\tau}<0 \qquad (2-12)$$

（2-12）式的求解方法与（2-10）式类似。由于 dx/dτ<0，规模效应是负的。因此，更加严格的污染排放政策通过三个效应使得污染排放量下降，包括更加清洁的生产技术、经济结构向更加清洁的产业转移以及产出整体规模的下降。

第二节 贸易模式与区域环境损害分析

第一节对贸易环境的规模效应、结构效应和技术效应进行了详细论述，为量化贸易影响环境的程度提供了理论基础，本节则从引发国际贸易的因素的角度出发，以开放经济体中的污染问题为研究对象，着重讨论南—北贸易模式与引入要素禀赋假设的南—北贸易模式对区域环境损害影响的不同效果。

一、基本假设

为了简化贸易模式对区域环境损害影响的复杂度，我们做以下基本假设：首先，假定所考察经济体中只有资本和劳动（K 和 L）两种生产要素，仅生产资本密集型产品 x 和劳动力密集型产品 y，且前者会产生污染排放 Z，而后者具有清洁性。产品 y 为基准计价单位，$p_y=1$，产品 x 国内市场相对价格为 p，生产者面临的污染排放税 τ（以 y 产品的价格度量）与污染排放强度 e 反向变动。据此，产品 y 的生产函数可表示为：

$$y=H(K_y,L_y) \tag{2-13}$$

产品 x 与污染排放物 Z 的联合生产技术函数为：

$$x=(1-\theta)F(K_x,L_x) \tag{2-14}$$

$$Z=\varphi(\theta)F(K_x,L_x) \tag{2-15}$$

其中，$\theta(0\leq\theta\leq1)$ 表示用于污染治理的生产资源，$\varphi(\theta)$ 为污染治理函数。

其次，假定经济体由南北两个地区组成，每一地区都包含完全相同的国家，两个地区的消费者不仅关心消费，而且关心环境质量，具有完全相同的效用函数。另外，北方国家资本要素相对丰裕，而南方国家劳动要素比较丰裕，并且南北国家在贸易过程中都将面临同样的价格。

最后，污染排放只会对本地区的环境产生效应，而不会对别的地区产生影响，后续的研究中，将相关变量的右上角加星号（＊）表示南方国家的变量。

二、南—北贸易模式

有关贸易和环境损害之间关系的理论分析方法多样，分析角度也各有不同，基于上述基本假设，我们借助 Copeland 和 Taylor（1994）的污染藏纳场模型①来阐述"松"的和"紧"的环境政策引致的贸易模式对不同地区环境损害的影响，并进一步假定南北两地区之间的唯一差别是所实施的污染排放政策的严格程度不同，且环境保护是正常商品。在此基础上，我们分别探讨了由外生性和内生性两种污染监管差异引致的南—北贸易模式如何影响区域环境进而导致污染藏纳场的出现。

（一）外生性南—北贸易模式

我们首先探讨南北两地区污染监管政策都维持恒定不变，即污染监管政策外生给定情形下的南—北贸易模式，之后再分析污染监管政策由内生因素决定时的情形。

依据比较优势理论，南北地区封闭条件下的国内市场价格决定了地区之间的贸易类型，我们借鉴国际贸易研究的通常做法，利用产品的相对供给和需求来确定国内市场的价格。由于各国对产品的偏好完全相同，对 x 的需求可以表示为 $b_x(p)I$，而对 y 的需求可以表示为 $b_y(p)I$，其中，b_x 与 p 呈负向关系，而 b_y 与 p 呈正向关系，x 与 y 的共同相对需求曲线可以表示为（2-16）式，且与国民收入完全独立，因而：

$$RD(p) = \frac{b_x(p)}{b_y(p)} \qquad (2-16)$$

其中，$RD'(p)<0$，如图 2-1 所示。

由于规模效应不变，供给函数可由要素禀赋、x 的相对价格以及污染排放强度 e 的函数表示：

$$x = Lx(p,e,K/L,1)$$
$$y = Ly(p,e,K/L,1) \qquad (2-17)$$

① Brian R. Copeland and M. Scott Taylor. North-South Trade and the Environment［J］. The Quarterly Journal of Economics, 1994, 109（3）: 755-787.

则 x 相对 y 的相对供给曲线 RS 可表示为：

$$RS(p,e,K/L) = \frac{x(p,e,K/L,1)}{y(p,e,K/L,1)} \tag{2-18}$$

其中，$RS_p > 0$。

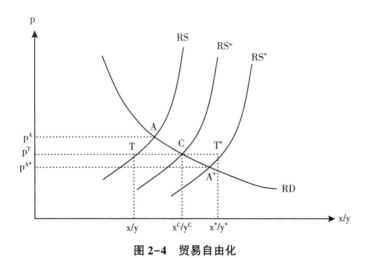

图 2-4 贸易自由化

在图 2-4 中，我们描绘了南北两个地区及世界市场的相对供给曲线。由于两地区要素禀赋完全相同，也就是说 K/L 的比率相同，但是，北方执行比南方更加严格的污染排放政策，这意味着北方国家的污染排放税必定高于南方国家，即 $\tau > \tau^*$。因此，在产品价格 p 给定的情况下，污染排放强度 e 的上升将刺激 X 产业扩张而导致 Y 产业收缩[①]，南方的相对供给曲线 RS^* 必定会位于北方的相对供给曲线 RS 的右下方。而相对需求 RD 独立于国民收入，因而开放经济与封闭经济两种状态下都恒定不变。由图 2-4 中的交点 A 及 A^* 可得出，在封闭经济条件下南方国家 x 的相对价格要明显低于北方国家：

$$p^A > p^{A^*} \tag{2-19}$$

其中，A 为封闭经济状态。

在自由贸易条件下，当贸易达到均衡条件时，世界市场的相对需求必定等于相对供给。对北方国家而言，贸易导致 x 的相对价格由 p^A 下降到 p^T，并促

---

① Bhagwati J. N., A. Panagariya and T. N. Srinivasan. Lectures on International Trade [M]. Cambridge：MIT Press，1998.

使 x/y 下降，即污染性产品 x 的相对供给下降，而清洁性产品的产出会上升，对南方国家而言，其变化正好相反。虽然南北方消费比率都向同一点收敛，即 A 点和 A*点同时趋近于 C 点，但相对产出比率的变动趋势却截然相反，因而，北方国家在清洁性产业上具有比较优势，而南方国家则在污染性产业上具有比较优势，北方国家将出口清洁性产品 y 而进口污染性产品 x，南方国家则相反，形成外生性南—北贸易模式。

在国际贸易自由化的过程中，正如我们在前文中的讨论，这里依然将贸易环境效应分解为规模效应、结构效应和技术效应，见（2-3）式。

首先，我们考察北方国家环境损害的情形，如图 2-5 所示。

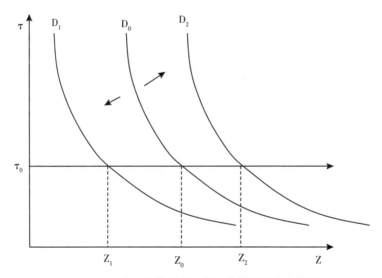

图 2-5　固定污染排放税下的污染排放需求和供给

假设 x 为进口产品，随着贸易的进一步开放，国内 x 产品的相对价格随之降低，这使得污染排放需求曲线向左平移，进而国内污染排放水平由初始均衡点为 Z_0 下降到 Z_1。这是因为规模效应与结构效应作用恰好相反，前者导致产出增加的同时使得污染排放水平上升，而后者可能减少其污染排放水平，表现出负向性，且结构效应相对规模效应总是占据主导性地位[1]，因而，贸易自由

① Antweiler W., B. R. Copeland and M. S. Taylor. Is Free Trade Good for the Environment? [J]. American Economic Review, 2001, 91 (4): 877-908.

化使得污染性产品进口国的污染排放总水平降低。

接下来我们考察南方国家环境损害的情形，不同的是，由于南方国家在污染性产业上具有比较优势，规模效应与结构效应都具有正向性，都将导致污染排放水平上升。如图 2-5 所示，如果污染排放税 τ 恒定，贸易自由化将导致污染排放的派生需求增加，则国内污染排放水平由初始均衡点 Z_0 上升到 Z_2，即国内生产商开始向污染性产业扩张，使得污染性产品出口国的污染排放总水平相应提高。

因此，当国际贸易的出现完全由外生污染排放强度不同这单一因素推动时，国际贸易自由化将使污染排放政策严格的国家（即北方国家）的污染排放下降，污染排放政策宽松的国家（即南方国家）的污染排放上升，因而外生性南—北贸易模式使污染排放政策相对宽松的国家形成了污染藏纳场。

（二）内生性南—北贸易模式

虽然假设不同国家的污染排放政策存在外生差异，很容易就能够推导出南北国家间的贸易模式，但我们发现仅仅探讨外生污染排放政策下的自由贸易是不完备的，如果放松监管的外生性假定，考虑不同地区间经济内在因素差异对污染排放政策的影响，那么，由这种内生性污染排放政策差异引致的南—北贸易模式对区域环境损害的影响与之前外生性条件下得出的结论有何不同呢？

假定地区间实际收入差异是引发国际贸易的唯一因素。[①] 类似于外生性南—北贸易模式中的讨论，这里仍然借助于污染排放的供需框架分析内生性南—北贸易模式。如图 2-1 所示，RD 曲线与之前描述完全相同，而相对供给曲线 RS 的构建较之前略微复杂。由于污染排放强度 e 和 e^* 是由污染排放税和世界市场价格共同决定，且边际损害变化随着实际收入水平的上升表现出非递减趋势，这意味着具有更高收入水平的北方国家愿意为环境质量的改善投入更多的资源，在环境政策弹性条件下，污染排放的供给曲线和需求曲线同时向上移动，导致北方国家的污染排放税高于南方国家。也就是说，当市场价格 p 固定不变时，污染排放强度 $e<e^*$，因而，相对于南方国家，北方国家的相对供给曲线必定位于其左边，且 x 产品的相对价格也比较高，一旦贸易开放，北方国

---

① Copeland and Taylor. Trade and Transboundary Pollution [J]. American Economic Review, 1995 (85)：716-737.

家将进口污染性产品 x 而出口清洁性产品 y，形成内生性南—北贸易模式。

　　虽然内生性贸易模式与外生性贸易模式几近相同，但由于引发国际贸易动因的决定因素不同，从而使这两种贸易模式对区域环境损害的影响程度有明显差异。对于北方国家而言，如图 2-6 所示，由于规模效应与结构效应共同作用，本国污染性产品的生产将会大幅下降，使得污染排放的派生需求降低，由 D_0 下降到 D_1，进而当污染排放税 τ 给定不变时，污染排放水平由 Z_0 移动到 Z_2。然而，由于污染排放政策的内生性，τ 有所降低，此时，污染排放水平从 Z_0 下降到 Z_1，小于 τ 维持不变的情形。产生这种差异的原因是一方面消费者能够进口 x，国内 x 产出下降，使得政府能够放松污染排放政策，这会在很大程度上抵消污染排放需求下降所减少的污染排放量；另一方面国内 x 产品价格同时下降，这使得消费者希望减少环境质量需求以获得更多的消费，导致政府增加污染排放许可，即替代效应也抵消了污染排放需求下降所减少的污染排放量，污染排放供给曲线 S 向下移动。此外，收入效应即本国的实际收入由于 x 产品价格的下降而得到相对提高，使得曲线 S 向下移动，最终，污染排放供给曲线由 S_0 向下移动到了 S_1，但是这一下降幅度必定小于污染需求曲线 D 向下移动的幅度。因此，总体而言，贸易自由化必定会降低污染性产品进口国的污染排放水平。

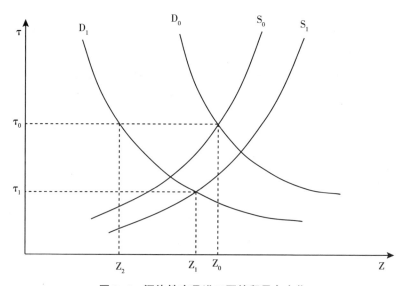

图 2-6　污染性产品进口国的贸易自由化

对于南方国家而言，如图 2-7 所示，贸易自由化将推动污染排放需求曲线由 D_0 移动到 D_1。由于政策的内生性，随着污染产业的扩张，在环境保护压力上升的同时污染排放政策也变得更加严格，即污染排放税 τ 随之增加。此外，消费者对环境质量的需求也由于替代效应与收入效应的共同作用得到了提升，从而推动政府进一步加强环境监管，最终，污染排放税必然由 τ_0 提高到 τ_1。当环境质量需求的收入弹性较低时，污染排放水平不可能上升到 Z_2，而只能上升到 Z_1，上升幅度有所减小。

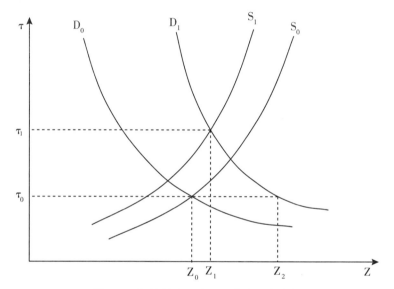

图 2-7　污染性产品出口国的贸易自由化

总之，在内生性南—北贸易模式下，国际贸易的开放会使污染性产品进口国（北方国家）的污染水平较之污染性产品出口国（南方国家）而下降，但由于污染排放政策的内生性，这一污染水平下降或上升的幅度明显小于外生性南—北贸易模式下的情形，即政策响应对一国污染排放水平的变化具有一定的缓冲效果。

三、引入要素禀赋假设的南—北贸易模式

在南—北贸易模式中，我们假定污染监管差异是决定成本和产业集聚地的

关键性因素，从而考察了该贸易模式对环境损害影响的内在逻辑，认为一般情况下污染性最严重的产业应该位于环境监管最宽松的国家，但污染藏纳场模型仅仅反映了影响世界范围内污染性产业布局的众多重要因素之一，而这一假设颇有争论。因此，我们将探讨另一理论模型，允许地区间在其他方面也存在差异，以研究区域间要素丰裕程度上的差异如何与环境监管政策差异一起相互作用并决定国际贸易模式，进而影响区域环境损害。

（一）外生性南—北贸易模式的扩展

当南北两地区的相对要素禀赋与外生性污染排放政策同时具有差异性时，区域贸易模式取决于两者的共同作用效果。根据南—北贸易模式的结论，污染排放监管的加强必然降低污染性产品的产出，而依据要素禀赋假设，资本要素禀赋的相对丰裕则会提高污染性产品的产出。由于这两种引发国际贸易的因素对国际贸易模式的形成产生了截然相反的作用，因而对区域环境的最终影响结果具有不确定性。

我们仍然采用南—北贸易模式中的基本分析框架，南北方国家共同的需求曲线为 RD，相对供给曲线分别为 $RS^*(p, e^*, K^*/L^*)$ 和 RS。设存在一种临界的污染排放程度 e_I，使封闭经济条件下南方与北方国家均衡时的相对价格相等，均为 p^B，如图 2-8 所示。

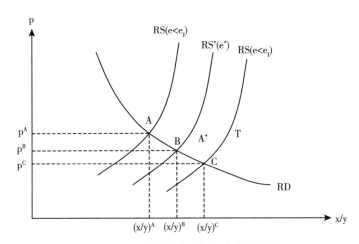

图 2-8 相对供给曲线与污染排放强度

由于相对供给曲线 RS 与污染排放程度 e 具有单调增加关系，因此有：

$$RS>RS^*, e>e_I$$
$$RS<RS^*, e<e_I$$

$$(2-20)$$

当污染排放强度 $e<e_I$ 时，资本要素相对丰裕的北方国家将会出口清洁性产品，即北方国家在清洁性产业上具有比较优势，这种贸易模式会使污染性产业在南方国家扩张而在北方国家收缩，致使南方国家的环境损害加剧，这与之前我们讨论外生性南—北贸易模式对环境的影响所得出的结论一致。

当污染排放强度 $e>e_I$ 时，即 $e \in (e_I, e^*)$，虽然北方国家污染排放政策相对于南方国家更加严格，但国际贸易使得污染密集型的产业逐渐向北方国家转移，仍然出口污染性产品，加剧了北方国家的环境污染压力，使南方国家的污染排放水平反而下降，形成北方地区严格的环境监管与出口污染性产品并存的局面。

（二）内生性南—北贸易模式的扩展

基于扩展的外生性南—北贸易模式，我们分析了国际贸易影响区域环境质量在不受收入水平影响下的情形，这里我们放宽污染排放政策外生给定的假设，研究内生性污染排放政策差异与相对要素禀赋差异并存的条件下[①]，即地区收入决定污染监管的严格程度时，国际贸易模式会呈现出什么样的特征，又如何导致区域环境损害。

仍沿用前文的基本假设与分析框架，各国间具有完全相同的相对需求曲线 RD，而相对供给曲线则由于各国污染排放政策以及要素禀赋比率存在差异而各不相同。首先我们探讨边际污染负效应恒定不变的特殊情形，即污染排放税随着一国实际收入水平 R 的上升而上升，而与相对要素禀赋率 K/L 无关。如果实际收入水平 $R>R^*$，北方国家的污染排放税 τ 必定高于南方国家，这意味着对于任意给定的价格 p，北方国家污染性产品 x 的相对供给必然低于南方国家，即北方国家在清洁性产业上具有比较优势，此时，北方国家将出口清洁性产品，进口污染性产品。而当 $R=R^*$ 时，污染排放水平和污染排放强度亦维持不变，此时得出的结论恰好相反，由于北方国家的资本禀赋相对丰裕且 x 是资

① Richelle Y. Trade Incidence on Transboundary Pollution: Free Trade Can Benefit the Global Environmental Quality [D]. University of Laval Discussion Paper, 1996, No. 9616.

本密集型产品，北方国家便会增加资本 K 的供给而减少劳动力 L 的供给，则资本要素禀赋的相对提高增加了 x 产品的相对供给，这会导致北方国家的相对供给曲线向右移动，从而在污染性产品上形成比较优势。我们接下来研究边际污染负效用递增的一般情形，在收入水平维持恒定不变、污染排放供给曲线向上倾斜的情况下，相对资本要素禀赋的增加会刺激污染性产业的扩张，即 K/L 上升使得环境压力随之上升，从而政府将实施更加严格的污染排放政策，但由此提高的污染排放税所带来的影响效应较为有限，因而不至于使得 X 产业的扩张被逆转。因此，之前探讨的边际污染负效用不变情形下所获得的结论在边际污染负效应递增的一般情形下不会发生根本变化。

由此，我们发现，引入要素禀赋假设后，贸易自由化将使高收入且资本要素丰裕的地区（北方国家）在污染性产业上具有比较优势，而低收入且劳动力丰富的地区（南方国家）在清洁产业上具有比较优势，这一扩展的南—北贸易模式最终将导致北方国家的环境损害加剧，形成污染藏纳场，而使南方国家的环境损害得到改善，这与传统南—北贸易模式得出的在南方国家形成污染藏纳场的结论截然不同，具有重要的理论意义。

第三章　贸易政策与环境污染控制研究

进入 21 世纪，全球环境状况进一步恶化，发达国家正在品尝环境损害所导致的恶果，发展中国家仍在加速其破坏环境的进程。为了控制和治理环境损害，各国政府都实施了许多政策，包括直接针对环境损害的环境政策和以保护环境为目的的贸易政策。这种贸易与环境政策之间相互交融的现象，使得贸易与环境之间的相互关系变得更为复杂。那么，这些贸易、环境政策的实施对环境会产生怎样不同的效果呢？本章我们将从以下几个方面研究这一问题。首先，在了解各种贸易政策不同特点的基础上，考察环境损害的单边贸易政策效果；其次，分析无贸易政策作用下的单边环境政策响应问题；最后，通过博弈论框架分析贸易和环境政策之间的协调问题，并在此分析基础上寻求国际环境合作的有效途径。

第一节　相关问题研究现状：文献综述

这里所说的贸易环境政策①，包括两个方面的内容：一是与环境有关的贸易措施；二是与贸易有关的环境措施。与贸易有关的环境措施和与环境有关的贸易措施有相同之处，在实践中有时并不一定能很好地加以区分。这主要是由于两种措施都是以环境为目的，而且两类措施的实施结果也有相似之处。另

---

① 一般意义上的环境政策有不同的表述。ISO14001 对环境政策的解释为："一个组织对它的总体环境工作的意图原则的说明，它为行动提供框架，并需据此而建立它的环境对象与目标。"法国 1994 年制定的 NFX30-200 对环境政策的解释为："一个组织或实体的总裁正式陈述的有关环境的目标，是一般政策的组成部分。环境政策将尊重相关的环境立法与法规。"

外，两个概念目前均未形成统一的定义和明确的项目分类，这也使许多学者混同使用。[①] 但出于理论研究的需要，有必要对二者的不同给予说明。

与贸易相关的环境措施是指为保护环境所采取的环境措施，主要关注的是环境保护政策对贸易可能产生的间接影响，通常包括以环境保护为目的的国内政策和执行地区或多边协定的有关政策、法律、法规、管理条例。与环境有关的贸易措施也包括以环境保护为目的的国内政策和执行地区或多边协定的有关政策、法律、法规、管理条例，不同之处在于，它对商品和服务贸易直接构成影响，如征收生态关税、实行关税配额等。与环境有关的贸易措施通常被认为是实现环境目标的一种次优手段，这些政策和措施在某种程度上可以代替环境政策，起到保护环境的目的。二者的根本差别在于各自的适用范围不同，与贸易有关的环境措施既适用于国内贸易也适用于国际贸易，而与环境有关的贸易措施却只适用于国际贸易。另一个重要的差别在于，与环境相关的贸易措施只限用于贸易领域内，而与贸易相关的环境措施则较为宽泛。另外，在制定与贸易有关的环境措施时，一般要开展对贸易影响程度的测试。该测试的过程较为主观，一是受到资料来源的限制，使数量分析难以深入；二是判断结果往往受到贸易政策的干扰。

随着中国对外开放程度的提高，在贸易与环境问题的研究上，国内开展了与国外特别是发达国家之间的交流与合作。到目前为止，国内有关问题的理论研究一直在跟踪发达国家的相关研究，并结合中国的情况拓展自己的研究领域。贸易政策的环境影响以及环境政策的贸易影响在 1972 年联合国发展与环境的斯德哥尔摩会议后逐步引起人们的关注，因为经济全球化作为一项合理的发展政策，对环境质量既有积极的影响也有消极的影响。对于贸易政策的环境影响，我们将在第二节通过具体的理论模型给予解释，这里重点阐述环境政策对贸易发展的影响以及环境、贸易之间的协调方法。

一、环境损害控制政策对贸易发展的影响

Dua 和 Esty（1997）指出，作为全球贸易自由化的结果，各国纷纷降低各

---

① 与环境措施不同，贸易措施对商品和服务贸易直接构成影响，目前与环境有关的单向贸易措施主要有环境税（出口税或进口附加税）、限制或禁止进口措施、环境许可证制度、环境配额。

自的环境质量标准以维持或增强竞争力，出现所谓的"向底线赛跑"。而且，一国严格的环境政策会迫使肮脏产业向环境管制宽松的国家转移，发展中国家会由此成为"污染避难所"。Anderson 和 Blackhurst（1992）用局部均衡模型分析了贸易自由化对大国和小国环境质量的影响。当消费或生产以及进口或出口产生污染时，如果小国采取出口导向型的贸易战略，那么适宜的环境政策将改善福利与环境质量。但是，为了减少污染而采取的任何贸易干预手段都将产生福利损失。对于大国而言，进口污染密集型产品将提高福利水平。假设一种产品在小国不是污染密集型产品，那么国外的社会边际成本曲线就会与私人边际成本曲线重合，而国内则不是这样。对此，如果大国采取最优环境政策，就会提高福利水平；而小国采取贸易自由化将改进福利，同时不再产生额外的环境恶化。因此，工业化国家的环境标准对与之进行贸易的落后国家具有借鉴意义。如果工业化国家的进口竞争产品相对是污染密集型的，那么本国严格的环境标准就会改善落后国家的贸易状况。在国际间资本可以自由流动的情况下，污染密集型产品的生产将从发达国家转移到发展中国家。

Mani 和 Wheeler（1997）通过考察 1960~1995 年世界主要经济体地区的贸易和生产模式的转变、收入增长、土地价格、能源价格与环境规制的关系，认为找到了与"污染避难所"假说相符的模式，即污染密集型产出占整个制造业的百分比在经合组织成员国下降，而在发展中国家稳步上升。此外，发展中国家污染密集型产品净出口快速增长的时期与经合组织成员国减污成本迅速上升的时期是一致的。但是，他们提出，在实践中"污染避难所"可能是一种短暂的现象，因为发展中国家的经济增长将通过加强环境规制对污染者施加压力。

Birdsall 和 Wheeler（1992）对"污染避难所"假说提出了一个不同的分析视角，即贸易和对外投资的进一步开放是否与污染密集型产业的发展相联系。他们假设，如果自由贸易导致"污染避难所"的存在，那么更开放的发展中国家应该有相对更高的污染密集型产业的发展。但是，来自拉美国家的证据表明，在 20 世纪 70~80 年代，经济体越开放，其产业的清洁度越高。因此，他们得出结论，"污染避难所"存在于实行保护主义的经济体中。

Wheeler（2001）发现，在巴西、中国、墨西哥这些经济快速增长的国家和主要的 FDI 流入国，悬浮微粒物的排放急剧下降。随着人均收入的增加，水污染同样也大幅下降。除了常见的解释（污染控制不是企业的关键成本因素以及大型跨国企业都遵守国际环境标准）外，Wheeler 同时指出，即使不存在正式的规制或规制未能严格执行，低收入国家通常也会处罚危险的污染者，结论是环境质量的"底线"会随着经济的增长而上升。

由于担心 FDI 会流向环境标准较低的国家，因此一国会将环境标准降低到效率水平之下来吸引稀缺的投资，即资本的流动性导致环境标准的降低。Markusen 等（1997）通过考察地区间非合作型博弈均衡，认为可以把工厂区位与市场结构视为环境政策的一个函数。当工厂区位是外生时，地区政府会通过环境政策进行竞争，所以他们侧重研究环境质量与政府竞争。Ulph（1994）扩展了模型并得出结论：环境政策的影响要远大于早期竞争性模型的估计。两国政府在限制污染和利用垄断势力上的竞争会导致严格的规制政策和低水平的污染与贸易。Ulph 和 Valentini（1997）用一个含有部门间关系的博弈理论模型分析了环境规制对非完全竞争企业区位的影响。他们发现，在某些情况下，环境规制可能会影响到产业在国家间的转移。

大量的经验研究都未能证明制造业出现了迁移到低标准国家的系统性倾向。在确定投资规模和投资区位时，除了环境规制外企业还考虑很多因素，如当地市场的规模、劳动力的素质、是否有完善的基础设施、是否能将利润汇回母国、政治的稳定性以及国有化的风险等。因此，环境规制松紧度并不是企业区位决策的决定因素。

Brander 和 Spencer（1985）提出战略性贸易政策，认为寡头行业的最优贸易政策并非一定为自由主义。污染税在完全竞争情况下是适宜的，但在存在寡头的次优世界中不一定能产生最优的行为。Conrad（1993）用一个生产具有负外部性的寡头模型分析了非完全竞争的国际市场中污染税与补贴的影响。他认为，在不完全竞争的条件下，应修正环境规制的结构，这也为在环境政策中引入补贴提供了激励。Kennedy（1994）考虑了在非完全竞争的自由贸易条件下污染税的战略激励作用。他认为，国际市场中的非完全竞争使政府与污染税所造成的潜在无效扭曲之间存在战略性互动关系。Bar-bier 和 Raustcher（1994）认为，如果进口国希望出口国更多地保护森林，那么贸易干预是实现这种意图的次优选择。但是，出口大国不断增强的市场力量也有可能导致更多的森林保护。当国内产业是垄断的而国外产业为非完全竞争时，国内政府就有动力降低环境标准（Barrett，1994）。因此，不同的环境规制会改变非完全竞争条件下一国的竞争力。目前，对战略性环境政策的关注主要集中在发达国家与发展中国家的关系问题上。由于发达国家的环境标准通常高于发展中国家，前者往往指责后者构成"生态倾销"，主张用贸易措施加以限制。因此，出于对竞争力削弱的担心以及保护全球生态环境的需要，一些发达国家强调进行环境标准的国际协调。

二、贸易、环境关系的国际协调与合作

Copeland 和 Taylor（1994）考察了自由贸易、国际间收入转移以及跨境环境协议如何影响福利水平和污染程度。他们发现，由于国家间收入水平不同，自由贸易将增加世界的污染。Siebert（1992）分析了跨境污染问题的合作型解决方案与非合作型解决方案，合作型方案往往以各方共同承担费用的方式来解决跨境污染问题。在跨境污染的非合作型解决方案中，对污染国的产品开征进口关税是另一国优先采取的政策。Copeland（1996）提出了一个政府用贸易政策控制别国污染的模型。由于遭受别国污染的国家最关心本国可能遭受的污染水平和污染密度，因此仅靠关税还不能完全解决问题，对进口产品开征污染含量税或实施过程标准才是最优的解决方案。Ludema 和 Wooton（1994）采用了两国的非合作型博弈模型，在其模型中，商品的生产对进口国造成了负外部性。他们发现，在纳什均衡中两国为获取贸易中的垄断力量都会征收关税，结果往往是矫枉过正。因此，多边贸易自由化并不是国际谈判的一个正确目标，基于外部性的政策工具必须保证国家能从贸易中获益。Ulph（1996）的研究表明，虽然国家间环境规制的协调在理论上尚无依据，但国际性合作对控制全球污染是必要的，国际性合作并不意味着应使用统一的环境标准，因为这可能降低福利并扭曲贸易。Steininger（1994）强烈建议对环境规制进行国际间的协调，特别是解决跨境环境问题对竞争力的影响。同时，他认为有必要建立减轻市场失灵及政治失灵的国际性环境体制。目前，解决贸易与环境问题的国际机构还是单独行动的，而环境与贸易之间不断增多的冲突表明，单独行动是不可取的。Sorsa（1992）结合 GATT 和 NAFTA 提出了若干实现贸易与环境质量之间互补性的制度机制。Lee（1994）通过生产与过程标准（PPMs）分析了环境保护与贸易之间的关系，并建议 GATT 界定这些联系。

Daly 和 Goodland（1994）探讨了自由贸易对环境与经济的各种影响。他们主张政府通过贸易进行干预以实现公平、效率和环境质量的改善，并号召

GATT 进行改革，对这些问题给予关注。Cole 等（1998）分析了乌拉圭回合对五种空气污染物的影响，并得出结论：由于发展中国家和转型国家污染密集型的产出结构，空气污染可能会因为贸易协议而增加。Whalley（1991）采用全球一般均衡模型证明了限制全球碳排放对世界经济具有极其复杂的影响。当环境政策与贸易政策相互竞争时，问题就会出现，环境问题极易扩散而影响到整个世界，而贸易措施则是贸易伙伴之间为了增加社会福利而达成的合作协议。对政策制定者而言，既要使世界上的贸易组织意识到环境问题，又要限制其以此名义来设置贸易壁垒，而且环境政策的协调对实现"社会效率"的贸易是必需的。Brack（1996）在其报告中，就《蒙特利尔条约》考察了贸易与环境保护之间的相互关系。他认为，条约中要求对缔约国和非缔约国之间的贸易采取限制的条款是保证全球性协议和预防产业迁移到非缔约国的一项重要因素。

兰天（2004）借助于主流经济学理论和现代计量经济学分析方法，探讨了贸易与跨国界环境问题之间的相互关系，并以此为依据提出了中国制定可持续贸易发展战略和科学、合理的环境保护目标的对策。曹光辉（2006）深入分析了经济与环境之间的内在关系，将环境作为经济增长的一个重要因素，研究在环境容量约束下经济增长最大化的政策与手段，从而促进经济可持续增长。彭水军（2006）侧重于在中国环境容量约束下从环境政策和手段的角度更加有效地促进经济增长，以期实现经济增长最大化。

协调贸易与环境关系，应确立并坚持可持续发展原则，这是学者们的基本共识。就国际贸易来看，具体的协调原则主要有五种观点：第一，联合国"可持续发展、尊重国家、不损害他国环境和各国管辖范围以外环境、共同但有区别的责任、损害预防、国际合作、共享共管全球共同资源"七项原则。第二，国际可持续发展研究院"公平性、环境的完整性、属地管理优先、国际合作、科学与预防、开放性"六项原则。第三，何志鹏（2002）提出的"共同而有差别的责任、国际经济与环境合作、削减环境贸易壁垒、禁止污染转移"四项原则。第四，叶汝求（2003）提出的"效率、平等、强化管理、有关方面参与、国际合作"五项原则。第五，任建兰（2003）提出的"贸易与环境相辅相成、共同的但有区别的责任承担、制定各国环境与发展的宏观经济政策推进区域可持续发展、环境贸易壁垒不应成为贸易自由化的障碍、发展中国家和发达国家有发展经济与生存的权利"五项原则。

目前，环境成本内在化为主流，主要有四种观点：第一，任建兰（2003）

认为从长期看，处理贸易与环境的关系需要重新审视两种体系中的相关因素，最终在一个新的相互结合的体系中将两个问题综合考虑，这或许需要一个世界环境组织来设定规则，采用与 GATT 在过去 50 年中制定贸易政策相同的方式来谈判多边协定，解决环境问题上的争端。第二，熊玉娟（2005）认为要保证贸易、经济、环境的良性互动，为贸易到经济增长的传递创造必要条件，包括：贸易结构合理，符合比较优势原则；贸易量扩大不会使贸易条件恶化；不存在市场失灵和制度失灵。第三，杨晓杰（2003）认为要建立一个良好的市场秩序，伦理道德对贸易与环境协调同样具有重要意义。第四，何志鹏（2002）认为需要改变旧的不平等的国际经济秩序，建立新的平等的国际经济秩序。

第二节　贸易政策与环境污染控制

为了应对当前严峻的环保形势，世界各国都实施了各种贸易政策和措施，希望使用贸易限制手段以达到保护环境的目的。贸易限制措施包括两个方面的内容：一是针对单向环境损害外部性案例而实施的贸易限制政策；二是国际环境协定的签约方使用贸易手段，通过控制"搭便车"行为，以实现国际环境协议规定的目标。在本节贸易政策措施对环境损害控制作用的讨论中，我们主要分析单向环境损害外部性案例，而基于多边环境协议的贸易制裁和执行地区或多边贸易协定的政策措施我们将在第三节进行研究。

一、贸易政策对环境质量的影响

虽然在处理环境损害时，各国普遍采用了贸易与环境两种政策，但一国在保护本国环境中是否应该使用单边贸易政策和措施，却始终是贸易与环境讨论中的一个焦点问题。Pethig（1976）和 Siebert（1997）最早采用了将贸易与环境政策相分离的方法，研究贸易政策对环境质量和福利的影响。然而，Anderson（1992）所提供的图形分析因其规范性而成为以静态局部均衡方式研究环境贸易政策问题的典范，其一般性结论是：生产或消费中的环境外部性成为最优世界里唯一扭曲的源泉，恰当的政策回应应该指向扭曲的源泉。在解决环境损害时选择贸易措施可能会使福利恶化，控制环境损害的最优政策应该是针对损害源（对环境造成损害的生产活动或消费活动）的环境政策，如对造成损害的活动征税，以使环境成本内部化。贸易限制政策可以在一定程度上改善环境，但以牺牲经济福利为代价，是次优选择。这一结论可以通过贸易国损害控制实施过程中的福利变化加以说明。

假定一个贸易小国生产损害密集型产品供国内使用和出口（见图3-1），由于生产过程产生损害外部性，社会边际生产成本 S_s 超过私人边际成本 S_p，在没有实行环境政策时的生产量为 Q_4，如果征收环境税 ab/aQ_3，产量降低到 Q_3，损害减少，将产生环境收益 abcd 和社会收益 bdc。

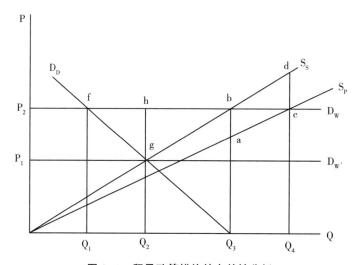

图3-1 贸易政策措施的有效性分析

如果我们通过实行贸易政策来实现环境损害控制，那么我们对产品征收出口税，征收同样的从价税 ab/aQ_3 将使产量达到目标水平 Q_3。出口税的实施将使需求曲线从 D_W 向下移动到 $D_{W'}$，产量从 Q_4 减少到 Q_3。但出口税的实施同样使国内市场的价格从 P_2 下降到 P_1，并把 Q_1Q_2 的出口转变成额外的国内消费。国内消费增加了 Q_1Q_2，使消费者的价值增加了 Q_1fgQ_2（需求曲线下方相关的部分），但小于所放弃的出口收益 Q_1fhQ_2，小于部分等于三角形的面积 gfh。这是不使用生产税或直接限制生产所产生的扭曲成本，如果这部分成本超过了净环境收益面积 bdc，总的社会福利实际上是下降的。

因此，一般认为，以贸易政策来实现环境目标不如直接针对损害的环境政策更有效。[①] 如砍伐木材，直接对生产进行限制比对木材出口征税要好得多，因为出口限制将产生扭曲。有许多研究认为，即使一国无法采用最优环境政策解决环境问题，即在一个次优的经济中，贸易政策也不应用于解决环境问题。因为贸易政策在减少损害方面的作用是有限的，但它却会干扰国际贸易而产生大规模的资源不合理配置，并有可能使环境恶化。

现在我们对上述问题进行更深入的讨论。假定生产限制（如征收庇古税）由于某种原因无法实施，出口税是唯一可行的政策，这是一个"最优的次优"政策问题。事实上，正如图 3-1 所示的那样，尽管达到了保护环境的目的，但出口税会使福利恶化。最优的次优出口税应符合如下条件，即在边际上，来自减少外部性的附加利益正好等于其对价格扭曲产生的附加成本。虽然我们在图 3-1 中并没有画出，但这一点可通过引入出口税的小幅增加使 D_W 从初始水平下移体现出来。出口税小幅增加的利益用 S_S 与 D_W 之间的垂直距离表示，自 dc 开始；出口税的经济成本是 D_W 与国内需求曲线 D_D 之间的垂直距离，自 f 点开始。显然，随着增加的税收将生产自 Q_4 移向 Q_3，边际利益在下降；随着国内消费自 Q_1 上升到 Q_2，边际成本在增加。使上述两个垂直距离相等（边际成本等于边际收益）的税率是最优的次优出口税。这一税收为正值并使国内生产和损害水平处于高于 Q_3 的水平（Q_3 为存在生产税时的最优水平），这一出口税还使福利低于使用恰当的生产税时可以达到的水平。

二、贸易政策的环境损害控制效果

假定一国从邻国进口某种商品，该商品的生产过程产生环境损害，这使进口国遭受环境损害。如果进口国是一个贸易大国，可以影响贸易条件的话，那么，作为一种减少损害排放的次优办法，进口国可以对进口商品征收关税。这一"次优"的关税将受害国所受的损失纳入了受害国的国内价格，因为受害

---

①　另外，政策选择理论所得出的一般性命题是：要实现 N 个政策目标，就需要 N 个政策工具（戴金平，2000）。其含义是，对于一个存在生产环境外部性的国家而言，需要使用贸易政策实现贸易条件目标，即用进口关税（对另一国来说是出口关税）来改善贸易条件，使用庇古税或其他国内措施纠正环境外部性。

国是大国，关税减少了该国对损害产品的需求，使损害产品的国际市场价格下降，从而减少了生产国的产出和损害。进口国的福利水平是否得到了改善，取决于减少环境损害是否大于因征收关税所带来的消费者损失。

考察只有两个国家的世界，在单向环境损害情形下，即进口国生产只导致国内损害，而出口国生产只导致环境损害，图3-2描绘了征收环境关税解决环境损害问题的经济效应。图3-2（i）给出了进口国国内市场的供求状况。由于国内生产无跨国界污染，因此供给曲线 S_dS_d 同时表示生产该产品的私人边际成本和社会边际成本。在自由贸易条件下，按世界市场价格 P_w 生产和消费，进口数量等于国内生产与总需求的差额 $Q_c^d-Q_p^d$。图3-2（ii）展示了向下倾斜的进口需求函数 M_dM_d 和出口供给函数 X_sX_s，均衡点表示进口国的进口量和出口国的供求状况。先前只有两个国家的世界的假定决定了出口国只向进口国出口货物，因此，其出口量 $Q_p^fQ_c^f$ 等于图3-2（i）中进口国的进口量。然而，出口国市场的私人供给函数 S_fS_f 位置低于包含流入进口国市场的环境损害造成的外部成本的供给函数，加入这些社会成本将产生供给函数 $S_f^*S_f^*$，这里假定出口国生产的所有社会成本都跨国界进入进口国。

作为次优政策，进口国征收图3-2（ii）部分中相当于 t 的损害税，将使进口产品的国内价格增至 P_d。但是，由于出口供给函数 X_sX_s 并非完全弹性，关税产生的贸易条件效应使进口货物的世界价格降低至 P_f。关税引起的国内福利变化包括生产者剩余增加 A，消费者剩余减少 A+B+C+D 和政府增加收入 D+E，其中 E 代表贸易条件收益。然而，由于环境损害，进口国征收关税限制了出口国出口产品的生产，因而也通过外国降低损害环境产品的生产而获得相当于 J+K 的利益，进口国因环境关税产生的净福利变化等于 E+K+J－（B+C）。

对出口国来说，由于出口商品价格下降，消费者剩余增加 F+G，但低于生产者剩余的损失 F+G+H+I+J，因而遭受相当于 H+I+J 的净福利损失。从全球来看，因贸易政策变化引发的净福利变化等于 K－（B+C+H），其中 E 等于 I，等于从外国向本国的贸易条件转移收益。可以假定图3-2中的社会成本 J+K 与进口商品生产过程相联系，而不是来自于产品本身的某些特点（例如，过度包装造成的垃圾以及与产品消费有关的健康、安全问题）。因此，将进口限制用作次优环境政策的一个必要条件，是能够影响贸易条件的，这一点可以通过将图3-2第（ii）部分的斜线放平一些得到证实。这样降低了进口国能够影

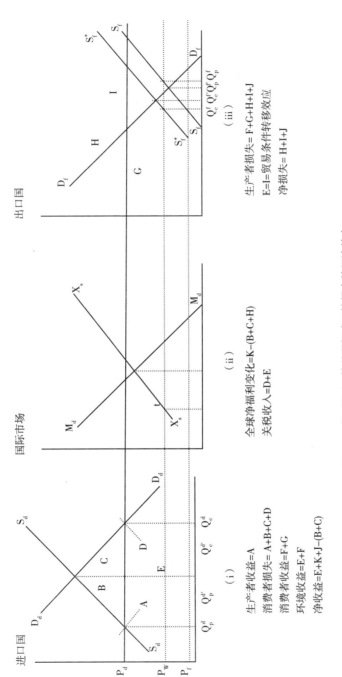

图3-2　进口国以环境关税解决环境损害的经济效应

响进口品国际相对价格的程度，减少了出口国遭受的损失和关税的环境利益。具有完全弹性的出口供给函数使消费者损失为 A+B，如同对保护代价的分析。因此，要使进口关税作为有效处理与贸易伙伴生产过程相联系的环境损害的次优方案，其必要条件是该进口国在受影响的国家且在损害性产品的全球市场上影响（规模）较大，是该种商品的进口大国，足以影响贸易条件。

当环境外部性与进口货物本身的某些特点相联系，而不是来自生产过程时，贸易限制也可能有效。例如，一些进口货物在消费时可能产生负的外部性，如垃圾，或成为潜在的健康和安全问题的起因。在这些情况下，进口国国内政策可能需要有边境措施予以补充，使其有效发挥作用。在这种情况下，会针对进口而歧视性地利用这种措施。

解决环境损害问题的另一种方式是出口国对损害进行限制，一种次优的贸易政策是对出口品征收出口税，具体说明可参见图3-3。假定国内私人边际成本函数为 S_dS_d，如图3-3（i）所示，而包含生产的环境成本的供给曲线 $S_d^*S_d^*$ 位于其上。在这种情况下，征收出口税 t 将使出口减少，出口品的国内市场价格下降，需求增加将使国内消费的产出自 Q_c 增至 Q_c'。国内消费者的收益相当于 A+B，生产者损失达到 A+B+C+D+E。国内政府的收入增加相当于 E+F，其中 F 为贸易条件收益。最后，因征收出口税减少的社会损害成本等于 D+G。因此，国内净福利变化等于 G+F-C。那么，要使次优的出口税产生净收益，F+C 必须大于生产者净损失 C。要考虑全球福利的变化，必须减去图3-3（iii）中外国经济的净损失，其规模相当于 I+J+K。如同进口税的情形，J 等于贸易条件转移收益 F，因此全球净福利变化等于 G-（C+I+K）。

实施出口税的国家越小，对进口商的影响越小，贸易条件效应也就越小。这一点可再次通过使图3-3（ii）的出口需求曲线的斜率变小加以说明。当 X_dX_d 具有完全弹性时，出口商对进口商的福利没有影响，因为进口商会直接使用替代品。因此，小国作为次优环境政策征收出口税的净变化等于 G-C。与图3-2征收进口税的情况不同的是，小国使用贸易限制措施仍能影响环境的外部性。这是因为外部性与国内生产相联系，因此，会受国内相对价格变化的影响。当存在与进口商品生产相联系的跨境外部性时，如果税收仅仅影响进口产品国内相对价格，则不足减少外部性，税收也必须要影响到进口产品的国际相对价格才能奏效。

因此，利用贸易手段解决环境损害问题的关键是实施贸易手段的国家是否

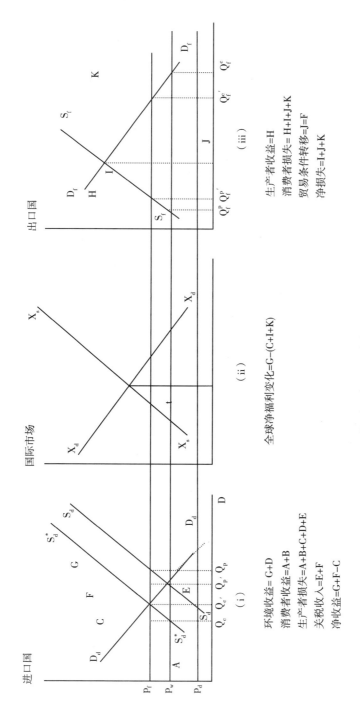

图3-3 出口国征收出口关税解决环境损害的经济效应

是贸易大国。这种大小国家之间在处理与生产过程有关的环境损害的贸易限制措施效应上的不对称,构成了贸易环境争论中南北问题的一个部分。发展中国家在全球市场中一般规模较小,较易遭受发达国家基于环境的进口限制措施的影响,同时较难有效利用这些措施。

第三节　环境损害对贸易政策的影响

通过以上局部均衡分析,仅从单个国家的角度来看,一国可以借助于出口补贴和进口税使本国的贸易条件得到改善并由此增加其社会福利。但最佳贸易政策取决于该国是否大到能够影响世界价格,如果不能,任何支持本国生产者的努力都是无用的。需要指出的是,以上分析是基于单向环境损害的假定前提之下。事实上,当每一个国家都产生环境损害,即双向环境损害时,各国都有可能采取贸易政策控制环境损害,政策间的相互影响以及对跨国损害的控制似乎变得更为复杂。环境损害外部性与每一个国家在非合作情况下所选择的贸易政策有关,即便这些政策并没有影响到市场上的这些国家。

为了揭示环境损害与贸易政策之间的相互关系,我们在下面使用一个简化的 Brander 和 Spencer(1984)模型,考察环境损害程度是如何影响国家间关税和出口补贴政策的,以及由此产生的非合作政策与福利均衡。

一、分析框架:模型建立

假设有两个国家,本国(H)和外国(F)。每个国家的垄断厂商生产相似的商品,并在相互分隔的市场销售。[①] 国家 i(=H,F)的厂商为国家 i 的市场生产 x_i^i 数量的产品,总产出为 $X_i = x_i^i + x_i^{-i}$,总需求为 $D_i = x_i^i + x_{-i}^i$。假定反需求函数为 $P_i = a - bD_i$,每国政府都对进口商品征收 t_i 的特别关税,并对出口商品进

---

① 本模型是在 Brander J. A. 和 B. J. Spencer(1984)提出的垄断竞争与国际贸易模型的基础上通过引入损害的分析扩展。关于保护关税的基本结论参见 Brander J. A., B. J. Spencer. Tariff Protection and Imperfect Competition in: H. Kierzkowski, et al. Monopolistic Competition and International Trade [M]. Oxford: Oxford University Press, 1984。

行 s_i 的出口补贴。

国家 i 的厂商利润为：

$$\pi_i = x_i^i p_i + x_i^{-i} p_{-i} - cX_i - t_i x_i^{-i} + s_i x_i^{-i} - F \qquad (3-1)$$

其中，c 是常边际成本，F 是固定成本。市场的相互独立性保证了一个国家的关税不会影响另一个国家的需求，一个国家的补贴也不会影响另一个国家的需求。在市场 i 上的 Cournot-Nash 均衡可通过解 $\partial\pi_i / \partial x_i^i = 0$ 和 $\partial\pi_{-i} / \partial x_{-i}^i = 0$ 获得。

在生产产生固定损害的情形下，国家 i 产生的损害可以表示为 $g_i = \delta X_i$，δ 是常边际损害产出。当环境损害比率为 α（$\alpha \in [0,1]$）时，国家 i 的总体损害水平是 $G_i = g_i + \alpha g_{-i}$。我们假定递增的和严格凸的总体损害函数形式如下：

$$z_i = kG_i^2 / 2 \qquad (3-2)$$

其中，k 为正的常数。由此，能够获得均衡产出下关税和补贴对环境损害的影响：

$$\frac{\delta z_i}{\delta t_i} = \frac{\delta z_i}{\delta s_{-i}} = (1 - 2\alpha) k\delta BG_i \qquad (3-3)$$

$$\frac{\delta z_i}{\delta t_{-i}} = -\frac{\delta z_i}{\delta s_i} = (\alpha - 2) k\delta BG_i \qquad (3-4)$$

其中，B = 1/3b。国家 i 的关税对国家 i 的损害影响的比较静态结果取决于环境损害比例。国家 i 的关税通过增加本国厂商的产出和降低国家-i 的产出增加了国家 i 的总体损害。因此，前者的影响程度是后者的一半。[①] 另外，国家-i 的关税对国家 i 的损害影响的比较静态结果是负的。同样，国家 i 的补贴对国家 i 的损害影响的比较静态结果也是负的。

二、环境损害与贸易政策调整

（一）关税措施

现在假定两国政府所具有的唯一贸易政策工具是征收进口关税。国家 i 的

---

① $\alpha \in \left[0, \frac{1}{2}\right)$，$\partial z_i / \partial t_i > 0$，$\alpha = 1/2$，$\partial z_i / \partial t_i = 0$ 和 $\alpha \in \left(\frac{1}{2}, 1\right]$，$\partial z_i / \partial t_i < 0$。同样，$\alpha \in \left[0, \frac{1}{2}\right)$，$\partial z_i / \partial S_{-i} < 0$，$\alpha = 1/2$，$\partial z_i / \partial S_{-i} = 0$ 和 $\alpha \in \left(\frac{1}{2}, 1\right]$，$\partial z_i / \partial S_{-i} < 0$。

社会福利由消费者剩余加上生产者剩余、关税收益，并减去由生产损害所导致的环境损害所组成：

$$W_i \equiv \left[\int_0^{D_i} p(\xi) d\xi - p_i D_i \right] + \pi_i + t_i x_{-i}^i - z_i \qquad (3-5)$$

国家 i 社会福利最大化的一阶条件是：

$$\frac{\delta W_i}{\delta t_i} = (h - 3t_i) B - (1 - 2\alpha) K \delta B G_i = 0 \qquad (3-6)$$

（3-6）式第一项为消费者剩余、生产者剩余与关税收入之和，第二项为环境损害。如果没有环境损害或环境损害比率为 1/2，那么第二项为零，国家间非合作关税相互独立，这与 Spencer（1984）无环境损害的论述一样。如果环境损害比例小于（大于）一半，那么，非合作关税则小于（大于）h/3 且它们是相互依赖的，因为总的损害 G_i 独立于两国的关税。令 $t^* \equiv h/3$，通过（3-6）式定义国家 i 的政府反应函数为：

$$t_i(t_{-i}) = \frac{\{1 - 2(1 - 2\alpha)(1 + \alpha)k\delta^2 B\}h + (1 - 2\alpha)(2 - \alpha)k\delta^2 Bt_{-i}}{(1 - 2\alpha)^2 k\delta^2 B + 3}, i = H, F \qquad (3-7)$$

利用（3-7）式，以 α 为自变量求解纳什关税（Nash-Tariff），有：

$$t(\alpha) = \frac{\{1 + 2(2\alpha - 1)(1 + \alpha)k\delta^2 B\}h}{3 + (2\alpha - 1)(1 + \alpha)k\delta^2 B} \qquad (3-8)$$

因为假定两个国家是对称的，所以就双向环境损害而言，纳什关税在两个国家是相同的。从这一点可以看到，当 $1 - 2k\delta^2 B > 0$，对于 $\alpha \in \left[0, \frac{1}{2}\right)$，纳什关税为正，同样对于 $\alpha \in \left[0, \frac{1}{2}\right]$，纳什关税也为正。

对（3-8）式关于 α 求导，有：

$$t'(\alpha) = \frac{5hk\delta^2 B(1 + 4\alpha)}{\{3 - k\delta^2 B(1 - 2\alpha)(1 + \alpha)\}^2} > 0 \qquad (3-9)$$

这表明纳什关税与环境损害比例正相关。直观地看，为了避免由生产损害引起的环境损害，一国政府有动力通过降低关税率，用进口产品取代本国垄断商品以降低环境损害比例。如果国家-i 的政府增加关税，那么由于国家 i 总体损害水平的下降，它会削减国家 i 关税对其环境损害的影响。

进一步对（3-7）式进行全微分，国家 i 的政府反应函数的斜率为：

$$\Phi_i(\alpha) \equiv \frac{dt_i}{dt_{-i}} = -\frac{\partial^2 W_i / \partial t_{-i} \partial t_i}{\partial^2 W_i / \partial t_i^2} = \frac{(1-2\alpha)(2-\alpha)k\delta^2 B}{(1-2\alpha)^2 k\delta^2 B + 3} \qquad (3-10)$$

其中，$\partial^2 W_i / \partial t_i^2$ 是负的，因为它是国家 i 福利最大化的二阶条件。$\partial^2 W_i / \partial t_i^2$ 的符号取决于跨国损害比率的水平。从（3-10）式我们看出，反应函数对于 $\alpha \in \left[0, \frac{1}{2}\right)$ 是正的斜率，对于 $\alpha \in \left(\frac{1}{2}, 1\right]$ 是负的斜率，而对于 $\alpha = \frac{1}{2}$ 斜率为零。当 $\alpha \in \left[0, \frac{1}{2}\right)$（$\alpha \in \left(\frac{1}{2}, 1\right]$）时，如果国家-i 的政府增加关税，那么由于国家 i 总体损害水平的下降，它会削减国家 i 的关税对其环境损害的影响。因此，为求补偿，国家 i 的政府的最佳回应是增加（或降低）关税，它能够削弱国家 i 的关税对其社会福利的影响，除了环境损害之外，并加强由于国家 i 总体损害增加的环境影响。而且，（3-10）式显示国家 i 反应函数的斜率在 $\alpha \in \left[0, \frac{1}{2}\right)$ 时小于 1，在 $\alpha \in \left(\frac{1}{2}, 1\right]$ 时则大于 -1。例如，对于 $\alpha \in \left[0, \frac{1}{2}\right)$，国家 i 对国家-i 关税的最佳反应是部分进行报复。因此，以 $\alpha = \frac{1}{2}$ 作为损害跨界分水岭，我们看到，跨国界比例小于（大于）一半，那么两国间的关税是战略互补的；反之，当环境损害比例大于一半，两国间的关税是战略替代的。

（二）出口补贴

现在，假定两国政府相互间在出口上只实施出口补贴。国家 i 的福利由消费者剩余加生产者剩余减去出口补贴再减去生产损害所引起的环境损害，则有：

$$W_i \equiv \left[\int p(\xi) d\xi - p_i D_i\right] + \pi_i - s_i x_i^{-i} - z_i \qquad (3-11)$$

国家 i 福利最大化的一阶条件是：[①]

$$\frac{\delta W_i}{\delta s_i} = (h - 4s_i)B/3 + (\alpha - 2)k\delta B G_i = 0 \qquad (3-12)$$

（3-12）式左边的第一项是消费者剩余加上生产者剩余减去出口补贴的影响，第二项是环境损害的影响。如果没有环境损害，那么第二项是零。非合作

---

① 对于福利最大化的二阶条件应满足 $\partial^2 W_i / \partial s_i^2 = -\{(\alpha-2)^2 k\delta^2 B + 4\} B < 0$。

出口补贴相互独立，且取值为 h/4。非常清楚的是，只要存在损害，那么非合作出口补贴小于 h/4，并因总的损害 G_i 取决于两国的补贴额而使它们相互依赖。令 $s^* \equiv h/4$，与关税的处理方式相同，国家 i 的政府反应函数为：

$$s_i(s_{-i}) = \frac{\{1+6(\alpha-2)(1+\alpha)k\delta^2 B\}h + 3(\alpha-2)(2\alpha-1)k\delta^2 B s_{-i}}{4+3(\alpha-2)^2 k\delta^2 B}, i=H,F$$

$$(3-13)$$

在具有双向环境损害的条件下，作为 α 函数的纳什出口补贴为：

$$s(\alpha) = \frac{\{1+6(\alpha-2)(\alpha+1)k\delta^2 B\}h}{4-3(\alpha-2)(\alpha+1)k\delta^2 B} \qquad (3-14)$$

显然，这一等式的符号不能确定。然而，在假定排除出口税后的 Nash 补贴为正，对 (3-14) 式关于 α 求导，有：

$$s'(\alpha) = \frac{27(2\alpha-1)hk\delta^2 B}{\{4-3(\alpha-2)(\alpha+1)k\delta^2 B\}^2} \qquad (3-15)$$

当 $\alpha \in \left[0, \dfrac{1}{2}\right)$ 时，$s'(\alpha)$ 为负；$\alpha \in \left(\dfrac{1}{2}, 1\right]$ 时，$s'(\alpha)$ 为正；$\alpha = \dfrac{1}{2}$ 时，$s'(\alpha)$ 为零。

国家 i 的政府反应函数的斜率是：

$$\varphi_i(\alpha) \equiv \frac{ds_i}{ds_{-i}} = \frac{3(\alpha-2)(2\alpha-1)k\delta^2 B}{4+3(\alpha-2)^2 k\delta^2 B} \qquad (3-16)$$

可以看出，反应函数的斜率在 $\alpha \in \left[0, \dfrac{1}{2}\right)$ 时为正，在 $\alpha \in \left(\dfrac{1}{2}, 1\right]$ 时为负，而当 $\alpha = \dfrac{1}{2}$ 时为零。而且 (3-16) 式表明，国家 i 的反应函数的斜率在 $\alpha \in \left[0, \dfrac{1}{2}\right)$ 时小于 1，而在 $\alpha \in \left(\dfrac{1}{2}, 1\right]$ 时大于 -1。因此，如果损害是非跨界的（跨界的），即环境损害比例小于（大于）一半，那么出口补贴是战略互补（战略替代）的，不难看出上式为负值，因此，反应函数的斜率与环境损害比例负相关。

第四章　开放条件下的环境政策与污染控制

在商品和要素市场相互依赖的开放世界里，一国的环境政策与他国的环境政策并非相互独立。在存在环境损害的情况下，一国实施的环境政策即便能够对本国的环境和贸易产生积极影响，本国也会遭受来自外国的环境损害，这种外来的环境损害以环境漏出效应为代表。本章我们将讨论非合作情况下，一国环境政策对另一国环境损害排放的影响。

为了说明环境政策与环境损害之间的相互关系，我们首先解释与环境损害相关的环境政策漏出效应及其产生机制；其次，我们使用带有内生厂商数量的经典 Dixit-Stiglitz 垄断竞争模型，讨论当生产产生环境损害时，环境政策对本国和外国的市场结构的影响以及这种市场结构效应所引起的外国损害排放量的变化；最后，我们在此基础上导出最佳环境政策条件。

第一节　环境政策及其种类

一般认为，凡是对国际贸易产生影响的环境措施都可以称为与贸易有关的环境措施。该环境政策主要分为三类：一是为环境目的所采取的直接管理工具；二是自愿执行与产品相关的环境措施（环境标志、包装和回收）、环境管理体系（ISO14000）；三是类似于环境税、贸易许可证的经济激励措施。这些措施影响到生产、销售和消费，对贸易有着间接的影响。

一、直接管制措施

直接管制是指使用非市场途径的法规和规则，通过限定生产过程、限制产品的消费或在规定的时间和地点限制直接损害者的行为达到限制损害物的产生。直接管制措施包括命令和控制。命令是指示损害者一定不能超过已经预先确定的环境质量水平，如提出具体的损害物排放控制标准或发放排污许可证；控制是对标准的监督和强制执行，如在对生产过程的管制中，政府不允许使用某些品种的煤或要求厂商使用洗涤器和其他减污设备或修建规定高度的大烟囱等。直接管制措施中的命令和控制一般都以环境标准的形式出现。①

通常，政府制定环境标准，并由一些专门机构监督环境标准的落实情况。潜在的损害者必须要达到这些标准，达不到标准的将受到处罚。其中，最有代表性的就是实施排污标准，即由管制部门制定并依法强制实施的每一损害源特定损害物排放的最高限度。排污标准往往和惩罚相联系，超过标准的排污者将受到惩罚。因此，当直接管制损害水平可行时，政府更愿意采用这种措施。

从国家层面上看，直接管制是对一国生产和消费过程中所涉及的损害活动的直接干预，它不考虑厂商之间成本与收益的差别，而是"一刀切"。这些直接干预都带有法定性质，一旦不遵守就会有严重的法律和经济后果，所承担的责任风险远远高于控制成本或边际收益，其最为明显的特征是中央集权式的运行管理机制。制度的确定及执行均是由政府行政当局一手操办，当局可能要了解一些市场状况和厂商经营情况，但市场和厂商在严格的行政管制中没有活动余地，缺乏灵活性。此外，直接管制虽然依从了环境标准，但在经济上缺乏效率，成本较高。直接管制的高成本还有以下两个局限性：①政府当局为了有效地控制各种类型的损害源排放，必须了解数以千计的生产损害的产品和活动的控制信息，这在实际中往往难以实施；②为了能够对新的环境状况和变化做出反应，政府需要根据逐个生产工艺或产品制定详细的规定，一般需要数年时间才能完成，而一旦采用这种规定，政府又很难对新技术的采用做出

① 环境标准有广义和狭义之分，广义的环境标准可以理解为包括食品卫生标准等在内的有关技术规定和加在产品上的各种环境保护要求；狭义的环境标准是指环境质量标准和环境损害物排放标准。环境标准用于保护一国的生态环境，也通过国际市场影响其他国家在本国的贸易行为。

及时反应。

目前，一些研究结果表明这种基于命令和控制的成本是很高的。Tietenberg 发现，在美国，这一方法的成本同基于市场的方法的成本之间的比率很高，这意味着命令和控制手段的成本非常高。[①] 在 11 个案例中，有 4 个案例的比率在 1%~2%，有 5 个案例的比率在 2%~10%，有 2 个案例的比率超过了 10%。

从国际层面上看，由于各国环境损害程度不同以及对损害消化、吸收的能力存在差异，使各国制定的环境标准高低不一，尤其是发展中国家和发达国家的标准差距很大。经济发展落后，缺乏有效损害处理技术的发展中国家由于技术及资金上的困难，不可能对本国工业提出不切实际的环境标准。而且在资源短缺的情况下，发展中国家政府必须在发展经济和提高环境质量之间做出取舍，它们往往决定将有限资源的大部分用于发展经济，而暂不考虑环境问题，因而也不会制定较高的环境标准。在这种情况下，西方国家严格的环境标准对发展中国家的贸易政策是一种压力，发展中国家出口产品在遇到严格的环境标准时，会由于不确定性和成本的增加而遭受损失。

二、自愿安排

自愿安排包括环境标志、包装、标签、废物回收、环境标准以及 ISO14000 这样的环境管理体系。虽然在原则上要求自愿遵守，但实际是强制性的规定。以下我们介绍几种主要的自愿安排。

（一）环境标志制度

环境标志是由政府部门或由公共或民间团体依据一定的环境标准向有关申请者颁发其产品或服务符合要求的一种特定标志。可见，环境标志制度是依据产品对环境的不同影响而区分产品的一种政策工具。环境标志制度的认证标准包括资源配置、生产工艺、处理技术和产品循环、再利用及废弃物处理等各个方面。因此，该制度的实质是对产品的全部生产过程进行控制管理。自 1978 年西德率先推出环境标志以来，目前世界上已有 30 多个国家的政府推出了环

---

① 进一步参见 T. Tietenberg. Economic Instruments for Environmental Regulations [J]. Oxford Review of Economic Policy, 1990, 6 (1)：17–34。

境标志制度，并且一些国家和地区的政府也正在制定环境标志。①

环境标志一方面向消费者表明该产品或服务在研制、开发、生产、使用、回收利用和处置的整个过程符合环境保护的要求，这不仅对环境保护有着独特的作用，而且在消费意识上引导了公众的环保消费，对增强环境保护观念有着积极的影响。另一方面，如果一个产品取得了环境标志，就等于取得了进入实施该制度国家的市场"通行证"，这对提高产品的国际竞争力也有一定的帮助。但需要指出的是，环境标志也有可能被保护主义者用来阻碍别国产品的市场进入，扭曲国际贸易和投资格局，这使得国际上对环境标志存在着两种截然不同的态度。②

对环境标志的质疑主要有：①环境标志是一种潜在的非关税贸易壁垒。③由于各国的环境标志基本上都是以各自国家的标准为基础，相互间差别很大，要求互不一致，对国际贸易在客观上形成了一种技术壁垒。表现在：此标准不客观或缺乏科学根据或未能适当考虑到其他国家的生产情况；证明达到标准的程序过于严格，使得外国产品几乎不可能取得此标志；此制度的采用是针对那些几乎全部依赖进口的商品，且进口国对是否能够取得标志有决定权。②环境标志在授予标志的国家里，也不总是能对有关产品的销售造成明显的影响。例如，德国实施的"蓝色天使"制度，其对某些商品的销售份额影响很大，但对有些无标志的商品销售情况并无多大的改变。③与环境标志配套的标准水平的动态变化，其趋势不断上升，从而使发展中国家与发达国家相同类的产品难以达到要求。如德国和加拿大制定的环境产品标准，其本国达标产品比例也只在15%，发展中国家的产品达标率则更低。

（二）环境管理国际标准（ISO14000）

另一个自愿安排是环境管理体系中的 ISO14000 国际标准，它是国际标

---

① 各国和地区环境标志、授予产品类别、政府采购和零售中使用环境标志的情况请参见 WTO（2000a）相关条款。

② 对环境标志持否定态度的观点认为，环境标志的主观性、透明度、非关税壁垒特性以及申请审批的国别差异都可能成为阻碍产品进口的手段。

③ 世界贸易组织（WTO）贸易与环境委员会认为，给环境友好的产品加贴标签是一项重要的政策工具。但从 WTO 的角度来说，其问题在于，加贴标签的要求和做法不应造成歧视，无论是贸易伙伴之间（应适用最惠国待遇原则），还是在本国产品或服务之间（国民待遇原则）。参见世贸组织秘书处编《贸易走向未来——世界贸易组织（WTO）概要》，2000。

准化组织（ISO）专门技术委员会 TC207 于 1995 年颁布，并要求世界各国制造商在确保其自身质量管理和满足质量保证体系 ISO9000 系列标准的同时，其生产环境也应满足 ISO14000 标准要求和自己国家制定的环保法规。与产品的技术标准相比，ISO14000 标准反映了工业产品和服务更为复杂的情况。①

ISO14000 环境管理体系旨在减少人类活动对环境造成的损害和破坏，实现可持续发展。其要求在企业内部建立和保持一个符合要求的环境管理体系，通过不断的评价、审核活动，推动这个体系的有效运行。ISO 包含环境管理体系、环境审计、环境影响评估、环境标志、产品生命周期和技术条件等基本要素。通过实施 ISO14000 系列标准，可以使组织自身主动制定环境方针、环境目标和环境计划，并通过第三方认证和审核制度，建立企业环境行为的有效约束机制。

ISO14000 标准包括了发展中国家的特别条款，从以下五方面考虑发展中国家的特殊情况：经济基础；在国际经济、贸易中的地位；评价质量的变化性；所需的技术信息和技术帮助；该标准得不到实施时所造成的潜在不利影响。有关研究还认为，ISO14000 标准的执行对中小企业有一些负面影响。中小企业可能不愿意承担该标准的费用②，因为他们担心会影响自身在国际市场上的竞争力。

（三）产品加工标准与包装的环境损害要求

产品加工标准除了要求产品本身符合环保标准外，其整个生产过程使用的技术与方法也必须符合环境标准。由于同类产品加工和生产工艺方法不同对生态环境的影响不同，应限制或禁止不利于环境的产品加工标准的产品贸易。生产加工过程中达不到标准者，即使是"相似产品"也要禁止进口。这一标准意味着环境保护方面的管理将贯穿于产品生命周期的全过程，允许采取贸易限制措施来冲抵进口产品所用生产方法及其加工过程中产生的负面环境效应。从

---

① 虽然比产品的技术和其他环境标准更为复杂，但 ISO14000 是环境管理标准，所以它基本上不涉及损害监控技术及排放标准。

② 美国一项研究报告称，实行这一标准的费用为 10 万~60 万美元，平均要达到 24.5 万美元，建立一套完善的系统所需的时间为 6~24 个月，平均要 12 个月。欧盟 1995 年的调查显示，中小企业需安排 40 个劳动力专门负责此项工作。

环境保护的角度来看，有其合理性，当一国环境做法危及别国环境质量或全球环境和共有资源濒临危境时，采取这类针对加工过程和生产方法的贸易限制显然不无道理。但从贸易的角度看，是否要推行，并制定全面、统一的产品加工国际标准，各国对此争议颇多。由于不同方法和技术生产出来的同类产品对环境的影响并不一样，而各国的环境保护水平、吸收同化能力和社会价值偏好也不一样，因此，生产加工过程很难确定一个统一的国际标准。由于发展中国家经济发展水平低，出口产品的加工标准不如发达国家，若滥用产品加工标准，将对发展中国家出口产生严重后果。

环保包装或绿色包装是指节约资源、减少废弃物，用后易于回收再利用或再生产易于分解、不损害环境的包装。发达国家已经建立了绿色包装制度，主要内容包括：①以立法的形式规定禁止使用某些包装材料；②建立存储返还制度；③强制再循环或再利用；④征收原材料税、产品包装税等。其中，减少使用包装材料（Reduction）、回收（Reclaim）、再利用（Reuse）和再循环（Recycle）往往被称作绿色包装的4R策略。由于这些规定是按照西方国家国内资源禀赋、消费偏好等因素确定的，发展中国家必然难以适应，这在一定程度上限制了发展中国家的出口贸易。

三、经济激励手段

通过经济激励手段同样可以实现基于命令和控制方式的环境标准所预期的目的。在资源环境经济学一书中，美国的布兰德（J. J. Boland）把这一手段定义为："为改善环境而向损害者自发的和非强迫的行为提供金钱刺激的手段。"一般来说，所谓经济激励手段，是指从影响成本和收益入手，利用价格机制，采取鼓励性或限制性措施促使损害者减少、消除损害，从而使损害外部性内部化，以便最终有利于环境的一种手段。

关于经济激励手段的分类在文献中非常多而杂。①仅从损害外部性的内部化来说，经济激励手段可以分为三大类：价格控制、数量控制和责任制度。

---

① 比较有代表性的是在OECD环境委员会早期研究中由奥斯彻（Opschoor）和沃斯（Vos）的分类，分为收费、补贴、押金—退款制度、建立市场和执行刺激五大类。他们还列举了意大利、瑞典、美国、法国、联邦德国、荷兰六国的损害控制手段，共计85种。其中，50%是收费，30%是补贴，剩下的有押金—退款制度和排污权交易等。

价格控制主要是对生产者行为或产品实行税收、收费或补贴。税收手段旨在通过调整比价、改变市场信号以影响特定的消费形式或生产方法，降低生产过程和消费过程中产生的损害物排放水平。理论上说，税收水平应该等于具体活动所造成的边际外部成本。在完全竞争的条件下，如果每个人都想使利润最大，则税金和帕累托最优值的静态平衡位置一致。该手段可分为三大类：①对环境、资源和产品的税收以及对损害的税收；②对有利于环境和资源保护的行为实行的税收减免；③对不同产品实行的差别税收，即对那些有益于环境的产品实行低额税收。与税收手段类似，收费制度旨在通过对有害于环境的活动和产品，以及对相应的"服务"征收一定的费用，从而使造成外部性的主体承担相应的外部成本或外部效果，即损害者和使用者对损害和环境服务的支付，可以进入其私人的费用—效益分析和计算中，并可以达到资源配置的帕累托最优。关于补贴手段，有两种情况：①政府根据厂商带来的损害程度为它们提供补贴，一般地，可以采取允许厂商用治理损害设备的支出抵扣税收的形式。补贴的数额应等于边际社会成本与边际私人成本之差，在这里，又等于损害控制成本。②对损害的受损者进行补贴。庇古在《福利经济学》中曾举例，受火车火花影响的车轨旁的种田者应该受到政府的补贴。对各种损害的受害者也应如此，补贴额等于损害的外部成本。

数量控制则是通过分配市场许可设定可接受的损害水平。厂商向政府购买（或被授予）排污许可证，从而被允许释放一定量的损害。政府只发行足够的许可证，以使损害水平与在命令和控制方法下的损害水平相同。厂商也被允许出售它们的许可证，因此，如果一个厂商将其损害减少一半，那么它就可以把一些许可证卖给其他想扩张生产因而增加损害物排放的厂商。这就给那些削减成本相对较低的损害者以刺激，鼓励他们在市场上出售许可证。由于颁发了在总数上正好足够达到质量标准的许可证，总的环境标准并没有变化。损害者之间重新配置许可证可以使达标费用最小化，即能够确保以最低的社会成本达到特定的损害或排放目标。

责任制度则是设立一个社会可以接受的行为基准，如果生产者违反这个基准，则会遭受到某些财政性的后果。其中债券和押金—退款制度等可归入责任制度。这两项制度都要通过事先向生产者和消费者收费的方式把控制、监测和执行的责任转嫁到单个生产者和消费者身上。一旦证明生产者和消费者已经履行了有关规定，个人或厂商就可以获得其债券和押金的退款。如果他们确实损害了环境和资源，政府就可以利用这些债券和押金来治理环境或减轻环境损害。

经济激励手段虽然各有一些局限性，但与其他内部化手段相比，有其独特的优势：①这类方法比直接管制方法在整个经济中能更有效地配置损害削减。一个管理机构要在所有个人损害者之间有效地分配损害削减，就需要获得有关个人费用和状况的大量信息，而利用价格机制可节省大量所需的信息。②对"动态效率"和革新的刺激。例如，由于损害者对他们所造成的任何单位的损害都需继续支付税收，所以，为了减少损害行为，税收便持续不断地刺激技术革新。③可为政府和损害者提供管理上和政策执行上的灵活性。对政府机构来说，修改和调整一种收费比调整一项法律或规章制度更加容易和快捷；对损害者来说，可以根据有关的收费情况来进行相应的预算，并在此基础上做出相应的行为选择。正是基于以上观点，经济学者主张在损害内部化上更多地采取经济激励手段。

第二节　环境损害与单边政策响应

目前，对单边环境政策效应的讨论主要集中在环境政策对本国厂商国际竞争力的影响以及环境损害与国家环境政策的相互影响上。我们知道，环境损害日益严重的原因是制度失灵（市场和政府失灵）使产品的价格没有包含或没有完全包含其环境成本，从而使生产者或消费者不必完全承担其经济活动所造成的环境后果。那么，以治理环境损害为目的的环境政策所要做的就是将环境成本内部化，使环境成本反映在产品的价格中。然而，单边环境政策的实施力度直接关系到内部化环境成本的大小，如果内部化的环境成本较大，则该国产品的国际竞争力将会受到影响。

一、单边环境政策与环境损害漏出

对于环境政策与竞争力的关系在国际学术界存在着不同的观点。一种观点认为，严厉的环境政策不利于本国企业在国际市场上的竞争。持这种观点的学

者 有 Pethig（1976），Siebert（1977），Yohe（1979），McGuier（1982），Palmer、Oates 和 Portnery（1995）等。他们认为一国较高的环境标准会降低本国厂商的国际竞争力，严厉环境政策带来的利益甚至有可能因国外市场的丢失而抵消，并认为更严厉的环境标准会成为厂商追求利润最大化的新约束，具有更多约束的相同最大化问题只能导致同样或更低的利润。严厉的环境政策意味着高的环境标准和高的环境成本投入。一国的环境标准越严厉，其环境成本就越高；反之，一国的环境管制越宽松，其环境成本越低。在各国有权制定自己的环境标准的情况下，不同的环境标准影响一国产品的国际竞争力。在实施较高环境管制的国家生产的产品，因法律要求环境费用内部化而需配置高标准的损害控制设备，或需支付额外的环境清洁费用，其生产成本显然高于在较低标准的国家生产的相同产品。在其他条件不变的情况下，环境标准宽松的国家将面临较低的适应成本，因而可以比环境标准严格的国家以更低的成本在市场上销售产品，增强了其国际竞争力。Simpson 和 Bradford（1996）认为严厉的环境管制对被管制产业的业绩影响是不尽相同的，也是无法精确描述的。实际上，人们无法找到一个合适的例子说明制定更为严格的环境标准确实能够提高产业的长期竞争力。因此，以获得有利竞争条件为目的的严厉环境管制，恰恰走到了另一个相反的方向。

另一种观点认为，虽然从理论上分析环境成本内部化以后，环境（政策）标准的高低将对产品的国际竞争力产生较大影响，但从一系列宏观经济研究来看，环境管制水平与竞争力之间似乎没有必然的联系。因为从总体上看，工业中损害控制总成本相对较低，即使在环境措施比较严格的国家如美国，工业部分的实际成本结构中用于执行环境标准的成本也只占企业生产总成本的 1%～3%。即使在美国损害控制费用占产值最高的水泥行业，这一比重也不过 3.17%。因此，国际上环境标准的差异对厂商在世界市场上的竞争力产生的影响很小。另外，环境成本在影响竞争力的众多因素中只起很小的作用，与国际贸易其他因素相比，例如与劳动力价格、运输和原材料价格、生产力和产品质量等的差别相比，由不同的环境标准所产生的不同的环境成本可忽略不计。①

---

① 参见 Anggito Abimanyu. Impact of Free Trade on Industrial Pollution ［J］. ASEAN Economic Bulletin, 1996（6）。

与单边环境政策有关的另一个焦点问题是与环境损害直接相联系。如果说一国严厉的环境政策能够导致厂商因环境成本而降低国际竞争力的话，厂商的战略选择将导致损害密集型产业的跨国转移。当生产具有环境损害特性时，一国环境政策措施会产生漏出效应（Leakage Effect），即损害密集型产业有可能转移到国外，但仍然会遭受到来自国外的环境损害。漏出效应作为环境政策的结果能够破坏一国环境政策的有效性，并因此削弱其健全单边环境政策的能力，并有可能恶化国际环境问题。

　　一般认为，无论是商品市场还是要素市场，都能导致漏出效应，最为典型的有：①能源市场。严厉的国内环境政策降低了能源需求和价格。通过使用外国能源，使产出增加，能源产出的副产品——损害跨越国界，对实施严厉的国内环境政策的国家造成环境损害。②商品市场。严厉的国内环境政策会使得损害密集型产品更加稀缺。它们的价格会上升并引起外国产量的增加，从而引起环境损害。③要素市场。严厉的国内环境标准使资本被国外损害密集型产业所吸引，密集型产业扩张并导致环境损害。④寡占市场上厂商间的相互作用。严厉的环境标准会增加国内生产成本，古诺竞争下的负反应曲线斜率会增加外国生产者的供给和损害排放。①

　　以上四种漏出效应的发生机制本质上可以认为是，国内环境政策的变化改变了能够在本国经营获利的厂商数量，影响了消费商品的供给，商品品种的数量发生了变化，最终商品可用性的变化影响了消费者行为，并进而产生一些补偿效果，即生产者能够对超过边际成本的部分收费。因此，外国厂商的数量也会受到影响，外国的排污便随之改变。由此可见，与环境损害相关联的环境政策漏出效应实际上是一个市场结构效应问题。②为此，我们将沿着环境政策的市场结构效应路径探讨环境损害与环境政策的相互关系。

---

　　① Ulph（1994）通过引入环境标准的寡占厂商市场竞争模型分析了古诺竞争下环境标准对厂商生产成本的影响，其结论是厂商间存在着战略替代关系。具体论证过程参见 Ulph D. Strategic Innonvation and Strategic Environmental Policy, in C. Carraro et al. Trade, Innovation, Environment［M］. Dordercht：Kluwer Academic Publishers，1994：205-228。

　　② 真正借助于理论模型框架讨论环境政策漏出效应的第一人应该是 Markusen（1975），以后的其他学者则对他的结果给予了进一步的提炼和扩展。对于 Markusen 论文的综述，请参见 Rauscher. International Trade, Factor Movements, and the Environment［M］. Oxford：Clarendon Press，1997：335-354。

二、模型

根据 Dixit-Stiglitz 垄断竞争模型的分析思路①，考察只有两个国家（本国和外国）进行产业内贸易的情况。用 c(i) 和 m(I) 分别代表国内生产商品 i 和进口商品 I 的消费数量（大写字母表示国外的相应变量），n 和 N 代表本国和外国的商品品种数量，令 e(i) 和 E(I) 代表两个国家每一生产者的损害排放，并假定损害是跨国界的。进一步假定在两国的消费者都有相同的偏好，环境损害可以用递增的凸函数表示 v(·)，故有：

$$u = \int_0^n c(i)^\theta di + \int_0^N m(I)^\theta dI - v\left(\int_0^n e(i)di + \int_0^N E(I)dI\right) \tag{4-1}$$

其中，θ 是一个偏好参数，$0 < \theta < 1$。$(1-\theta)^{-1}$ 是这两个商品之间的常替代弹性，并假定：

$$\theta'(n+N) > 0 \tag{4-2}$$

标准的预算约束为 $y = \int p(i)c(i)di + \int P(I)m(I)dI$，其中 y 代表收入，p(i) 和 P(I) 分别代表本国和外国商品的价格。我们能够推导出与 Dixit 和 Stiglitz（1997）相似的所有商品的需求函数：

$$c(i) = \frac{yp(i)^{1/(\theta-1)}}{np^{\theta/(\theta-1)} + NP^{\theta/(\theta-1)}} \tag{4-3}$$

$$m(I) = \frac{yP(I)^{1/(\theta-1)}}{np^{\theta/(\theta-1)} + NP^{\theta/(\theta-1)}} \tag{4-4}$$

一个国家相同技术和相同需求的价格弹性使我们能够只考察一个具有代表性的厂商（外国也同样）。产量是资本变量 k 和损害排放量 e 的凹函数 f(.,.)，具有正的一价偏导和负的二阶偏导以及正的混合偏导。凹性暗示着 $f_{kk}f_{ee} - f_{ke}^2 \geqslant 0$（式中的下标代表偏导数），排污 e 由环境政策所决定。在资本市场借贷的资本 k 的利率是 r，它对于厂商来说是既定的。我们假定在生产发生前必须投入一个固定的资本量 k_0，因此存在固定的生产成本。厂商的最优问题是最大化下式：

---

① 本模型基于 Dixit-Stiglitz. Monopolistic Competition and Optimum Product Diversity ［J］. The American Economic Review, 1977: 290-302 和 Nicolg Gürtzgen and Michael Rauscher. International Trade, Factor Movements, and the Environment ［M］. Oxford: Oxford University Press, 2000: 352。

$$\pi = pf(k,e) - r(k+k_0) \tag{4-5}$$

k 服从 $f(k,e) = c+M$ 的约束。利润最大化的条件是:

$$\theta pf_k = r \tag{4-6}$$

为描述方便,省略了表达式中的函数变量。零利润条件是:

$$pf - r(k+k_0) = 0 \tag{4-7}$$

令 $\bar{k}$ 是经济社会的要素供给,n 为本国厂商的数量,要素市场均衡可表示为:

$$n(k+k_0) = \bar{k} \tag{4-8}$$

外国也有同样的结构,我们能够获得供给方的条件:

$$\theta PF_K = R \tag{4-9}$$

$$PF - R(K+K_0) = 0 \tag{4-10}$$

$$N(K+K_0) = \bar{K} \tag{4-11}$$

从零利润条件可知,家庭收入分别为 $y = npf$ 和 $Y = NPF$。产品市场均衡条件为:

$$f(k,e) = c+M \tag{4-12}$$

$$F(K,E) = C+m \tag{4-13}$$

将需求函数和家庭收入函数代入这组方程中,有:

$$\frac{p}{P} = \left[\frac{f(k,e)}{F(K,E)} \right]^{\theta-1} \tag{4-14}$$

八个未知数的七个方程(方程(4-6)~方程(4-8)、方程(4-9)~方程(4-11)和方程(4-14))可以决定这一均衡,令 $p=1$ 可删除一个变量。因此,方程(4-14)决定了作为本国和外国厂商产量函数的贸易条件。分别删除资本回报率 r 和 R 并简化剩余方程,有:

$$f - \theta f_k(k+k_0) = 0$$

$$n(k+k_0) = \bar{k}$$

$$N(K+K_0) = \bar{K}$$

$$F - \theta F_K(K+K_0) = 0 \tag{4-15}$$

这一系统决定了本国环境政策对每一厂商产量的影响,以及两国厂商的数量。

三、开放贸易下环境政策效果

由方程（4-15）所决定的内生变量分别是资本存量 k、K 和厂商数量 n、N，全微分得以下矩阵：

$$
\begin{bmatrix}
(1-\theta)f_k-\theta f_{kk}(k+k_0) & -\theta' f_k(k+k_0) & -\theta' f_k(k+k_0) & 0 \\
n & k+k_0 & 0 & 0 \\
0 & 0 & K+K_0 & N \\
0 & \theta' F_K(K+K_0) & -\theta F_K(K+K_0) & (1-\theta)F_K-\theta F_{KK}(K+K_0)
\end{bmatrix}
\begin{bmatrix}
dk \\
dn \\
dN \\
dK
\end{bmatrix}
$$

$$
=
\begin{bmatrix}
\theta f_{ke}(k+k_0)-f_e \\
0 \\
0 \\
0
\end{bmatrix}
de
$$

左边矩阵行列式的值显然为正，我们用 Δ_1 表示。本国环境政策变化的市场结构效应是：

$$
\frac{dn}{de}=\frac{1}{\Delta_1}[f_e-\theta f_{ke}(k+k_0)]n\{(K+K_0)[(1-\theta)F_K-\theta F_{KK}(K+K_0)]+N\theta' F_K(K+K_0)\}
$$

$$(4-16)$$

$$
\frac{dN}{de}=-\frac{1}{\Delta_1}[f_e-\theta f_{ke}(k+k_0)]nN\theta' F_K(K+K_0) \qquad (4-17)
$$

显然，从上式中不能确定 dn/de 和 dN/de 的正负，这主要是由方程（4-16）和方程（4-17）右边括号内的第一项因素引起的。另外，我们还能看到，本国和外国的市场结构效应是相反的。如果 n 增加，那么 N 下降，反之亦然。

e 对 n 有两种效应，它们与方程（4-16）和方程（4-17）中的 f_e 和 f_{ke} 项有关。第一种效应可以称为直接利润效应，第二种效应可以称为间接资本生产力效应。利润效应是正的效应。如果每一厂商的排污因环境政策的宽松而增加，那么每一厂商的产量增加，利润变为正值，这会使新的厂商进入市场，n 会增加。另一种效应则正好起到相反的作用。随着损害的增加，资本变得更具生产效率，对这一要素的需求及要素报酬会增加，如果这一影响超过直接利润效应，利润将会变为负值，一些厂商将不得不退出市场。e 对 N 的影响恰好是另一种方式。如果本国厂商的数量增加，那么 θ 增加，所有商品的需求会因消费者选择集的增加而变得更有弹性。随着 θ 的增加，最初外国垄断竞争者的补偿变得过高，它们的利润变为负值。因此，一些外国厂商将退出市场直到零利润条件下的均衡重新建立为止。当然，通过 θ 的变化，这对本国经济会再一次产生影响。然而，这种间接的效应，只能加强直接效应并不会产生质的改变。

在模型中的漏出效应仅仅是一种市场结构效应。如果外国厂商的数量增加，外国的排污会按比例增加。值得关注的是 $dN/de>0$ 的情形，即本国严厉的环境标准意味着外国较少的损害排放。这种情况在标准的国际贸易与环境控制模型中是不可能的，会出现这一结果的条件是：

$$f_e<\theta f_{ke}(k+k_0) \quad \text{或} \quad \frac{1}{\theta}\frac{k}{k+k_0}<\frac{f_{ke}k}{f_e} \tag{4-18}$$

$1/\theta>1$ 是垄断者的补偿要素，$k/(k+k_0)<1$ 是生产性资本占总资本的份额，$f_{ke}k/f_e$ 是技术参数，如果假定生产函数为标准的 C-D 生产函数，那么 $f_{ke}k/f_e$ 等于资本的产出弹性。不等式（4-18）不仅是理论上可能发生的情况，而且在现实中也可能发生，只要固定成本足够大，且需求具有弹性以至于生产者无太大的市场控制能力。

四、最佳单边环境政策

在假定了环境政策对市场结构、产出和排污的比较静态的影响效果下，我们能够讨论最佳环境政策。将需求函数方程（4-3）、方程（4-4）代入效用方程（4-1），得到本国典型家庭的间接效用函数：

$$w=y^{\theta}\left[\frac{np^{\theta/(\theta-1)}+NP^{\theta/(\theta-1)}}{np^{\theta/(\theta-1)}}\right]^{1-\theta}-v(ne+NE) \tag{4-19}$$

代入 y，将外国商品视为标准单位（即 $p=1$），整理得：

$$w=n(f(k,e))^{\theta}\left(1+\frac{N}{n}p^{\frac{\theta}{1-\theta}}\right)^{1-\theta}-v(ne+NE) \tag{4-20}$$

同样，对于外国而言，间接效用函数为：

$$W=N(F(K,E))^{\theta}\left(1+\frac{n}{N}p^{\frac{\theta}{1-\theta}}\right)^{1-\theta}-v(ne+NE) \tag{4-21}$$

$\left(1+\frac{n}{N}p^{\frac{\theta}{1-\theta}}\right)$ 大于 1。在封闭条件下，它应该等于 1，因为在国内市场上外国

商品的数量为零。因此，这一项代表来自贸易的利得效果。它与贸易条件以及本国市场上外国商品的数量正相关。

作为一种可能涉及的情况，我们考察封闭状态下的情形。在此情形下，贸易利得项消失，外国排污 NE 并不依赖于本国环境政策。因此，封闭状态下的本国间接效用 w^a 为：

$$w^a = n(f(k,e))^\theta - v(ne+NE) \tag{4-22}$$

最佳环境政策由（4-23）式决定：

$$\frac{dw^a}{de} = n\theta f^{\theta-1} f_e - nv' - ev' \frac{dn}{de} + n\ln(f) f' \frac{d\theta}{dn} \frac{dn}{de} + f^\theta \frac{dn}{de} + n\theta f^{\theta-1} f_k \frac{dk}{de} = 0^① \tag{4-23}$$

注意 $dn = -n/(k+k_0)dk$，右边的最后两项因利润最大化的一阶条件相互抵消。因此，最佳条件能够重写为：

$$f_e = \left(1 + \frac{dn/n}{de/e}\right) \frac{v'}{\theta f^{\theta-1}} - \frac{1}{\theta}\ln(f) f \frac{d\theta}{dn} \frac{dn}{de} \tag{4-24}$$

在（4-24）式，排污增加的边际利益是一种商品产出的边际增加。(4-24)式是因排污增加所引起的环境边际损害。除了每一厂商排污增加需要考虑在内外，能够影响整个损害总量的厂商数量变化也要考虑在内。（4-24）式的存在是因为替代参数 θ 对于政策制定者来说是内生变量，它由消费者和生产者所决定。如果排污增加导致厂商数量和商品品种增加，那么替代可能性得到改善，θ 增加。对于福利的积极或消极影响则取决于厂商的产出是大于1还是小于1。因此，这一项的问题就取决于产出测度的单位，而且它还受到基本私人家庭偏好结构的修正效用函数的影响。②关于这一项我们在此不做更深入的讨论。

作为所提及的情况，我们已经导出了封闭经济下的最佳环境政策，现在我们能够继续考察开放经济条件下产业内贸易的最佳环境政策。利用方程(4-14)的贸易项，将相对价格代入方程（4-22），福利能够表示为：

$$w = n(f(k,e))^\theta \left(1 + \frac{N(F(K,E))^\theta}{n(f(k,e))^\theta}\right)^{1-\theta} - v(ne+NE) \tag{4-25}$$

---

① 在这里假定满足二阶条件。需要注意的是，标准的凹性假定并不能够保证二阶条件的成立，如在一阶条件中的 dn/de 包含着生产函数的二阶导数。因此，二阶条件包括不了受制于敏感经济解释的三阶导数。

② 对于私人部门来说，消费效用是否具有常规模报酬的正常 CES 效用函数形式并不重要。

最优问题的一阶条件是：

$$f_e = \left(1 + \frac{dn/n}{de/e}\right)\frac{v'}{\omega\theta f^{\theta-1}} - \frac{f}{\theta}\left(\ln(f) + \frac{1}{\omega} \cdot \frac{d\omega}{d\theta}\right)\frac{d\theta}{dn}\left(\frac{dn}{de} + \frac{dN}{de}\right) + \omega^{1/(\theta-1)}\frac{NF^{\theta}}{nf^{\theta}}fe + v'\frac{d(NE)}{de}$$

$$(4-26)$$

应假设而不是证明方程（4-26）满足二阶条件，对封闭情况的研究已经知道方程（4-26）的含义，它们是受制于经济政策变化的环境损害和偏好参数的影响。考虑到贸易利得，这两项与封闭条件下的情况稍有不同。测度环境政策的贸易条件效果尽管模型有些复杂，但它的正负号是相当明确的，即考察了贸易条件会导致更严厉的环境政策。[①]当然，改善贸易条件的最优政策应该是关税，在我们的模型中，它没有被列入政策制定者可使用的工具集中。对于产业内贸易模型的最优关税问题，请参见 Gros（1987a）。方程（4-26）是漏出项，它的符号依然不能确定，就像我们在方程（4-26）中所讨论的那样，漏出效果可正也可负。

通过考察两国在非合作情况下选择各自环境政策的纳什均衡，扩展我们的分析是十分有趣的。然而，这是一个非常难处理的问题，除了模型的复杂性之外，还有在最佳环境政策的一阶条件下，二阶导数是否存在的问题。这意味着当人们要推导反应曲线或与纳什均衡进行静态比较时，三阶导数必须存在。我们所能做的就是对本国与外国环境政策对其他国家的外部影响进行分析。如果在纳什均衡（假定它存在）下进行分析，人们能够推断出非合作环境政策是太宽松还是太严厉。

假设环境政策工具是每一厂商的排污水平，因此，在一国厂商的排污并不会受另一国环境政策的影响时，[②]国内福利函数对外国环境政策变量的微分为：

$$\frac{dw}{dE} = \frac{dw}{d\theta}\theta'\frac{d(n+N)}{dE} + (1-\theta)(1+(NF/nf)^{\theta})^{-\theta}NF'^{\theta-1}F_E - v'\left(e\frac{dn}{dE} + N\left(1 + \frac{EdN}{NdE}\right)\right)$$

$$(4-27)$$

方程（4-27）测度外国环境政策对偏好参数 θ 的影响，它是模糊不清的，不易于更进一步的讨论。方程（4-27）是贸易条件效应，它是正的。外国排污的增加使外国商品的可获得性增大，并减少了它的相对价格。方程（4-27）

① 注意这一项是与方程的左边相关联的。这会导致一个小于 1 的因素并通过它使 f_e 倍增。由于缺乏直观的解释，我们不能对其有更多的说明并将贸易条件项放在方程的右边。

② 如果政策措施是排污税，那么，在每个国家厂商的排污将取决于其他国家的环境政策。

包含了环境外部性，外国环境政策通过市场结构效应影响着国内厂商的数量，并进而影响着环境质量。然而，在正常情况下，dN/dE 为正或负且很小。另外，存在着外国环境标准对本国经济的负外部效应。通过以上分析，我们能够得出如下结论：贸易条件效应至少可以部分地抵消环境损害的负作用，然而市场结构效应意味着损害漏出可以是负的，并存在将环境损害外部性内部化的动力。

第五章 贸易、环境政策协调机制与途径

贸易与环境保护之间并不存在无法调和的矛盾，它们之间是可以相互促进、共同发展的。然而理论与现实的明显差距使二者之间的国际协调面临着诸多困扰，我们有理由深入探索出现这一难题的起因，并努力寻求解决问题的有效途径。本章我们将运用博弈论的分析框架寻找国际环境合作的有效途径。

在第一节，我们首先分析参与国际环境合作各方在自利行为激励下的策略选择结果，并在此基础上探索基于国际贸易协议的环境损害控制方法；在第二节，我们将考察国际环境协调的区域合作途径，研究多边环境协议中贸易制裁的有效性问题。

第一节 贸易与环境政策协调的现实困难

虽然各国都意识到环境保护的重要性，环境保护的最佳途径是环境成本内部化，但跨国界污染使外部性进一步增大，本国政府没有直接的动力解决其国内生产对外国所产生的外部性问题。从污染控制的角度来看，这意味着治理环境损害的跨国界外部性需要寻求国际合作。下面我们就从贸易与环境政策协调的理论可能、南北分歧以及南北贸易与环境协调必须解决的几个问题三方面来论述这一问题。

一、贸易与环境政策协调的理论可能

实际上，如果已知污染控制的边际成本和边际收益，我们就能证明从整个

世界福利的角度出发，完全合作解是最优结果。此时，控制（减少）污染的成本加上污染带来的损害，就整个世界范围而言是最小的。由于污染损害的减少通常被假定为纯公共产品，因此有：

$$\sum_{n-1}^{N} MAC_n = MAC_n \quad \forall n = 1, \cdots, N \qquad (5-1)$$

（5-1）式意味着 n 个国家的边际损害成本（MDC）的总和等于每个国家的边际控制成本（MAC）。值得注意的是，从另一个角度来看，污染的边际损害成本可以被视为控制减少污染所带来的边际收益，所以（5-1）式的含义为：由于控制或削减污染是一种纯公共品，故此，各国控制污染的边际收益之和等于每个国家控制污染的边际成本。如图 5-1 所示（Barrett, 1994），假定 MDC 和 MAC 的函数是线性的，则合作的结果是 Q_c，此时每个国家把自己的 MAC 设定为等于全球控制（消除）污染所带来的边际收益 MDC。

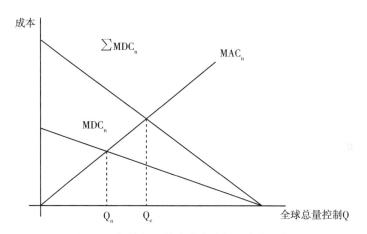

图 5-1 污染问题的完全合作与不合作比较

然而，整个世界福利的增进并不意味着每个国家的福利都会因此而增加。有些国家由于控制污染，其状况有可能恶化（如该国必须减少煤炭的使用，而代之以更清洁的能源，它付出的成本有可能超过环境改善带给它的好处）。这样，如果不存在收益国对受损害国的单边支付（作为一种补偿），（5-1）式所提供的完全合作解将不是一个均衡解。又由于控制污染是一种纯公共品，这样各个国家完全可以通过不合作增加自己的福利，每个国家纯粹的利己行动将导致纳什均衡解，这时每个国家使其自身的 MAC 和 MDC 相等。这是一国对其他所有国家利己行动的最优反应，即 $MDC_n = MAC_n$，其中 $n = 1$，…，N。这样产生了一个相对于完全合作结果的帕累托次优解，在图 5-1 中表现为 Q_n，此时，每个国家使其边际损害成本等于边际控制成本，可以看出 $Q_n < Q_c$。

通常可能存在其他不同的均衡，它能使每一个国家的状况至少与在纳什均衡下相同，甚至更好。例如，这样的解可以通过附加单边支付的方法得出，也可能存在许多种单边支付，将合作的收益在获益者和受损害者之间进行分配，这样可以使受损害者得到补偿，从而愿意进行国际合作。

应该说，以上分析虽然为各国指出了进行国际环境合作的理论可能性，但在实现国际环境合作的过程中，却存在着一些无法逾越的障碍。首先，在模型中我们假定已知污染控制的边际收益和边际成本，这不仅是模型成立的基础，也是进行单边支付的前提条件，而这一假设在现实中很难得到验证。其次，如何确定单边支付的准则以及建立单边支付的转移机制也是一件十分困难的事，目前的实践让人们对此并不乐观。Barrett（1992）讨论的两种可能性是根据一国的人口或者根据每个国家合作的程度进行分配，但由于没有超国家的权力机构，加之缺乏有效的附加处罚机制或诱因，各国仍然会有"搭便车"的动机。

将环境问题与贸易自由化谈判挂钩，是目前协调贸易与环境问题正在探索的途径。贸易自由化谈判往往包含着消除歧视、相互妥协的内容。一项多边或地区贸易协议的达成，往往需要有关各方相互谅解。如果一方预期它们的谈判对手将做出让步，那么，它自身也会产生让步的激励。如果对谈判对手降低要价的做法不抱太大希望，那么，它们做出让步的可能性也很小。用博弈论的观点分析贸易自由化谈判，双方的这种策略行为通常被描述为"保证问题"（Assurance Problem，AP），这里，均衡的结果可能有两个：一是含有妥协内容的成功协议；二是谈判宣告失败。但是，即使贸易自由化目标无法一步到位，理论上仍然可能找到帕累托最优解，即谈判双方都能在一定范围内获得经济福利的改善。

而国际环境合作的博弈行为通常被描述为典型的"囚徒困境"（Prisoner's Dilemma，PD）[1]。环境问题的一种解决方式是依靠外部力量的约束，采用强制实行的办法使参与者采取合作的策略。而国际间环境合作的难度在于，由于

---

[1]　在非合作博弈理论中，如果将一个"囚徒困境"的博弈作为生成博弈做无限次重复，那么两个局中人的理性选择就有可能导致帕累托有效的结果。

不存在超越一国主权的强制执行机构，因而参与这一博弈的有关各方不会产生主动提供公共物品的意愿。下面我们根据 Grant Hauer 和 Ford Runge（1999）提出的贸易与环境捆绑解决思路，利用博弈论的方法考察将环境问题纳入贸易谈判的可能性。

（一）建立模型

如图 5-2 所示，每次博弈中的支付用 u_{jk}^i 表示，上标代表局中人，$i=1$，2；下标的第一个字母 j 是局中人 1 所采取的策略，用 c 表示合作，d 表示背叛；下标的第二个字母 k 是局中人 2 所采取的策略。博弈的支付结构具有如下形式：

$$u_{cc}^1 > u_{dc}^1 = 0 = u_{dd}^1 < u_{cd}^1 \text{ 和 } u_{cc}^2 > u_{cd}^2 = 0 = u_{dd}^2 < u_{dc}^2 \tag{5-2}$$

如果把合作的支付结构归入贸易模型，则有：

$$u_{cc}^1 > u_{cd}^1 \geqslant u_{dc}^1 \geqslant u_{dd}^1 \geqslant 0 \text{ 和 } u_{cc}^2 > u_{dc}^2 \geqslant u_{cd}^2 \geqslant u_{dd}^2 \geqslant 0 \tag{5-3}$$

显然，存在一个超优战略：削减贸易壁垒，相互开放贸易。

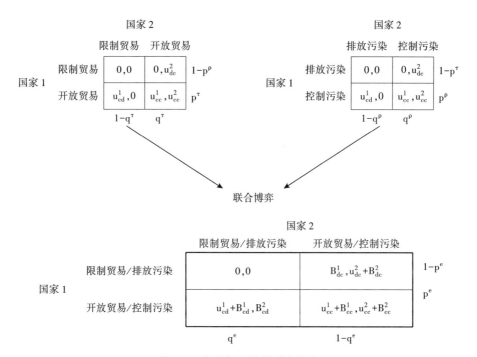

图 5-2　贸易与环境的联合博弈

为了使模型更接近实际情况，这里假设有两个纳什均衡存在于 AP 之中，一个是相互贸易保护，另一个是相互开放贸易。在相互开放贸易的情形下，双方都是有利可图的。AP 也有混合策略均衡，即双方根据不同的情况采取两种策略。在国家 2 采取合作策略的情况下，国家 1 采取合作策略的概率为 p^τ；在国家 1 采取合作策略的情况下，国家 2 采取合作策略的概率为 q^τ。$1-p^\tau$ 和 $1-q^\tau$ 分别代表国家 1 和国家 2 采取背叛策略的概率。通过确定 p^τ 来计算概率，并使预期的合作支付等于预期的背叛支付。例如，对国家 2 可用（5-4）式计算：

$$E(\Pi_c) = p^\tau u_{cc}^2 + (1-p^\tau) u_{dc}^2 = p^\tau u_{cd}^2 + (1-p^\tau) u_{dd}^2 = E(\Pi_d) \tag{5-4}$$

其中，Π_c 是从合作中所获得的支付，Π_d 是从背叛中所获得的支付，p^τ 是国家 1 将在贸易博弈中采取合作策略的可能性。如果预期国家 1 的合作概率大于 p^τ，那么国家 2 将采取合作策略。概率 p^τ 的作用在于传达在同一博弈中局中人的行动信息，例如，如果国家 1 掌握了国家 2 将要削减贸易壁垒的信息，其概率大于 p^τ，那么它也将减少贸易壁垒。跨国界污染问题也可以表述为一个简单的有两个局中人的博弈。但与贸易博弈相反，支付结构为 PD（国家 1 和国家 2 采取合作策略的概率分别用 p^ρ 和 q^ρ 来表示）。

PD 的支付结构为：

$$B_{dc}^1 > B_{cc}^1 > B_{dd}^1 = 0 > B_{cd}^1 \text{ 和 } B_{cd}^2 > B_{cc}^2 > B_{dd}^2 = 0 > B_{dc}^2 \tag{5-5}$$

这里，控制污染的一方以付出控制成本为代价取得收益，而其他局中人可以通过"搭便车"的做法，在不付出控制成本的情况下获得收益。

（二）博弈合并

把上述两个博弈合并考虑的目的是，试图利用贸易博弈中取得的收益改变环境博弈中的激励结构，以便使环境问题不再是囚徒困境。基于这一思路，可以对目前把环境问题与贸易谈判挂钩的做法进行分析。

使合作同时达到帕累托最优的基本原则是：双方利用贸易博弈的所得改变环境 PD。同样，一方在环境博弈中做出背叛的决定，也会增加另一方在贸易博弈中采取背叛行为的可能性。博弈合并后的合作策略均衡为"开放贸易—控制污染"，背叛的策略为"限制贸易—排放污染"。[①] 两个博弈各自的支付相加得出合并的博弈，如图 5-3 所示。

---

① 另外两种策略"开放贸易—排放污染"和"限制贸易—控制污染"作为次优战略被剔除。

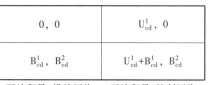

		0, 0	U_{cd}^1, 0
国家2	限制贸易/排放污染		
	限制贸易/控制污染	B_{cd}^1, B_{cd}^2	$U_{cd}^1+B_{cd}^1$, B_{cd}^2

开放贸易/排放污染　　　开放贸易/控制污染

国家1

图5-3　环境问题与贸易自由化谈判挂钩的福利分配

下面进一步说明合并博弈的情况。假设贸易博弈是保证问题（AP），而环境博弈是囚徒困境（PD）[1]，博弈的结果既可能是PD，也可能是AP。如果 $U_{cc}^1+B_{cc}^1>B_{dc}^1$ 及 $U_{cc}^2+B_{cc}^2>B_{dc}^2$，即从贸易博弈中获得的好处足以抵消环境博弈中放宽对污染控制的好处，那么合并在一起的贸易环境博弈就是AP。如果前者无法抵消后者，那么就会形成PD，在这种情况下，把贸易与环境保护联系起来对博弈中的各方来说没有益处，因为潜在的贸易收益会由于与具有囚徒困境特征的环境博弈相联系而减少。这里隐含的政策结论是：从相互间贸易自由化行动中获得的收益应大于提供环境公共物品的成本，否则贸易与环境两个博弈的合并既会对贸易自由化造成威胁，也无助于环境问题的解决。

另一个需要考虑的重要问题是，博弈合并后，双方的策略选择将取决于对方合作的意愿，即需要判断对方的合作概率。假设国家1在合并博弈中采取合作策略的概率为 p^e，则：

$$E(\Pi_c^e) = p^e(U_{cc}^2+B_{cc}^2) + (1-p^e)(U_{dc}^2+B_{dc}^2) = p^e B_{cd}^2 = E(\Pi_d^e) \qquad (5-6)$$

求解得：

$$p^e = \frac{-U_{dc}^2-U_{dc}^2}{U_{cc}^2-U_{dc}^2+B_{cc}^2-B_{cd}^2-B_{dc}^2} \qquad (5-7)$$

因为有PD作为前提，$U_{cc}^2+B_{cc}^2>B_{dc}^2$ 且 $B_{cc}^2-B_{cd}^2<0$（囚徒困境支付假设），则：

$$B_{cc}^2-B_{cd}^2-B_{dc}^2>0，或 B_{cc}^2-B_{cd}^2-B_{dc}^2\leq0，这表示 p^e>p^\tau[2] \qquad (5-8)$$

上述分析表明，把环境问题纳入贸易自由化谈判，是解决国际贸易与环境

---

① Hauer 和 Runge（1999）分析了其他三种可能存在的策略结构：贸易博弈是AP，而环境博弈也是AP；贸易博弈为相互贸易自由化，而环境博弈是PD；贸易博弈为相互贸易自由化，而环境博弈是AP。

② 为证明这一点，设 $a=-U_{dc}^2>0$，且 $b=U_{cc}^2-U_{dc}^2>0$ 且 $d=B_{cc}^2-B_{cd}^2-B_{dc}^2$，如果 $d\leq0$，显然 $p^e=(a+b)/(b+d)>a/b=p^\tau$。要证明 $d>0$ 的情况，假设 $0\leq(a+b)/(b+d)<a/b<1$，得 $ab+cd<ab+ad$，但 $cb>ad$，且 $c/d<a/b$。由于 $d>0$，显然当 $B_{cc}^2-B_{cd}^2<0$ 时，$c/d>1$，由于 $a/b<1$，所以 $p^e>p^\tau$。

问题的一个有效办法，但这种把二者归为一体的过程往往使问题变得更为复杂，其中的原因是，这一做法凸显了发达国家与发展中国家的矛盾和分歧。

（三）发达国家与发展中国家的利益分配

贸易自由化与环境问题在谈判中同时解决，可能会改进相关各方的福利，下面考虑这些福利如何分配的问题。这里基于不同收入阶层对环境质量需求存在差别的前提，且环境保护的效益分配在多数情况下对发达国家有利。[①]用国家 1 表示发展中国家，国家 2 表示发达国家。考虑的情况是，双方从贸易自由化政策中获得的福利改进均减少，而污染控制的成本超出发展中国家愿意承受的限度。在这种情况下，$0 \geqslant B_{cc}^1 \geqslant B_{cd}^1$ 且 $B_{dc}^1 \geqslant 0$，发展中国家（国家 1）在环境博弈中没有采取合作策略的激励。[②]这里假设污染控制的收益相对于发展中国家对发达国家（国家 2）更为有利。所以，它们会要求在贸易自由化谈判过程中加入环境议题，并强调把贸易谈判的结果与环境问题挂钩，迫使发展中国家在环境问题上采取合作态度，签订所谓的"一揽子"协议。当然，要使这一威胁成为"承诺行动"[③]，需要满足：

$$B_{cc}^1 + U_{cc}^1 > B_{dc}^1 \geqslant 0 \tag{5-9}$$

另一个假设是，发达国家能够预期发展中国家采取"开放贸易—排放污染"的策略，因此，发达国家向发展中国家传达这样的信息：如果对方采取"开放贸易—排放污染"的策略，发达国家的反应将是"限制贸易—排放污染"。在发达国家做出承诺并采取这种策略的情况下，发展中国家的合理选择策略应是"开放贸易—控制污染。"

在这种情况下，产生的一种可能解是，由于发展中国家在污染控制方面得到的收益少于发达国家，因此，它们会拒绝把环境问题与贸易谈判联系起来。

---

① Baumol、Ostes（1998）和 Pearce（1993）研究了不同收入阶层对环境质量的需求问题。认为环境是一个偏向于富人的公共物品，即环境项目的效益分配对富人有利。由于环境质量享用的非排他性，因此，由某一集团付出成本而使环境质量得以改善，其他人会无差别地获得这种收益。其隐含的意义是：如果发达国家比发展中国家拥有更多的政治权利，那么，前者倾向于强迫后者提供更多的环境公共物品。而这种经济发展与环境保护的取舍不一定是后者所希望的。这对于理解发达国家与发展中国家在贸易和环境问题上的关系有着重要意义。

② 当然，如果贸易博弈本身是一个有着相互占优的均衡，那么合并博弈可能是 AP。

③ 承诺行动是当事者使自己的威胁战略变得可置信的行动。只有当不实行这种行动会遭受更大损失的时候，这种威胁才是可置信的，或者说，参与者要为自己的失信付出成本。参见张维迎．博弈论与信息经济学［M］．上海：上海三联书店，1996：25.

发展中国家会倾向于这样的策略选择："开放贸易—排放污染"。对此，发达国家会以在贸易谈判问题上采取不合作策略相威胁，如果发展中国家预期发达国家的这种威胁是可置信的，那么，对发展中国家来说，相对有利的策略是同意把二者挂钩，尽管这并不符合发展中国家短期内所追求的利益最大化原则，但为了避免损失更多的自由贸易收益，只能做出这个次优选择。

二、南北分歧

从理论上讲，将环境问题与贸易自由化同时纳入谈判议题，是解决贸易与环境问题值得探索的途径。但是，这种把二者归为一体的过程存在着很大的问题。发达国家与发展中国家在贸易与环境问题上的不对称现实以及缺乏有效公平的协调机制，是这一理论模型在付诸实践时的重要障碍。

（一）发展中国家和发达国家的不对称现象

在贸易自由化与环境的关系问题上，发达国家和发展中国家之间存在着不对称现象，主要表现在：①贸易自由化带来的增长质量的差异，即前者的环境质量可能更多地得益于贸易自由化，而后者的环境质量在实践中受到更多不利影响的冲击；②增长路径选择不同，虽然环境质量和增长之间呈负相关关系，但是环境质量和增长路径不是唯一的，经济高增长、低增长和负增长都可以带来环境高破坏[①]，但也存在着环境低破坏和经济高增长的可行路径。问题的关键在于，利用结构效应和技术效应的积极作用抵消规模效应的负面影响。而发展中国家现行的贸易增长模式与可持续发展并不完全一致。造成这种不对称影响的原因除了经济与技术水平的南北差异外，主要还包括：可持续发展意义上的资源禀赋差异、消费与贸易结构的不平衡、国际合作中地位主动与从属的矛盾。

可持续发展意义上的资源禀赋差异在一定程度上反映了南北之间的不对称现实。世界银行（1995）提出了新国家财富指标，该指标体现了经济可持续性、生态可持续性和社会可持续性发展的核心思想，并综合了自然资本、生产

---

① 世界银行（2000）在其《增长的质量》的研究报告中，将中国和印度列为经济高增长、环境高污染的国家。

资本、人造资本和社会资本四要素去判断各国或地区的实际财富以及可持续发展能力随时间的动态变化。其中，自然资本，又称自然资源或天然资源，是大自然赋予人类的财富，包括土地、水、森林、渔业资源、净化能力、石油、煤、黄金和矿产等；生产资本，又称产品资本，是人类过去生产经济活动积累起来的财富，包括所使用的机器、厂房、道路等；人造资本，又称人力资源，是指一个国家或地区的公民所具备的知识、经验、技能和管理与创新能力等方面的价值；社会资本，是指以集体形式出现的家庭和社会之类的人员组织和机构生产的价值，包括社会赖以正常运转的制度、文化凝聚力和共有信息等的价值，它属于财富计算的内容之一，但目前这方面的估算尚未进行。

按照上述的衡量指标，如果一国的经济活动给未来留下了与现在相等或更多的财富，那么，该国的经济活动就是可持续的。世界银行以 1990 年的数据为基础，确定了全球 192 个国家和地区的人均财富与价值，全世界人均财富为 86000 美元，其中澳大利亚为 835000 美元，居第 1 位；日本为 565000 美元，居第 5 位；美国为 421000 美元，居第 12 位；中国为 6600 美元，居第 162 位；埃塞俄比亚为 1400 美元，居最后一位。另外，进行其他相关计算所获得的一个重要结论是：全世界的自然资本、生产资本和人造资本的构成比例是 20∶16∶64，且占世界人口不到 16% 的高收入国家拥有全球财富的 80%，而占世界人口 80% 以上的发展中国家仅拥有全球财富的 20%。

世界银行（2000a）采用了真实国内储蓄率的概念与计算方法，即扣除自然资源（特别是不可再生资源）的枯竭以及环境损害损失之后的一个国家真实的储蓄率。结果显示，1997 年发展中国家国内储蓄率为 25%，但是减去对自然资本过度开采之后，真实国内储蓄率只有 14%，这说明发展中国家的经济增长质量较低。如果仅仅以经济效率为准则推行贸易自由化，无疑会加剧这些国家生态环境的脆弱。

发达国家和发展中国家之间的不对称现实还与贸易结构密切相关，发展中国家的农业和初级产品占有相当高的比重，而发达国家则侧重于工业和服务业。根据世界银行关于各国生产与贸易结构的统计，发展中国家出口商品中，初级产品及主要以初级产品为原料的纺织品占 50% 以上。与此相反，发达国家的初级产品出口只占其总出口额的 20% 以下，日本只占 2%，这种生产与贸易的格局意味着发展中国家通常以资源的大量消耗来取得自由贸易的收益；发达国家则以资源加工获取高附加值，最大限度地利用全球环境资源，充分得益于比较优势的发挥。

（二）国际协调过程中主动与从属的矛盾

一方面，随着乌拉圭回合谈判的结束，世界性的贸易自由化已成为不可逆转的趋势，但它所经历的过程是曲折的。一些经济强国从自身国家的利益出发，按照它们固有的理念和思路拟定国际贸易标准和重建国际贸易秩序，严重地限制了发展中国家的发展，给真正意义上的贸易自由化带来了巨大阴影。正如世界贸易组织总干事穆尔1999年底在世界贸易组织年度会议上指出的："富裕国家向贫穷国家商品所征收的关税，事实上比富裕国家之间所实施的关税还要重。"这从一个侧面反映了不公正、不健康的国际经济秩序，说明了发达国家通过贸易自由化把自己的繁荣建立在发展中国家的萎缩之上。

另一方面，在环境保护的国际合作实践中，二者的影响力迥然不同。与国际贸易相关的环境政策措施大多是由发达国家倡导制定并积极推广的。它们所具有的共同特点是试图在全球范围内，通过制度安排或市场激励等手段来实现环境成本内部化，通过统一的环境标准抹平两者之间在环境成本内部化程度上的差异，从而达到保护环境与所谓"公平贸易"的目的。从某种意义上讲，发达国家推选的环境政策措施很大程度上具有"环境壁垒"的色彩。

贸易与环境讨论中的不平衡现象导致了发展中国家在国际争论中采取防守姿态。例如，在贸易与环境的讨论中，只是探讨了贸易与环境挂钩的部分问题，如WTO贸易与环境委员会（CTE）重点讨论了多边环境协定所采取的贸易措施与多边贸易体制的关系，以及与产品相关的加工工艺和生产方法（PPMs）的环境标志问题。尽管在多边环境协定和多边贸易体制之间进行协调非常重要，以及非歧视性的环境标志与多边贸易体制之间的关系也非常重要，但是并没有提到发展中国家的问题，如对保障法及市场准入、控制国内禁用品、技术转让等未给予应有的重视。

（三）贸易与环境问题上的观点分歧

在贸易自由化与环境问题的关系上，发达国家和发展中国家的认识存在着难以调和的分歧。发达国家认为：第一，贸易限制是解决环境问题的重要手段。任何国家有权采取关税和非关税措施，控制甚至禁止环境污染产品的进口或出口。但这些措施应遵守非歧视性原则、市场开放原则和公平原则，并保证一定的透明度。发达国家相对于发展中国家，其环境标准较高，认为国内产业处于比较劣势。但是发达国家不愿意降低环境标准，使之与发展中国家持平。例如，美国希望有权达到自己认为适宜的健康、安全和环境保护目标，即使标准高于国际标准。这样做的原因是迎合公众环境保护意识的要求以及保护国内产业。所以发达国家提出：①当一种产品在不同国家生产的税收不同，或出口国家有较低的税收负担时，国际组织（如 WTO）应该允许一国对社会倾销采取抵消措施，也就是环境法规与竞争力的观点，要求在国际上协调环境标准。②较低的税收负担将导致环境向低者看齐，各国竞相降低环境标准导致发达国家环境标准水平下降，所以国际组织还应该允许反补贴税来抵消社会倾销。这一观点要求一种合作性解决方案，没有协调的内容。第二，国际贸易应优先考虑保护环境。环境的污染破坏已日益威胁到人类的生存和发展，为了社会经济的可持续发展，贸易应减少、消除污染和破坏环境产品的生产与销售，鼓励环保产品的生产与销售，推动环保市场的扩大，强调环境成本内部化的适用性。第三，统一国际环境标准。这是南北关系中争议最多的问题之一。发达国家认为，无论一国经济处于何种发展阶段，均应采用一致而又适当的环境标准，并置于多边贸易体制的管辖之下，反对任何国家对企业进行"环境补贴"。

发展中国家认为：第一，对于发展中国家来说，目前面临的最大挑战是经济发展和消费贫困。因此，在处理环境和发展问题时，发展中国家与发达国家难以形成相同的政策优先次序。第二，发达国家实施的所谓与环境保护有关的关税和非关税措施，是名副其实的"绿色壁垒"，严重影响了发展中国家的出口。[①]在历史上，发达国家经常使用贸易制裁，南北之间形成事实上的不平等。尤其是美国，经常使用贸易制裁和壁垒。因此，发展中国家认为以环境主义为幌子的保护主义使美国和欧盟成为堡垒。此外，一些发展中国家也表达了对发达国家过度消费的关注。20%的世界财富集中于北方，消费世界资源的80%，产生世界污染量的80%，发达国家将贸易与环境挂钩之前应将此因素考虑进去。第三，发达国家为保护本国"夕阳工业"而制定的环境保护技术标准和生态标识制度，是隐蔽的贸易保护形式。而且，这些标准和标识是以发达国家的技术条件和水平制定的，将发达国家的环境标准强加给低收入的发展中

① 有发展中国家提出，反对用环境措施作为贸易壁垒的任何行动，认为用 GATT 1994 第 20 款来处理环境问题中的例外已经足够灵活。该条款允许采用与其他 WTO 义务不一致的贸易措施来保护环境。参见杨静. WTO 新一轮中贸易与环境问题 [N]. 国际商报，2000-01-12.

家，在内部人为地提高了发展中国家的生产价格，在外部削弱了出口部门的相对优势。因此，对发展中国家应考虑采用某些特殊条款。第四，发展中国家的企业大多经济实力不强，环境治理费用必然加大这些企业的负担。基于这种情形，政府可以对企业和产品给予一定的"环境补贴"。第五，发达国家不能采取双重标准，一方面设置非关税壁垒，阻止发展中国家产品进入其国内市场；另一方面鼓励本国企业将一些污染环境的生产转移到发展中国家。

三、南北贸易与环境协调必须解决的几个问题

（一）发达国家实施的单边贸易措施

发展中国家对发达国家经常采取单边行动非常不满。发达国家以环境为名采取的所有歧视性措施中，均是出于保护主义动机。金枪鱼/海豚以及虾/海龟两个案例是此领域争论的焦点，两个倡议均来自美国国内环境团体的游说，而不是来自产业界的声音。美国禁止从墨西哥进口金枪鱼以及禁止从未对海龟进行保护的捕虾国进口虾是美国采取的单边行动，涉及美国相关法律的特别管辖权问题。在国际环境关系中，单边主义是一个较悠久的传统，单边主义实际上是使国内法律应用于域外。美国法律涉及从限制 DDT 的进口及其他伤害环境的物质的进口，到禁止象牙进口，以及对使用拖网伤害太平洋鲑鱼和海豚的国家采取贸易措施。美国的污染阻止法许可美国当局禁止从环境标准宽松于美国的国家进口，以及美国的全球清洁水激励法对不符合美国清洁水法标准的制造过程生产的外国产品征税也是例证。

单边主义是美国的主要贸易策略，如在特殊制裁（超级 301）、知识产权等方面。自 WTO 成立以来，美国曾多次威胁对中国因违反知识产权而使用超级 301 条款，对日本和韩国的汽车与零件使用超级 301 条款，将亚太的几个国家和地区列入知识产权违反者的优先观察名单。发展中国家在平衡的世界中难以接受单边贸易措施，使用贸易制裁来取得环境目标是不公平的。在 WTO 有关环境的贸易争端中，半数是因富裕国家制裁贫穷国家而引发的。尽管发达国家采取单边措施时常有特定的理由，但是在国际关系中单边主义措施愈演愈烈，加深了国家间及南北间的不信任，在环境问题上更是这样。

（二）基于加工工艺和生产方法的贸易限制措施

如果在 WTO 下将贸易与环境挂钩，发达国家将极力建议因加工工艺和生产方法（PPMs）不同而采取贸易限制措施具有合法性，从而极大地影响发展中国家向发达国家市场准入的程度，导致发展中国家增长下降，损害发展中国家在国际环境谈判中的地位。贸易自由化产生规模效应使一国的总产出增加，相应地污染排放量也会增加。如果因 PPMs 使发展中国家市场准入受到影响、经济力量下降导致污染量下降，则会造成国际环境力量天平向发达国家倾斜。这是因为：①虽然发达国家可以使用单边措施使存在环境问题的国家就范，但是缺少在国际环境谈判中做出妥协的动力。例如，美国在因捕虾过程中诱捕濒危海龟而禁止虾的进口之前，没有在《濒危野生动植物物种国际贸易公约》（CITES）会议上提出这样的问题，美国至今未签署迁移物种保护公约或联合国海洋公约，未批准生物多样性公约，没有参与所有可能保护濒危物种的多边行动的途径。②随着经济增长的下降，发展中国家像过去一样不得不求助于发达国家的技术转让以及资金援助，损害到发展中国家的自主能力及独立意识。所以，如果 WTO 贸易规则承诺基于 PPMs 的贸易歧视行为是合法的，则发展中国家在多边环境论坛中的力量将被削弱，因为其经济力量下降，污染排放降低，削弱了发展中国家对环境谈判过程和结果的影响能力。

尽管发达国家促使非产品相关的 PPMs 上的贸易限制合法化（包括单边措施及特别管辖权），但是对有利于环境的技术的传播重视不够，而有利于环境的技术可以帮助发展中国家采用对环境无害的 PPMs。一些发展中国家的非政府组织指出，发展中国家应该有更多的机会从国际社会得到环境技术及政治支持，从国际机构得到环境保护资助。世界银行的代表指出，如果允许对其他国家的污染和环境恶化采取单边措施，将使贸易体制依赖于力量而不是规则。尽管有人建议 TBT 协议涵盖环境标志（包括非产品相关的 PPMs），但是缺乏对发展中国家如何从使用传统和本土知识的有利于环境的产品贸易中受益这一问题的分析，这样，在某种程度上可以认为环境标志是一种工具，提供给消费者产品信息，提供给有环境标志的产品以市场优势。促进基于本土知识的产品的可持续贸易实际上有利于保护，基于本土知识的产品不仅可以授予专利（防止发展中国家出口此类产品），产品有商标或有标志也便于销售。

如果 WTO 贸易规则坚持否认 PPMs 基础上单边贸易歧视行为的合法性，

发达国家将不得不对协调环境标准付出代价或与发展中国家真诚地谈判来保证协调的成功。伴随着发展中国家经济增长及发达国家市场准入程度的提高，发展中国家将增强用自有资源购买有利于环境的技术的能力，这样从根本上改变了发展中国家过去自己铸就的受害者的地位，恢复了在国际环境政治中应有的自主能力。

（三）发达国家对发展中国家的调整能力关注不够

发达国家在关注贸易措施及其他措施对环境影响的同时，对发展中国家采取较严的环境规范和提高环境质量而进行的建议关注不够。发达国家在指责发展中国家在贸易与环境整合上努力不够的同时，没有注意到这样做会使发展中国家支出一定的调整成本，在解决全球问题上没有充分考虑到发展中国家的能力。所以，虽然贸易措施对于发达国家是有效的，但是在发展中国家身上并未体现出来。发展中国家缺乏必要的能力来建立可信的认证机构，在采纳国际标准时通常会遇到问题。执行环境标准在发展中国家也存在一定的问题，如缺乏财政支持、协调机构等，使发展中国家采用较高的标准存在困难。

贸易与环境问题使发展中国家意外地团结一致。一些发展中国家的环境非政府组织支持官方将贸易与环境脱钩的做法，相信环境问题应通过其他手段及在其他的论坛中加以解决。例如，新德里科学与环境研究中心支持印度政府抗议美国对虾禁止进口。尽管他们知道印度政府未能充分地保护海龟，但还是谴责美国在环境问题上使用单边措施，建议建立申诉与惩罚机制来执行国际环境条约。其他亚洲环境主义者反对美国建议的只根据多边环境协定的简单规则来进行贸易限制，应对受损害的生产者提供补偿及技术援助来向可持续性的PPMs靠拢。

总之，将环境问题与贸易自由化谈判挂钩，体现了国际上贸易与环境问题捆绑决策的趋势。这种基于效率的做法更符合发达国家的利益。发展中国家出于对贸易保护主义的担忧，虽然不得不进入这一游戏规则，但并不希望其朝着机制化的方向发展。对于开放贸易市场，发展中国家的顾虑正在减少。然而，对于经济发展和环境保护的关系，发展中国家有着不同于发达国家的权衡取舍标准和政策优先次序。尤其是二者在利益分配上的不均，直接影响着将贸易与环境政策相协调的实践效果。

第二节　区域环境合作

随着贸易自由化的不断深入以及国际间环境问题的日益突出，在全球多边框架内实现贸易与环保决策一体化已经引起了国际社会的广泛关注，并有可能成为下一轮多边贸易谈判的主要议题。但是，国际社会要达成共识却面临着诸多制约因素，其过程极为艰难、复杂，结果往往会导致无休止的谈判。下面我们首先就区域环境合作的主要制约因素进行分析，然后论述区域合作达成该目标的可行性以及存在的问题。

一、区域合作途径的理论探索

个体理性和集体理性的矛盾与冲突为我们描述了国际环境合作的困境，市场失灵所导致的无效状态使该问题更为突出。这一理论的含义是：如果国际环境合作机制不能同时满足各国的要求，它将难以实行下去。所以，解决这一矛盾的办法不是否认单个国家的存在，而是设计一种机制，在考虑各国实际情况的前提下达成集体合作的选择。下面我们通过国际环境合作的公共物品需求特征、供给特征以及集体行动理论三个方面对寻求区域合作进行理论分析。

（一）国际环境合作的公共物品需求特征

市场是配置资源的有效方式，但它必须满足确定的条件。如果一种商品具有公共物品的特征，并且它的供给严格由市场决定，那么就难以产生帕累托有效率的量。全球范围的环境保护需要各个国家付出相应的努力，即提供公共物品，但市场自身的缺陷制约了这一目标的实现。

假定区域内某种公共资源环境 R（空间资源、地面资源、海洋资源或地下资源等），这种公共资源环境作为没有排他性所有权的区域资源，在区域缺乏超国家政府权力监督的前提下，区域内理性国家 i（i=1，2，…，n）对公共资源环境 R 的需求（如对矿产资源的开采、对水资源的使用、对河道排放污水、对空气排放废气等均视为对资源环境 R 的需求）为 q_i，则区域内对公共资源环境 R 的总需求为 $Q=\sum\limits_{i=1}^{m} q_i$。为简便起见，区域内公共资源环境在被消耗了 Q 单位后，每单位公共资源环境对区域内各理性国家的平均利用价值、平均获得成本均相同，分别记为 V(Q) 和 C(Q)，为不失一般性，我们设 V(Q) 随着 Q 的增加而大幅上升（如水资源 R 的可利用价值 V(Q) 随着污染排放量 Q 的增加而递增），即：

$$V'(Q)\leqslant 0,\ V''(Q)\leqslant 0,而\ C'(Q)\geqslant 0,\ C''(Q)\geqslant 0 \tag{5-10}$$

这时，区域内国家 i 消耗 q_i 单位的公共资源环境的损益值 π_i 满足：

$$\pi_i=q_i(V(Q)-C(Q)) \tag{5-11}$$

若从每个国家的利益出发，区域内 n 个国家消耗公共资源环境 R 的最优化问题将转化为区域内 n 个理性国家的完全信息静态博弈问题：

$$\max \pi_i=q_i(V(Q)-C(Q))\quad Q=\sum q_i\quad i=1,2,3,\cdots,n \tag{5-12}$$

使 π_i 最大化，则 $\delta\pi_i/\delta q_i=0$，国家 i 的最佳消耗量 q_i^* 应满足下述一阶条件：

$$V(Q)-C(Q)+q_i(V'(Q)-C'(Q))=0\quad i=1,2,3,\cdots,n \tag{5-13}$$

将 n 个一阶条件相加，得：

$$\begin{cases} n(V(Q^*)-C(Q^*))+Q^*(V'(Q^*)-C'(Q^*))=0 \\ Q=\sum\limits_{i=1}^{m} q_i \end{cases} \tag{5-14}$$

即：

$$\begin{cases} V(Q^*)-C(Q^*)+\dfrac{Q^*}{n}(V'(Q^*)-C'(Q^*))=0 \\ \pi^*=\sum\limits_{i=1}^{n}\pi_i^*=Q^*(V(Q^*)-C(Q^*)) \end{cases} \tag{5-15}$$

若 n 个国家不是从自身利益出发来考虑公共资源环境 R 的消耗问题，而是从区域内整体利益的角度来考虑，这时，它们的帕累托最优问题为：

$$\max_{Q}\pi_i=Q(V(Q)-C(Q)) \tag{5-16}$$

（5-16）式的最优一阶条件和帕累托最优损益值 π^{**} 分别为：

$$V(Q^{**})-C(Q^{**})+Q^{**}(V'(Q^{**})-C'(Q^{**}))=0\ 和\ \pi^{**}=Q^{**}(V(Q^{**})-C'(Q^{**})) \tag{5-17}$$

因为 $V'(Q)-C'(Q)\leqslant 0,\ V''(Q)-C''(Q)\leqslant 0$（且均不恒等于零），容易

证明：

$$\begin{cases} Q^* > Q^{**} \textcircled{1} \\ \pi^{**} > \pi^* \end{cases} \qquad (5\text{-}18)$$

（5-18）式表明，在区域内公共资源环境消耗问题上，若区域内部没有适当的制度安排约束和管制各国的经济行为，对于追求自身利益最大化的理性国家而言，将会寻求其公共资源环境消耗的纳什均衡而不会去寻求区域整体性最优的帕累托均衡，从而造成公共资源环境被过度地、低效率地消耗，即产生了所谓的"公地悲剧"现象。

（二）国际环境合作的公共物品供给特征

在自由的市场经济中，作为追逐个体最优的每一个理性国家，它们在公共资源环境需求与供给两方面的追求上，有着截然相反的动机：各国对公共资源环境的需求往往存在着过度需求的动机，而对其供给则存在不足的动机。显然，在前面的分析中，我们已经证实了理性国家对公共资源环境的过度需求现象，下面我们将进一步证明公共资源环境供给不足现象的普遍存在性。

假设区域内有 i（$i = 1, 2, \cdots, n$）个国家，在自觉自愿的情况下，对公共资源环境的供给为 R（为不失一般性，我们把一国对不可再生资源的节约、对可再生资源的维护、"三废"治理等视为该国对公共资源环境 R 的供给），并记区域内 n 个理性行为国家提供公共资源环境 R 的总量为 S，且 $S = \sum_{i=1}^{n} s_i$，s_i 为 i 国的提供量。进一步地，我们假定理性国家 i 的预算收入为 M_i，对其他物品（非公共资源环境）的消费量为 x_i，提供单位公共资源环境的成本为 P_c，购买其他物品的平均价格为 P_x，i 提供 s_i 单位公共资源环境购买 x_i 单位其他物品的效用为 $U_i = U_i(x, S)$，且理性国家关于 x_i 和 S 的边际效用及其边际替代率是递减的，即 $\partial^2 U_i / \partial x_i^2 < 0$、$\partial^2 U_i / \partial S^2 < 0$ 和 $MRS_{Sx_i} = (\partial U_i / \partial S) / (\partial U_i / \partial x_i)$ 是 S 的减函数。显然，区域内 n 个理性国家提供公共资源环境 R 的个体最优化问题将变为区域内 n 个理性国家的完全信息静态博弈问题：

---

① 反证法：若 $Q^* \leq Q^{**}$，则有 $0 < V(Q^{**}) - C(Q^{**}) \leq V(Q^*) - C(Q^*)$，因为 $0 \geq Q^{**}(V'(Q^{**}) - C'(Q^{**})) \geq Q^{**}(V'(Q^{**}) - C'(Q^{**})) \geq \dfrac{Q^*}{n}(V'(Q^*) - C'(Q^*)) > Q^*(V'(Q^*) - C'(Q^*))$，又因为 $V'(Q^*) - C'(Q^*) < 0$，所以 $Q^{**} > Q^*$（矛盾）。同理，$Q^* > Q^{**}[V(Q^{**}) - C(Q^{**})] > \pi^{**} = Q^*[V(Q^*) - C(Q^*)]$。

$$\max U_i = U_i(x_i, S)$$

$$M_i = P_x x_i + P_c s_i \tag{5-19}$$

$$S = \sum_{i=1}^{n} s_i$$

那么，国家 i 选择自身的最优策略（x_i，s_i）使下列的目标函数（拉氏函数）最大化：

$$L_i = U_i\left(x_i, \sum_{i=1}^{n} s_i\right) + \lambda(M_i - P_x x_i - P_c s_i) \tag{5-20}$$

其中，λ 为拉格朗日乘数，其最优化一阶条件为：

$$\begin{cases} \dfrac{\partial U_i}{\partial S} - \lambda P_c = 0 \\ \dfrac{\partial U_i}{\partial x_i} - \lambda P_x = 0 \end{cases} \Rightarrow MRS_{Sx_i} = \frac{\partial U_i / \partial S}{\partial U_i / \partial x_i} = \frac{P_c}{P_x} \tag{5-21}$$

（5-21）式表明，n 个理性国家在区域内公共资源环境供给的博弈中，若每个国家从自身利益出发，则其纳什均衡 $\left\{(s_1^*, s_2^*, \cdots, s_n^*), S^* = \sum_{i=1}^{n} S_i^*\right\}$ 满足恒等关系，即：

$$MRS_{Sx_i}(S^*) = P_c / P_x \tag{5-22}$$

若 n 个理性国家不是独立决定其公共资源环境的提供问题，而是以合作的方式从整体出发来考虑这一问题，这时整个帕累托最优供给构成下述优化模型：

$$\max U = \sum \alpha_i U_i \tag{5-23}$$

$$\sum_{i=1}^{n} M_i = P_x \sum_{i=1}^{n} x_i + P_c S$$

其中，目标函数系数 α_i（$\alpha_i \geq 0$，$\sum_{i=1}^{n} \alpha_i = 1$）为权数，若 n 个理性国家在区域联合体中的地位平等，则 $\alpha_i = 1/n$；若地位不平等，处于较高地位的国家（在这个联合体属于较重要的国家），其对应的权数 α_i 较大。显然，该模型的帕累托最优的一阶条件为：

$$\begin{cases} \sum \alpha_i \dfrac{\delta U_i}{\delta S} - \lambda P_c = 0 \\ \alpha_i \dfrac{\delta U_i}{\delta x_i} - \lambda P_x = 0 \end{cases} \tag{5-24}$$

从以上方程中消除 α_i 和 λ，易得帕累托最优 S^{**} 满足：

$$\sum_{i=1}^{n} \frac{\partial U_i / \partial S}{\partial U_i / \partial x_i} = \frac{P_c}{P_x} \Rightarrow \frac{\partial U_i / \partial S}{\partial U_i / \partial x_i} = \frac{P_c}{P_x} - \sum_{j \neq i} \frac{\partial U_j / \partial S}{\partial U_j / \partial x_j} \tag{5-25}$$

不难发现：

$$MRS_{Sx_i}(S^{**}) = \frac{P_c}{P_x} - \sum_{j \neq i} \frac{\partial U_j / \partial S}{\partial U_j / \partial x_j} < \frac{P_c}{P_x} = MRS_{Sx_i}(S^*) \tag{5-26}$$

以上不等式及边际替代率 MRS_{Sx_i} 为 S 的递减函数，我们可以得到 $S^{**} > S^*$，即帕累托最优的公共资源环境供给将大于纳什均衡的公共资源环境供给。这表明，对于区域内公共资源环境的提供问题，若仅从自愿提供的情况考虑，理性国家将会提供不足的公共资源环境，这种不良现象在区域内普遍存在。

（三）集体行动理论

集体行动问题的理论有助于理解在全球多边框架内，解决贸易与环境问题的复杂性和难度。传统观点认为，形成集团的目的在于增进其共同利益，集团规模越大就越有效率；如果存在共同利益，小规模未必就好。奥尔森的独到之处在于借助"集体行动的逻辑"推翻了上述论断。[①]奥尔森认为，由于免费搭车现象的存在，对集团有好处的行动不会自然产生。其产生必须具备两个条件：①集团规模足够小；②存在着某种迫使或诱使个体努力为集体行动做出贡献的激励机制，即所谓"选择性激励"。集团规模小意味着个体的影响力将会相对提高，还意味着可以降低由个体行动向集体行动过渡的成本。在大集团中要形成统一意见并且在执行过程中实施有效的监督远非轻而易举。

该理论指出，大集团成员有强烈的"搭便车"倾向。集团越大，其成员提供公共物品的消极性就越强，"搭便车"的潜能越大，因而推进其共同利益的可能性越弱。[②]此外，由于缺乏一个超越主权国家的权威机构，使全球环境保护只能过多地依赖市场力量。而相关协议大多不具有约束力，一个国家是否

---

① 在亚当·斯密看来，寻求自身利益的个人行为在"看不见的手"的指引下，将促成整个社会的繁荣，因而个人理性与集体理性并行不悖。奥尔森也正是在这一点上与亚当·斯密分道扬镳。奥尔森认为，在经济学乃至整个社会科学中，存在两个定律。其一与"看不见的手"相一致。其二是指在某些情况下，如公共物品提供、"搭便车"以及囚徒困境等，前一个定理失效。即不管个人如何精明地追逐自己的利益，社会的理性结果不会自发出现。只有借助"引导之手"或适当的制度安排才能求得有效的集体结果。

② 乔·B. 史蒂文斯. 集体选择经济学［M］. 上海：上海人民出版社，1999.

在环境问题上采取合作态度，完全取决于该国自身的选择，这也为"搭便车"行为提供了激励。

例如，臭氧层的保护需要全球各国采取行动，控制有害化学气体的排放。但是，这种集团行动产生的结果是非竞争性、非排他性的公共物品。在这种情况下，每个国家都会发现，自己也许可以享有集体利益（减少排放污染带来的好处），却不承担集体成员的成本（控制自身污染排放数量）。因此，全球环境状况无法依靠市场机制来得到根本改善。

二、区域环境合作的实现原则

为了实现整体利益，各国都必须协调贸易与环境的关系。本国必须采取必要的环境措施，但这些措施又不能对他国造成歧视，而且必须符合比例原则。与此同时，各国也要积极通过立法确立适用于统一市场的环境标准，减少国内环境法规之间的差异对统一市场的影响。下面我们就以欧盟以及《北美自由贸易协定》为例来探讨区域环境合作的一般原则。

（一）欧盟的贸易与环境协调

欧盟是当今世界上一体化程度最高的区域经济组织，从一个6国的关税同盟发展到今天的15国经济联盟，其经济一体化取得了巨大的成就。同时，欧盟的环境保护在40多年中从各成员国自行负责到形成共同的法律和行动，从工业环境为主到全面的生态环境保护，从治理污染到主动预防，从国家到区域到全球行动，在环境领域中取得了骄人的成绩。

在欧盟一体化过程中，环境政策与贸易政策的协调得到了足够的重视，欧盟协调贸易与环境主要从两个方面入手：一是避免环境保护措施成为贸易自由化流动的障碍；二是避免生产加工方法的差异导致成员国产生竞争力扭曲。即一个是市场准入问题，另一个是竞争力问题。

1. 市场准入问题

解决市场准入问题一直是欧盟的主要任务，创立共同市场、让货物在成员国之间自由流通始终是欧洲经济一体化的主要目标。欧盟在此过程中采取了各种方式保证商品在区域内的自由、无阻碍流动。

为了保证货物在区域内的自由流动，欧盟条约第30～34条规定，禁止对成员国之间的进口贸易采取数量限制以及所有具有同等效果的措施。所谓与数量限制具有同等效果的措施，是指"可能直接或间接、实际或潜在地阻碍共同体内贸易的任何规定"。[①]例如，关于进口许可证、动植物卫生检疫、商品标识等的规定。这类措施的形式包括法律、条例、行政法规以及一切由公共机关颁布的文件，甚至包括没有法律拘束力的建议。欧盟条约禁止成员国彼此采取数量限制和具有同等效果的措施，目的是保障欧盟区域内的商品自由流通。

但对于这一原则性规定，也允许有例外。欧盟条约第36条规定："第30~34条不应妨碍为保障人与动物的健康和生命或为保护植物而禁止或限制进出口或过境"。若仅从这一条款的字面上看，环境保护当初显然没有被列入限制商品自由流通的正当理由中。但是，近年来，随着欧盟内环境保护的重要性日益突出，公众要求加强环境保护的呼声日渐高涨，欧洲法院的司法实践也逐渐向强调环境利益的方向倾斜。在好几个重要案件的判决中，欧洲法院都明确表示贸易自由化不应阻碍成员国制定正当的环境标准。

在协调贸易与环境的关系时，一般欧洲法院是在市场准入与环境保护发生具体冲突时介入。作为解决冲突的仲裁者，欧洲法院所持的立场是：环境保护是欧盟的基本目标之一，可以成为限制商品自由流通的正当理由。但是，成员国所采取的限制措施必须是环境保护所必需的，不得在成员国之间造成任何歧视，而且必须符合比例原则，即采取的措施与追求的目标相比必须是适当的。[②]

欧洲法院处理市场准入与环境保护关系最著名的判决是在1988年9月20日针对"丹麦酒瓶案"做出的。1986年12月1日，欧共体委员会向欧洲法院起诉丹麦，指责丹麦制定的啤酒和清凉饮料包装回收制度实际上将使其他成员国的啤酒和清凉饮料被排斥在丹麦市场之外，丹麦因此违反了欧共体条约第30条。丹麦所主张的理由是，在这个问题上不存在能够有效保护的其他办法。欧洲法院的判决认为，丹麦的包装回收制度确实是为保护环境的需要而必须采取的措施，但这个制度中所做的某些数量规定对于制度所追求的目标而言却是没有必要的，不符合比例原则。"丹麦酒瓶案"判决的重要意义在于，欧洲法院第一次明确承认，环境保护可以是限制商品自由流通的理由。这样，欧洲法

---

① 1969年12月22日欧共体委员会发布关于消除具有相同效果的第70/50号指令。
② 张若思. 欧共体法律体系内贸易与环境关系的协调 [J]. 欧洲, 2000 (1).

院实际上为欧盟成员国制定各自的环境保护规范亮出了绿灯，即使这样做可能是以影响商品自由流通为代价。

欧洲法院在欧盟法律体系中的地位可谓举足轻重，其司法实践对于平衡自由贸易与环境保护的关系具有重要意义，大量的贸易争端案件为欧盟积累了处理贸易与环境问题的经验。

欧盟保证市场准入的另一策略是通过立法使成员国的产品标准趋于一致。欧盟建立统一市场的一个重要手段是使成员国的国内法彼此接近，这就是欧盟立法中常使用的方法——协调。在处理贸易与环境的关系问题上，欧盟同样广泛使用这个方法，其法律根据是欧盟条约第 100a 条。欧盟协调成员国之间的产品标准具有双重目的，既要避免存在于这些标准之间的差异阻碍商品自由流通，又要在整个共同市场范围内实现高水平的环境保护。不过，采取什么样的协调方式则取决于具体的产品。在欧盟协调产品标准的过程中，采取了多种协调方案，主要有统一标准、最高标准、国际标准和基本要求协调。这些协调方案为世界范围内环境保护标准的协调提供了很好的样本。

统一标准，是指所有国家或地区都采用一致的标准。每个国家都执行完全相同的环境要求，不允许高于也不允许低于该标准。这种完全协调防止了使用环境标准可能产生的混淆，同时这种形式的协调可以促进管理上的规模经济，不同国家的政府可以共享资料、决策战略和实施技术。最后，由于遵守共同的标准，可以在污染控制技术、培训计划、法律体系或其他环境管理体制方面取得规模经济效应，避免各个国家各行其是造成的资源浪费。

最高标准，是在环境保护要求中规定一个最高标准，成员国不得制定超过最高标准的标准。最高标准可以促进贸易更多地流动。这是因为，产品要求差异的减少有利于公司进入新的市场。然而，最高标准不能杜绝由于一些国家采用次优的标准而引起环境恶化。

国际标准，是指当进口商品满足公认的国际标准时才允许进入市场。使用国际标准的优点是规则十分清楚，管理者不需要收集资料分析损害或建立标准，他们只需要借用现成的标准要求。但是国际标准通常代表着最低的标准，可能并不能完全适合某个借用国家的情况，在一些情况下太富弹性，在另一些情况下又太受限制。

基本要求协调，是指在基本的或核心的环境要求上必须一致，但达到这些基本要求的具体技术规则由各个国家或标准化组织来制定，这种方法可以使国家间在关键环境目标上达成一致，并导致最优程度的协调。在欧盟，以欧洲标准化委员会规定的某些产品标准作为欧盟认可的"基本要求"，成员国的产品只要符合这个"基本要求"，就可以在欧盟范围内自由流通，成员国一般不应再予以限制。这种协调的中心特征是把协调限制在欧盟必要的"基本要求"水平上，以保证产品的自由流通。

虽然多种多样的协调方式既保证了产品环境标准的差异不会成为商品自由流通的障碍，又可以在整个欧盟范围内实行高水平的环境保护，但环境主义者对欧盟的协调过程仍然持批评态度。环境主义者认为，由于政策制定程序的复杂性和成员国之间竞争利益的存在，协调统一的欧盟标准经常反映的是最低的环境标准。为此，在1986年采用的单一欧洲法中，在欧盟条约中增加了几个条款以解决这些问题。首先，用合格的多数投票制度取代了全体一致同意投票制度。第100a（1）条很大程度上简化了决策程序，这样排除了落后国家的反对，促进了严格的排放标准的采用；其次，第100a（3）条要求在有关健康、安全、环境和消费者保护方面，委员会应采取高水平保护标准；最后，第100a（4）条规定，在某些情况下，如果成员国认为对保护环境而言是必要的，它们有权采取更严格的国内标准而不是欧盟的协调标准。①

2. 竞争力问题

20世纪90年代前，欧盟主要集中于减少与环境有关的产品标准对贸易的影响。近年来，人们越来越多地关注成员国之间与环境有关的工艺标准的差异对欧盟内部贸易的影响，由于各成员国对污染控制的要求有严格与宽松之分，这种差异会扭曲竞争，从而破坏统一市场的运作。尤其是高环境标准的成员国（如德国）越来越担心污染控制要求的差异将产生竞争扭曲，并将破坏共同市场的正常运行，一致的环境加工标准引起的竞争扭曲的负面影响已大量地出现在欧盟指令的前言中、欧洲法院的判决中和法律文件中。欧盟主要通过以下方式解决由环境问题引起的竞争力扭曲。

第一，协调成员国之间的工艺标准。与对待产品标准一样，欧盟通过立法来协调成员国之间不同的工艺标准。一些指令规定了最低工艺标准，例如，对一些行业的垃圾处理、废物排放、水的质量规定最低标准。这样做在于维持基

---

① Daniel C. Esty and Damien Geradien. Market Access, Competitiveness and Harmonization: Environmental Protection in Regional Trade Agreement [J]. Harvard Environment Law Review, 1997, 21 (2).

本的公平竞争条件，减少生产者以低环境成本取得的竞争优势，但最低工艺标准并不禁止成员国规定更严格的标准。

由于成员国的经济发展水平不同，它们各自生态系统的吸收能力也存在着差异。在某些情况下，欧盟一直被迫选择更富有弹性的 PPMs 协调策略，即将成员国划分为几类，对不同类型的成员国规定不同的生产工艺标准。例如，为了控制大型直燃机工厂的空气污染，欧盟采用了多重协调战略。德国强烈要求对大型燃烧厂排放的二氧化硫和二氧化氮实施严格限制，以便与其国内的要求相一致。然而，其他许多成员国如希腊、爱尔兰、葡萄牙和西班牙认为严格的排放限制将给国内的工业造成负面影响，并将阻止其经济的发展。因此，在指令 88/609 中进行了折中，在要求所有直燃机工厂减少二氧化硫和氮氧化物排放的同时，对不同成员国规定了不同的达标期限。对于经济相对落后的希腊、爱尔兰和葡萄牙，甚至允许它们在一定时期内增加排放。

从经济上讲，差别标准较完全一致的标准更有效率，因为它能够更好地结合本地的环境要素禀赋，在各国利益多样性与中心标准之间寻求平衡，而共同的长期环境目标又确保了这种标准的差别不可能永久存在。

到目前为止，通过协调生产工艺来确保欧盟内公平的竞争条件并不十分有效，这是因为，即使欧盟的环境指令规定了一定的工艺标准，成员国之间在指令的实施上却存在很大的差异。一些成员国如德国、丹麦和荷兰制定了复杂的实施机制，提高了企业的环境成本，而另一些成员国如希腊、意大利、葡萄牙和西班牙执行环境指令的情况欠佳。

欧盟主要依靠各国的环境努力，事实上，当欧盟委员会得知一个成员国没有完成和实施欧盟标准时，在欧洲法院对该成员国没有履行欧盟法律下的义务进行起诉之前，除了劝告外，它唯一的方法只能是进行法律申诉。这种程序非常缓慢，并且到目前为止对宽松环境标准国家的威慑力很小。

第二，制定欧盟的竞争规则。欧盟确保公平正当竞争的机制是共同市场的另一主要支柱。欧盟条约第 85～90 条规定了欧盟内私人企业之间的竞争规则以及成员国政府对本国私人企业提供支持或帮助的规则。但随着各成员国环境意识的加强，它们所采取的一些环境措施与欧盟竞争规则中的部分内容发生了冲突，主要体现在环境协议与环境补贴两个方面：①环境协议。近年来，自愿环境协议已经成为欧盟许多成员国环境保护政策中越来越重要的内容。它是指私人企业之间或私人企业与公共机构之间签订的协议，旨在主动减少危害环境的行为，在环境保护方面进行合作。例如，企业之间为促进废弃产品的回收利用而签订的协议，政府的环境部与某个行业的企业就垃圾处理、废物排放等问题签订的协议。一般说来，签订环境协议比通过一项法律更容易、更迅速，能给有关企业更多的自由，因而具有较大的灵活性。而且，环境协议使企业主动承担环境保护责任，鼓励企业更好地将环境保护结合到企业管理中。但是，这样的环境协议可能在某种程度上与欧盟条约第 85 条第 1 款相抵触。该条款规定：禁止所有可能影响成员国之间贸易，旨在阻碍、限制或歪曲共同市场内的竞争或具有这样效果的企业间协议、企业联合决定和协调行动，这些协议、决定和行动是与共同市场不相符的。对于成员国国内越来越受青睐的自愿环境协议与欧盟竞争规则之间的关系，欧盟委员会的立场非常明确。它认为，可以适用欧盟条约第 85 条第 3 款规定的例外条件来对二者予以协调。根据该条款，欧盟竞争规则并不排除那些可以改善生产或销售、促进技术和经济进步、有利于使用者的企业间协议。在 1995 年关于欧盟竞争政策的一份报告中，欧盟委员会清楚地指出，它"将根据欧盟条约第 85 条第 3 款，适用比例原则，权衡环境协议对竞争的限制与协议要实现的环境目标之间的关系，尤其是环境保护被视为有利于改善生产或销售并促进技术进步的因素"。②环境补贴。为了支持或帮助企业保护环境，欧盟成员国都在不同程度上给予企业补贴，例如，资助企业购买净化设备或生态产品、对重视环境保护的企业给予减免税费的鼓励等。环境补贴已经成为成员国普遍使用的重要环境保护手段，但它们却可能与欧盟条约第 92 条第 1 款有所冲突。该条款规定："凡歪曲或威胁歪曲竞争、有利于某些企业或某些生产的国家补贴或以某种形式的国家资源提供的帮助，影响成员国之间的贸易，是与共同市场不相容的。"

考虑到维护共同市场和环境保护的双重需要，欧盟努力在环境补贴问题上平衡贸易与环境的关系。欧盟的具体做法是，并不全面禁止环境补贴，而是援引欧盟条约第 92 条第 3 款中关于国家补贴的例外规定，对成员国实行的环境补贴进行"个案审查"。根据欧盟条约第 93 条第 3 款的规定，成员国应在适当的时间内将其实施环境补贴的计划通知欧盟委员会，欧盟委员会则对每一项补贴是否符合欧盟条约的有关规定做出裁定。欧盟委员会对成员国发放环境补贴的行为规定了四条基本原则。这四条基本原则是：一是国家环境补贴例外只能适应新的、难以负担的环境义务；二是这样的补贴只能发给那些在新的更严格的环境标准生效至少两年前已经安装了环境保护设备的企业；三是发放的补贴最多不应超过增加投资的 50%；四是成员国需向委员会提供关于所发放补贴和必要的环境规划投资的详细资料。

欧盟贸易与环境发生冲突，本质上是共同利益与成员国利益之间的冲突。为了实现共同市场，必须在成员国之间推行自由贸易，而成员国为了保护本国的生态环境所采取的一些措施却可能影响共同体内的自由贸易。然而，随着经济一体化的深入，环境保护也成为共同体的基本目标之一，并被明确载入欧盟条约中，保护环境与维护共同市场在共同体政策的制定与实施中具有同等重要的地位。一方面，成员国的环境措施不应阻碍共同体内的商品自由流通，影响公平竞争；另一方面，共同市场的建立与运作应同时实现高水平的环境保护。

因此，为了统一市场的整体利益，欧盟必须协调贸易与环境的关系。它允许成员国根据本国的情况采取必要的环境措施，但要求这些措施不得在成员国之间造成歧视，而且必须符合比例原则。与此同时，欧盟积极通过立法确立适用于统一市场的环境标准，减少成员国国内环境法规之间的差异对统一市场的影响。由于欧盟条约允许成员国制定比欧盟更严厉的环境标准，尽管欧盟已经通过立法和司法手段做出许多协调的努力，但贸易与环境在欧盟内发生冲突的可能性仍然存在，因此，协调贸易与环境的关系将是欧盟的一项长期任务。

（二）《北美自由贸易协定》中的贸易与环境问题

1991 年 6 月到 1992 年 8 月进行的《北美自由贸易协定》（以下简称 NAFTA）谈判，受到了美国和加拿大诸多劳工团体、环境保护团体及其他民间团体的关注，在这些利益集团的压力下，该协定比较充分地考虑了环境问题，并第一次在多边贸易协定中规定了环境条款。为了控制 NAFTA 可能对环境造成的负面影响，加强区域内环境合作，在 NAFTA 的基础上，美国、加拿大、墨西哥三国在 NAFTA 生效之前，进一步就环境保护问题进行了磋商，于 1993 年 11 月 18 日批准了 NAFTA。作为发达国家与发展中国家之间签署的多边贸易协议，NAFTA 在环境方面所做出的尝试，对 WTO 新一轮多边贸易谈判有一定的借鉴意义。

1. NAFTA 中与环境相关的内容

NAFTA 在序言中强调成员国通过扩大在自由贸易区内的贸易和投资机会，提高三国企业在全球市场上的竞争力以及在保护环境的条件下履行三国在促进就业和经济增长方面的责任。NAFTA 的贡献在于第一次在多边贸易协定中将环境保护纳入经济稳定增长的目标中，并使之成为各国发展经济时所应承担的国际义务。序言的这一规定决定了在该协议中有关环境方面的规定是一切其他规定的根本，在一个成员国的经济责任和环境责任发生冲突时，环境责任应当优先履行。

NAFTA 在一定程度上解决了自身与其他环境协定冲突的矛盾。NAFTA 第104 条明确规定，有关濒危物种、消耗臭氧层物质及有害废物的具体国际环境协定的贸易条款，优先于本协定。主要包括三种多边环境协定：第一类是三个成员国都签字生效的多边公约，如《濒危物种国际贸易公约》、《蒙特利尔议定书》和《巴塞尔公约》等；第二类是双边的区域性协议，如《美加关于危险废弃物越境转移的协定》和《美墨边境地区环境协定》等；第三类是第104 条规定的"缔约国三方同意包括在内的其他国际协定"。这就在一定程度上解决了 NAFTA 与国际法律协定的冲突，确保 NAFTA 不会削弱各国根据这些国际环境协定采取行动的权利，也不影响其承担环境协定的义务。

在环境保护中，环境标准的制定一直是一个关键的问题。NAFTA 第 904 条允许缔约国制定和实施它们认为适当的环境与健康方面的标准，这类标准的要求可以高于其他多边协议所制定的标准。不符合上述标准的产品将被禁止进口。但适用上述标准必须是非歧视性的，不能构成对贸易的不必要障碍，而且是为了达到保护人类和动植物健康、实现环境和经济稳定增长的合理目标。为了保证这类标准不构成贸易壁垒，NAFTA 规定各缔约国应努力使各自的标准措施更趋一致，并考虑制定国际标准，以促进贸易及减少因需要达到不同国家的不同标准而产生的额外成本；要求缔约国公开其环境措施，接受其他缔约国的咨询，应对方的要求和双方共同同意的条件提供技术信息及帮助。NAFTA 还建立了一个标准措施委员会，促进各国标准措施的一体化，以便于解决该领域发生的纠纷。

此外，在解决使用有争议的环境措施导致的争端时，NAFTA 突破了以往在国际法实践中由被告国来承担举证责任的方法，而由控告国负责证明被告国实施的环境和健康措施不符合 NAFTA 的规定。当国家之间在环境问题上发生冲突时，应当由控告国负责举证，证明这种环境措施属于一种绿色壁垒而不合理，被告国没有责任向控告国解释实施这种环境措施的理由。这种规定有利于一国不受干扰地实施其环境政策，从而对环境有积极的影响。当与环境相关的贸易争端发生时，可以通过北美自由贸易区争端解决机制来解决，也可以通过

WTO 的争端解决机制解决。一旦确定，则不得更改。

NAFTA 的第 11 章对投资问题做出了规定。根据第 114 条，缔约国认识到："以放松国内健康、安全和环境措施来吸引投资是不适当的。"这一规定的目的在于随着墨西哥的加入，缔约国不能再以降低环境标准的方式吸引外来投资，这在某种程度上对发达国家向发展中国家转移污染性企业有一定的控制作用，但这一条的规定并不是强制性的。条文的用语"不适当的"表明这种做法并不是被禁止的，而且这一条款也没有规定相应的救济措施。如果一个缔约国认为另一缔约国在用降低环境标准的方式吸引外来投资，它可以与另一缔约方协商，但该条款并没有提供任何争端解决机制。这种规定只强调了合作，却没有为解决问题提供一个有效的机制。如果墨西哥放松了它的环境标准，则该条款并不能阻止墨西哥的做法。因此，第 114 条更多的只是表达了一个良好的愿望。

NAFTA 的第 7 章规定了卫生和检疫措施，这些措施有助于保护动植物免遭虫害或疾病，保护人类免受添加剂、污染物或食物和饮料中的有机物的危害。这些措施对于保护人类的健康和国家的环境都是极其重要的，但它们也可能被用来保护国内的农业免受进口产品的竞争。所以，有关卫生和检疫措施的法律要在国家主权和保护环境之间进行平衡。虽然有学者认为国家有采纳比国际标准更高的环境标准的自由，但 NAFTA 关于卫生和检疫的规定却对此有限制。第 712 条第 1 款和第 2 款规定，每一缔约国有权建立它自己的保护人类、动植物的生命和健康的标准，即使保护水平比国际标准严格。但接下来，第 712 条第 3 款却限制了缔约国的这一权利。第 712 条第 3 款要求每一缔约国确保其卫生和检疫措施建立在科学的原则之上，如果没有科学依据就不能维持。应以风险评估为依据。另外，根据第 712 条第 3 款、第 4 款、第 5 款和第 6 款，这些措施不能在相似产品之间造成武断的或不公正的歧视，而且，这些措施必须在为了实现它的保护水平所必要的范围内实施，它们不能构成变相的贸易壁垒。

NAFTA 对卫生和检疫措施进行风险评估做了相应的规定。第 715 条第 1 款要求国家在进行风险评估时考虑如下因素：科学依据，生产和加工方法，检验方法，有关的疾病和虫害治疗措施。一个缔约国在制定它认为适当的保护水平之前要考虑：替代方法，减少对贸易的负面影响的需要，保护水平的连贯性。根据上述规定，要建立一个高于国际标准的卫生和检疫措施无疑是很困难的。

2.《北美环境合作协议》

总体来说，NAFTA 中与环境有关的规定比 WTO 和《美加自由贸易协议》中的内容更完善。可以说，NAFTA 是迄今为止最"绿色"的多边贸易协议。它向其他国家传递的信息是：要么遵守 NAFTA 承认的环境标准，要么面对贸易壁垒。像所有贸易政策一样，NAFTA 也没有考虑价格和市场，没有完全反映生产对环境的负面影响、过度开发自然资源以及污染性的和有害的产品的贸易问题。它尤其没有充分考虑墨西哥的环境问题，这些问题遭到了多方面尤其是美国环境保护主义者的严厉批评。美墨边境地区的环境问题成为批评的焦点之一，鉴于 NAFTA 在环境保护方面没有满足缔约国的期望，于是又签订了关于环境保护的补充协议，即《北美环境合作协议》。

《北美环境合作协议》（以下简称环境协议）主要是为了解决墨西哥的环境问题而签订的，它使墨西哥接受了一个环境保护议程，确保了美国的环境政策不会受到威胁，使美国工业免受南方边界地区的不公平竞争。

环境协议的前言再次重申，要努力在保护环境和国家主权及贸易自由之间寻求平衡。前言称，缔约国"确信在他们的领土内维护、保护和改善环境的重要性，以及在这些领域通过合作以实现当代和后代人福利的可持续发展的重要性；重申国家根据他们自己的环境和发展政策开发他们的资源的主权和权利，以及他们确保他们管辖或控制下的活动不对其他国家或国家管辖范围以外的环境造成损害的责任"。环境协议将环境保护的重要性和承认国家主权并列在一起，确定了其主要目标是：①通过合作保护环境以促进经济和可持续发展；②支持 NAFTA 的环境目标的实现，避免新的贸易壁垒的产生；③加强环境法的制定及贯彻执行上的合作，增进透明度及公众参与程度。三个成员在此方面的承诺是，改善环境法规、有效执行环境法规、报告环境状况、公开有关信息。

环境协议希望能帮助墨西哥实施更发达的环境基础设施法规，使之能与美国或加拿大的环境法规相比肩。环境协议第 3 条规定每一缔约国有建立他们自己的环境保护水平和优先事项的权利，每一缔约国要确保他们的环境保护水平是高的，并且应不断努力提高环境保护水平。第 5 条的标题是"政府的实施行动"，包括：①监督守法情况和调查可疑的违法行为，包括到当地调查；②公开不遵守法规的信息；③发行关于实施程序的小册子或其他刊物；④定期地制定司法、准司法或行政程序以对违反环境法律的行为实施制裁或给予救济；⑤确保缔约国的国内法中有对违反环境法律的行为进行制裁或给予救济的司法、准司法或行政程序。

环境协议第 6 条规定有利害关系的人有权要求缔约国的有关当局调查被指控的违法行为，有权申请强制实施程序，及在该缔约国的管辖之下通过起诉获得赔偿或其他救济。第 7 条要求缔约国确保其司法、准司法和行政程序是公正的、公开的和平等的。但是，应该注意到对有关利害关系人个人的司法救济是没有的，除非所指控的行为与贸易问题有关。第 20 ~ 21 条规定了环境合作、提供信息和协商事项。这些条款的目的是给墨西哥提供帮助以使其环境保护的水平赶上美国和加拿大。

环境协议的第 3 部分创设了一个环境合作三方委员会。该委员会由理事会、秘书处和一个联合咨询委员会组成。理事会有广泛的职能，主要是为缔约国的环境事项提供指南。虽然理事会的决议是建议性的，但它仍然很重要。它可以帮助争端解决小组审理环境争端，就环境事项的各个方面提出建议。理事会还负责监督环境协议的执行。

环境合作委员会已完成了三年工作计划《共同行动议程》和《北美2000~2002 年行动计划议程》。在新的计划议程里，北美自由贸易区的环境合作将集中在四个核心领域：环境、经济与贸易，生物多样性保护，污染与健康，法律与政策。在这四个方面又分别有一系列的项目计划来实现其目标。例如，通过环境、经济和贸易计划，评价环境贸易关系，金融与环境三个具体项目的实施来加强公众对环境、经济与贸易联系的理解，以及通过促进绿色产品与劳务贸易、加强生物多样性的保护、发展自然景区的可持续性旅游三项措施保障绿色产品和劳务工作的展开。

在北美自由贸易区协调贸易与环境问题的过程中，重点加强了墨西哥的环境工作。墨西哥是一个发展中国家，与美国、加拿大相比，在整个社会的环境意识、环境法规及环境保护水平各方面都逊色一些，因而北美自由贸易区环境工作的重点之一是力图提高墨西哥的环境保护水平。这主要是通过数据资料共享、培训和经验交流来提高墨西哥在污染预防、环境监控和法律实施等方面的能力，并以各种形式体现在环境合作委员会的项目之中。环境合作委员会制定了一份墨西哥对环境教育培训需求的研究报告，并提出了专家交换计划。墨西哥环境当局也已经关闭了一些污染性的工厂，通过签发许可证和营业执照来加强对环境保护的监督与审计，对违反者处以罚款。

第三节   多边环境协议与国际贸易

为了保护全球环境，国际社会签署了 200 多项多边环境协议（MEAS），其中约有 20 项包含与贸易有关的内容，主要是使用贸易限制措施来达到环境保护的目的。这些多边环境协议对国际贸易产生了一定的影响，同时也引发了多边环境协议中的贸易限制措施与 WTO 原则是否相冲突的争论。下面我们将对几个与贸易有关的主要的多边环境协议进行介绍，分析其对国际贸易的影响，并探讨其对中国对外贸易的影响和中国应采取的措施。

一、多边环境协议中的贸易制裁及其局限性

如果国家间只是在提供全球公共产品上产生相互影响，如区域层面上的保护，那么这种公共产品的提供能够被自我增强型的国际环境协议所支持，只有在一方做而另一方未做之下的威胁才是可信的。但是由于这种惩罚既伤害环境协议的签约方也损害非签约方，所以相当多的处罚很可能是不可信的，"搭便车"也很有可能得不到有效的制止。[①]

然而，当国家间在其他领域内相互影响时，惩罚非合作的战略范围就能够扩展，非常具有代表性的是全球公共产品供给能够自动地与国际贸易相联系。例如，国际环境协议签约方减少了污染排放，在污染密集型产业的比较优势很可能转换到非签约方，并使全球污染的下降少于签约方所承受的污染减少，即所谓的漏出现象。合作国家能够通过征收边境税校正这种漏出。[②]但对于国际环境协议的签约方，也许愿意实施更严厉的贸易措施，因为如果贸易限制能够更多地对非签约国给予伤害，那么可以证明它们在阻止"搭便车"上比对增

---

① 在 Barrett（1994a）的相关讨论中，我们看到当公共产品的供给完全独立于其他事物时，一个自我增强型的国际环境协议是不可能支持完全合作的。不论博弈过程是否被模型描述成一个阶段性博弈或是重复博弈。

② 在跨国界污染下的边境税收调节分析请参见：Cooperative Control of International Pollution and Common Property Resources [J]. Quarterly Journal of Economics，1975（89）：618-632；Hoel. Should a Carbon Tax be Differentiated Across Sectors [J]. Journal of Public Economics，1996：234-251。

加排污的威胁更有效。

Scott Barrett（1997）将 Barrett（1992，1994）、Carraro 和 Siniscalco（1993，1994）、Hoel（1992）所建立的模型与 Brander（1981）、Brander 和 Krugman（1983）[①]之后流行的国际贸易模型相互结合，建立了基本的两阶段博弈模型，即在两国情况下，政府首先确定本国厂商所必须面对的污染削减水平，而后厂商同时各自决定它们的产出。两个博弈间的差异是政府最初（第一阶段）是不合作的，但在第二阶段是完全合作的。Scott Barrett 利用这些博弈解所提供的基准，进一步构造了具有贸易制裁的国际环境协议的三阶段博弈模型。在产业内贸易局部均衡分析中，模型假定不完全竞争厂商生产相同的产品，但市场处于分隔状态。第一阶段，所有国家同时选择是否成为国际环境协议的签约国；在第二阶段和第三阶段，签约方和非签约方分别选择它们的削减标准；在博弈的最后阶段，厂商决定它们在分隔市场的产出。Scott Barrett（1997）分析了提供全球公共产品的政策与市场分隔下的国际贸易之间的联系。他的研究表明，实施贸易制裁的可信威胁可以支持公共产品供给上的完全合作，只要这种制裁附带有协调政府行为的最小参与条款。在均衡条件下，贸易并不会受到限制。但如果实施制裁的威胁并没有被博弈规则所允许，那么公共产品的供给将是帕累托无效的。

Scott Barrett（1997）对国家间存在贸易情况的全球公共产品供给的可持续性国际合作的含义进行了初步调查。我们在这里之所以说是初步，是因为他所建立的是一个极为特殊的模型，它只考察与环境问题直接相关的商品贸易（如 CFCs 的贸易），并很自然地假定贸易限制无论如何都必须校正漏出，就像蒙特利尔草案中的贸易制裁仅限于 CFCs 和相关产业一样。特别是他在模型中使用了非常简单的函数关系，使所得到的结果并不具有一般性，正如 Scott Barrett（1997）在 *International Cooperation for Sale* 一文中所说的那样，"虽然我们不能主张一般性，但在这里所提出的分析确实对国际环境协议所使用的贸易制裁战略提供了一些有价值的思考"。研究所得出的结论表明，实施贸易制裁的可信威胁也许完全足以阻止"搭便车"；制裁必须伴随着最小的参与条款，当然它们必须是激励相容的。关于消耗臭氧层物质的蒙特利尔草案就是国际环

---

① Cesar 和 de Zeeuw（1994）以及 Carraro 和 Siniscalco（1994）都考察过国际环境保护和其他影响因素之间的相互关系，但他们的文章都没有考虑到与贸易的联系。

境协议禁止签约国与非签约国进行贸易的著名例子（条约所规定的物质以下称为 CFCs，以及包含和利用 CFCs 的产品）。正如蒙特利尔草案美国首席谈判代表（Benedick）所说，"制裁只是用于激励尽可能多的国家参加该协议，并防止非参加国享有比较优势和削弱 CFCs 生产设施向这些国家的转移"，但制裁所起的作用比堵塞贸易漏出更多。在 *Ozone Diplomacy: New Directions in Safeguarding the Planet* 一书中，Benedick 说，"制裁是至关重要的，因为它们在草案中建立起了唯一的强制执行机制"。在蒙特利尔草案中的贸易制裁是专门用于阻止"搭便车"的。值得注意的是，尽管有许多签约国提出取消的要求，即存在一些国家想要实施制裁而另一些国家反对它们的使用，但蒙特利尔草案没有遭受任何重大的"搭便车"现象。

在蒙特利尔草案中的贸易制裁也是与最小参与条款相联系的。为了能够约束当事人（在法律意义上），该协议至少需由 11 个国家批准，这 11 个国家至少要占据全球所消费的控制物质在 1982 年水平的 2/3。正如 Benedick（1991）在 *Further Discussion of the Protocol* 中所指出的："为了使约束有效，草案将不得不由美国和六个其他消费大国中的四个所批准或者由美国和欧盟所批准。"根据 Benedick（1991）所说，最小参与条款的目的是对那些潜在的大的坚持不合作者给予足够的压力以促使其加入条约。然而，蒙特利尔草案几乎毫无疑问地违反了多边贸易规则，但没有哪一个国家对此问题给予官方解答。正如上面的例子一样，这暗示着在协议中对贸易制裁的支持已经很普遍了。[①]

我们知道，贸易限制分为双边贸易限制和国际性贸易限制。双边贸易限制是指针对单向外部性案例所进行的贸易限制。国际性贸易限制是指国际环境协定的签约方使用贸易限制手段，以控制"搭便车"的行为。也就是说，要采用集体行动来强制实施，通过多国努力来胁迫违约者，以此加强全球多边环境合作。

在市场机制本身不能解决"外部效应的国际传输"或"搭便车"问题时，贸易限制的办法是一项尝试（Barrett，1999）。[②] 但它存在很大的局限性。主要表现在：

第一，造成进一步扭曲。解决环境问题的办法应该选择与市场失灵原因最

---

① 实际上单边支付无疑也对贸易制裁起到了极大的帮助作用。

② Barrett（1999）认为贸易制裁比起适当的关税来说，显得较为生硬，但这种方法对控制贸易漏出是有效的。

直接的政策工具，而基于贸易因素的政策手段只能是次优选择。尤其是针对与环境问题无关的产品，采取单边的贸易措施会产生贸易摩擦，从而影响各国合作的前景。

第二，关税调整可能与世界贸易组织规则相抵触。主要表现在两个方面：首先，如果一些 WTO 成员并不是国际环境协定的成员，那么关税的调整会违反 WTO 的非歧视原则，一部分 WTO 成员就要面对与其他成员不同的关税待遇。其次，关税调整是基于可贸易商品的生产和加工方法而不是产品本身的特点，那么就会对来自不同产地的商品征收不同的关税。这种差别对待在贸易规则中是被禁止的。尽管 WTO 成员可以为此进行不懈的谈判，但具体实施过程依然困难重重。

第三，当单向外部性案例出现，即进口产品对进口国产生外部效应时，关税在理论上可以作为解决问题的次优政策选择。①但是，对进口来说，最优的保护关税不一定对全世界是最优的。虽然关税可以起到庇古税在国内的作用，但关税并不是庇古税的完全替代。因此，如果负外部性效应的产生国根据本国所受损害征收庇古税，同时其他受害国根据自身受害程度设置关税，其效果并不等于环境问题的产生国设立国际最优的庇古税。原因在于：首先，污染产生国的价格不受受害国关税的直接影响；其次，进口国关税只反映该国境内所受到的外部性效应的影响，因此进口国消费者所支付的也小于其消费的全部社会成本。一个极端的例子是，甲国产生外部效应，乙国受到外部效应影响但不进口产品，丙国进口产品但不受外部效应的影响。在这种情况下，虽然有外部效应的国际传输，但没有对带来污染的产品征收关税。因此，用关税对付外部效应的国际传输是一个次优方法。

第四，目前大多数多边环境保护协定中并没有贸易限制条款。②除以上列举的原因外，如何使贸易限制措施成为"可以置信的威胁"，也是多边环境保护协定面临的问题。要使贸易限制手段起到阻止"搭便车"的作用，必须满足两个基本要求：一是贸易限制对"搭便车"者不利，如果实行贸易制裁，

---

① 在这里的假定前提是，外部效应的受害国具有足够的市场力量通过关税影响外部效应产生国的价格。

② 在《蒙特利尔公约》中含有贸易限制条款，它禁止在签约方和非签约方之间进行条约所规定的制成品贸易，同时也禁止从非签约方进口包含这类制成品的商品。其目的在于防范环境协定被缔约方与非缔约方之间进行贸易破坏。贸易限制条款一般不利于非缔约国。因此，这些国家会有积极的激励加入该协定。

非签约国一方会遭受损失；二是采取贸易限制措施的国家，其福利必须因此改进。但问题是，即使满足第一个条件，实施制裁的签约国也可能损失一部分贸易收益。例如，假设签约方数量足够多，国际环境协定可以通过各成员的自我约束提供公共物品，以维持合作。在这种情况下，贸易限制手段可以阻止"搭便车"行为。但是如果一个签约国撤出该协定，而其他签约国无须对其实施贸易限制就可以取得较高的支付（高于采取贸易限制时的支付），那么，威胁使用贸易限制的做法具有不可置信的一面。

当然，贸易限制手段是否具有可置信的特点，还与贸易泄漏的程度有关。假如泄漏情况严重，签约国就会有实施限制措施的激励，贸易制裁才是令人置信的。[①]因此，贸易限制在解决"搭便车"问题上，其可信性存在一定的问题。对非签约国一方来讲，如果制裁的威胁不可信，那么"搭便车"问题就难以解决。另外，尽管贸易限制对签约国来说是一项有用的政策工具，但签约国在决定是否使用贸易限制手段，以及在什么情况下使用时也要解决一系列的技术性问题。

二、多边环境协议中的贸易限制

在国际社会签署的 200 多项多边环境协议中，约有 20 项包含与贸易有关的内容，主要是使用贸易限制措施来达到环境保护的目的。这些多边环境协议对国际贸易产生了一定的影响，同时也引发了多边环境协议中的贸易限制措施与 WTO 原则是否相冲突的争论。本部分将对几个与贸易有关的主要的多边环境协议进行介绍，分析其对国际贸易的影响，并探讨其对中国对外贸易的影响和中国应采取的措施。

（一）保护臭氧层多边环境协议中的贸易限制

《关于消耗臭氧层物质的蒙特利尔议定书》（以下简称《蒙特利尔议定

---

① 在污染密集型方面具有比较优势的产业转移到非签约国，会使全球污染排放下降的数量少于签约方所承担的污染控制数量，这种现象称为漏出效应。例如，签约方减少二氧化碳有害气体的排放会使与之相关的可贸易商品（如燃料）的世界价格下降，而非签约国会增加这些燃料的消费。在欧盟单方面削减二氧化碳气体排放的案例中，所预测的泄漏率在 2%～80%（Fisher，1996）。即欧盟每减少100 吨的二氧化碳排放，全球排放量减少的数量在 20～98 吨。如果 2% 的估算接近正确的话，这种泄漏不会造成大的影响；但如果泄漏率为 80% 的话，恐怕单边削减计划是难以执行的。

书》）是国际社会为了保护臭氧层而签署的一项重要的多边环境协议。从达到其目的的程度的角度来说，《蒙特利尔议定书》被认为是国际社会已签署的最成功的多边环境协议之一，其中贸易限制措施起了很大的作用。

1. 《蒙特利尔议定书》的目的与内容

早在 20 世纪 70 年代，国际社会就意识到了保护臭氧层的重要性，并积极寻求通过国际合作保护臭氧层的途径，为此联合国环境规划署做了许多工作。

1985 年，国际社会在维也纳召开臭氧层保护大会，与会各国签署了《保护臭氧层的维也纳公约》并于 1988 年 9 月生效。该公约是国际社会第一个关于臭氧层保护的国际公约，它获得了世界上绝大多数国家的支持。但是该公约仅是一个框架性的规定，虽然规定了国家应遵守的一般义务，但没有明确的国家责任制度，对国家如不承担义务所应承担的责任没有强制性的规定。所以公约的目的仅仅是促进国际社会对臭氧层问题的统一认识，它没有涉及一些破坏臭氧层的实质方面，没有涉及防止臭氧层损耗的具体措施。

1987 年 9 月，由联合国环境规划署发起，国际社会在蒙特利尔召开了有关臭氧层保护的大会，会议通过了《关于消耗臭氧层物质的蒙特利尔议定书》。该议定书的宗旨是："作为公约的缔约国，铭记着它们根据公约有义务采取适当措施保护人类健康和环境，使免受足以改变或可能改变臭氧层的人类活动所造成的或可能造成的不利影响，认识到全世界某些物质的排放会大大消耗和以其他方式改变臭氧层，对人类健康和环境可能带来不利影响，意识到为保护臭氧层不致消耗采取的措施应依据有关的科学知识，并顾及技术和经济的考虑"，"决心采取公平地控制消耗臭氧层物质全球排放总量的预防措施，以保护臭氧层，而最终目的则是根据科学知识的发展，顾及技术和经济的考虑，来彻底消除这种排放"。

《蒙特利尔议定书》的目的是最终消除消耗臭氧层的物质的生产与消费，以达到保护臭氧层的目标。从上述议定书的内容来看，许多规定都是切实可行的。据预测，如果各国都遵守议定书规定，控制和消耗受控物质的使用量，那么到 21 世纪的第二个 10 年，臭氧层消耗的趋势将趋于平缓，将在小于 10% 的范围内变化，CFCs 类物质对全球变暖的不良影响将减少 1/3。同时议定书在某些方面兼顾了发展中国家的需求，特别是在建立国际基金和技术转让问题上所达成的协议，为在环境领域中发展中国家和发达国家的合作提供了良好的榜样。

但是议定书也存在明显的不足：首先，受控物质仅为 8 种，范围太小；其次，控制措施不够严格，缺乏制裁措施；最后，对发展中国家的援助义务缺乏具体的规定。议定书在有些问题上对发展中国家有歧视性规定，这主要体现在议定书的第 4 条第 2 款和第 2 条第 9 款。前者规定发展中国家从 1993 年 1 月 1 日起，不得向非缔约国出口任何受控物质，而对发达国家则没有这个限制。后者规定如果对受控物质的生产量和消费量做进一步的调整和减少，各缔约国应尽可能以协商一致的方式达成协议，如果未达成，最后由至少占受控物质消费总量中 50% 的缔约国出席，并按参加投票缔约国的 2/3 多数通过此种决定，这样发展中国家就有可能失去发言权。

由于《蒙特利尔议定书》存在一定的不足以及在保护臭氧层方面出现了新问题，国际社会在联合国环境规划署的主持下，召开了多次会议，对《蒙特利尔议定书》进行了一定的修正和补充，这些修正和补充对于有效地保护臭氧层发挥了重要作用。

1989 年 4 月，联合国环境规划署在芬兰的赫尔辛基主持召开了公约缔约国第一次会议和议定书缔约国第一次会议，通过了《保护臭氧层赫尔辛基宣言》，该宣言同意在适当考虑发展中国家的情况下，尽可能快地但不迟于 2000 年取消议定书控制的 CFCs 类物质的生产和消费，并为此目的压紧议定书中已同意的时间表；同意促进发展中国家获得有关科学情报、研究结果和培训，并寻求发展适当的资金机制促进以最低价格向发展中国家转让技术和替代设备。

在联合国环境规划署的主持下，议定书第四次工作会议和缔约国第二次会议于 1990 年 6 月在伦敦召开，会上对议定书做了许多修改，并在此基础上通过了议定书伦敦修正案，该修正案于 1992 年 8 月生效。修正案把受控物质从 2 类 8 种扩大到 5 类 20 种，建立了基金机制，确保技术转让在最有利的条件下进行，并加强对非缔约国的有关物质及相关产品的控制措施。修正案规定在本修正案生效后的 1 年或 3 年内，将先后禁止每一个缔约国向非缔约国进口或出口修正案所控制的物质。

议定书修正案第四次会议于 1992 年在丹麦哥本哈根召开，会议最主要的任务是根据新的情况和问题修正、调整受控物质的停止生产和消费时间。除氟氯烃外，其他受控物质停止使用的年限提前到了 1996 年，由于发展中国家的坚持，发展中国家 10 年的宽限期不变。哥本哈根会议的贡献在于使发达国家提前停止 CFCs 工业化学品生产，并认识到技术和基金援助对发展中国家削减受控物质生产和使用的重要性，建立了正式的多边基金会。

1995 年的维也纳会议对受控物质停止生产和消费的时间表进行了调整，并对一些东欧国家不遵守议定书的行为进行了处理。1996 年 1 月，议定书第八次缔约方大会在哥斯达黎加召开，会议对多边基金的有关内容进行了补充，并继续对不遵守议定书的行为采取了制裁措施。《蒙特利尔议定书》现在有162 个缔约国，115 个国家批准了伦敦修正案，66 个国家批准了哥本哈根修正案，可以说，《蒙特利尔议定书》已经在国际范围内获得了广泛的认可。

2.《蒙特利尔议定书》中的贸易限制

从环境保护的角度来看，保护臭氧层的公约和议定书及其修正案对保护臭氧层起了重要的作用，但同时对许多相关性产品的国际贸易产生了很大的影响。客观地说，贸易限制措施（限制或禁止某些相关产品的贸易）是使《蒙特利尔议定书》在现实中成功达到其目标的重要因素之一。

尽管保护臭氧层的公约和议定书及其修正案规定的受控物质仅涉及 5 类20 种，但由于这些物质是基本化学品，用途极广，使用这些物质的相关产品很多。此外，1990 年伦敦修正案还规定了 34 种过渡性物质也将被淘汰，因此这些物质的控制对相关产品的国际贸易有很大的影响，一些制冷剂、清洁剂、空调和冰箱等产品的进出口贸易都将受到国际公约和国内法规的限制。

保护臭氧层的议定书及修正案和限制或禁止受控物质及其相关产品的国际贸易议定书第 4 条明确规定，在议定书生效后的 1 年内，各缔约国应禁止从任何非缔约国进口受控物质，从 1993 年 1 月 1 日起，发展中国家缔约国不得向非缔约国出口任何受控物质。同时，各缔约国应阻止向非缔约国出口生产和使用控制物质的技术，阻止向非缔约国出口便利于受控物质生产的产品、设备或技术而向它们提供新的津贴、援助、信贷、担保或保险方案。在议定书生效的3 年内，各国应依照维也纳公约第 10 条的程序，将含有受控物质的产品列入附件清单，没有依照上述程序提出反对意见的缔约国应在附件生效后的 1 年内，禁止从非缔约国进口这类产品。在议定书生效的 5 年内，缔约国应确定禁止或限制从非缔约国进口使用受控物质生产的，但不含有受控物质的产品一事是否可行，如果可行，缔约国应依照上述程序将产品列入清单中，没有提出反对的国家应在附件生效后 1 年内，禁止或限制从非缔约国进口此种产品。

这项规定限制或禁止了相关产品的国际贸易，尤其从 1996 年 1 月 1 日起，发达国家已停止 CFCs 的生产和使用，这实际上也禁止了发展中国家缔约国向发达国家缔约国出口这些产品。

3.《蒙特利尔议定书》对发展中国家的利益反映

这主要表现在三个方面：① 10 年的宽限期对受控物质的淘汰基本上可延迟到 2010 年。②建立的资金机制可为发展中国家淘汰受控物质和开发、利用替代物质提供资金方面的帮助。议定书还要求发达国家承担义务，通过各种方式为发展中国家使用替代物质和技术提供津贴、援助和信贷、担保或保险等方面的便利。③要求发达国家配合资金机制建立的方案，在公平和优惠的条件下迅速向发展中国家转让现有的最佳的、无害环境技术，并协助其迅速利用这些技术和产品。

但是发展中国家的对外经济贸易利益依然受到很严重的打击：首先，很多出口到发达国家的相关产品将面临禁止，因为发达国家在 1996 年都已停止受控物质的生产和消费。发展中国家很难迅速开发替代产品，这将严重损害发展中国家的出口利益。其次，议定书及修正案都规定缔约国生产的任何一类受控物质的总额在不超过规定限额的情况下，可以把它转让。从现实情况来看，发展中国家受控物质的生产和使用往往没有规定限额，但由于 1996 年发达国家已全面禁止使用受控物质，因此，转移给发达国家就不可能。在这种情况下，发达国家往往利用直接投资的方式在发展中国家从事受控物质生产，这实际上是利用了公约及议定书对发达国家和发展中国家淘汰受控物质的不同时间的规定，这无疑给发展中国家淘汰受控物质增加了难度，对于这一后果，公约和议定书都没有充分考虑到，实际上对发展中国家是很不利的。

由于有关保护臭氧层受控物质及相关产品的使用年限已划定，各缔约国都纷纷调整其国内产业政策和对外贸易政策，这必将影响有关产品的国际贸易。虽然《蒙特利尔议定书》及其修正案限制了许多破坏臭氧层物质的相关产品的国际贸易，但同时也提供了许多新的商机，如研制开发臭氧层破坏物质的替代品，并将之应用在产品生产中，可以给企业提供新的进入国际市场的机会。海尔集团开发无氟冰箱进入欧美市场获得成功，就是一个典型的例子。

（二）保护生物多样性的多边环境协议与国际贸易

为了保护地球上的生物多样性，防止某些物种的灭绝，国际社会签署了许多保护生物多样性的多边环境协议，其中《濒危野生动植物物种国际贸易公约》具有特殊的地位。在 20 世纪中期，野生生物贸易一直比较兴旺，大量的生物因为过量的贸易而面临灭绝或处于濒临灭绝的境地。为了有效地保护濒危野生动植物资源，特别是减少国际贸易对它们的消极影响，在国际自然资源保护同盟的倡导下，国际社会于1973年签署了《濒危野生动植物物种国际贸易公约》，相较于其他类似的公约，《濒危野生动植物物种国际贸易公约》所制定的原则得到了大多数国家的认可，其保护措施比较行之有效，也是与国际贸易相关性比较大的一个多边环境协议。

根据物种的稀有程度和受贸易威胁的程度，公约规定了三类濒危物种进行国际贸易应遵守的原则：第一类物种包括所有受到或可能受到贸易的影响而有可能灭绝的物种。这些物种标本的贸易必须加以特别严格的管理，以防止进一步危害其生存，基本原则是禁止贸易，只有在符合公约规定的条件下才允许进行贸易，公约共规定了600种这样的物种，列入附录一中。第二类物种包括所有那些目前虽未濒临灭绝，但如果不对其国际贸易严加管理，以防止不利其生存的利用，就可能变成有灭绝危险的物种；还包括为了使上述物种的贸易得到有效控制而必须加以管理的其他物种，对这类物种的贸易应严格限制。公约共规定了约3万种这类物种，包括了动物和植物，列入附录二中。第三类物种包括任何一个成员国认为属其管辖范围内，应进行管理以防止或限制开发利用，而需要其他成员国合作控制贸易的物种，列入附录三中。

公约明确规定，除遵守本公约各项规定外，各成员国都不允许就上述三类物种进行国际贸易。《濒危野生动植物物种国际贸易公约》凭借其100多个成员国的事实成为全球被广泛接受的野生生物保护协议。与其他类似的多边环境协议不同，其成员国既包括生产国也包括消费国。在国际环境合作领域，该公约以其严格的政策，比较成功地禁止了附录一中的物种标本的贸易，并尽可能地减少了附录二中的物种标本的贸易。公约为做到这些而付出的努力，包括各成员国和非成员国的国内法律合作，使公约成为野生生物国际保护中的一个重要里程碑。

公约实施以来，有关禁止、限制影响生物多样性的野生动植物及其制品进出口的条款使这类物种的国际贸易受到很大冲击。各成员国为执行公约的有关物种标本的贸易管制措施，纷纷制定配套的国内法规，采取贸易控制措施以减轻国内野生生物资源的压力，支持国际野生生物的保护。一般来说，各国禁止野生生物贸易的范围不同，有的是全部禁止野生生物物种的贸易，如墨西哥、玻利维亚等一些拉美国家，有的限制特定物种的贸易，如一些非洲国家禁止非洲象的出口贸易，有的是禁止大部分濒危物种的贸易。实践表明，如果一个国家能有效实施其国家野生生物的贸易控制，并且还有管理国内消费及栖息地保护开发利用的有效政策，那么野生生物濒危灭绝的威胁就会减轻。尽管这可能会使国家承担一定的由于贸易控制带来的经济损失，但比起由此带来的环境效益，这些损失是值得的。

然而，随着野生生物保护的进一步深入，公约本身的一些弊端也暴露了出来，这突出地表现在以下几个方面：

第一，缺乏足够的建立贸易标准的生态和贸易数据，因此可能会设立不适当的贸易限制或者放松贸易限制。如公约允许成员国的管理机构确认物种的出口"是否有害于该物种的生存"，如果管理机构没有掌握一个准确的数据，走私者就可以通过各种手段包括行贿来说服有关官员相信一个大概的数据。公约允许附录二中物种的出口不需要获得出口许可证，但同时又规定当科学机构确认此类物种的出口应受到限制，以便保持该物种在其分布区内的生态系统中拥有与它应有的作用相一致的地位，或科学机构认为此类物种的出口大大超过该物种能够成为第一类物种所属范畴的标准时，该科学机构就应建议主管的管理机构采取适当措施，限制发给出口许可证，进口也需交验出口许可证或证明书。这种规定的措辞比较主观，如果科学机构的确认标准是有争议的，就会出现要么控制过严，要么控制过松的情况。如美国一家野生生物保护公司曾经起诉美国的濒危物种科研署，控告它在没有充分科学资料的情况下，认定1980年美国计划出口的红猫毛皮（列入公约附录二）数目不会损害红猫的生存。因此，公约应制定一个为成员国管理部门在决定贸易是否损害物种生存时所遵循的客观数量标准，以代替主观判断。

第二，公约对附录中的物种标本的贸易控制设立了一些例外规定，它们包括野生生物的旅行展览、非商业贸易、个人财产、过境商品、捕获后喂养的物种，其目的是保持公约的普遍性和长期有效性，但在具体执行中却反映了公约的弱点。如公约允许非商业性贸易，但对"商业目的"定义不明确，因此各成员国的管理机构和科学机构对这一术语的解释就对贸易有很大影响。以动物园进口野生生物为例，如果有关部门认为动物园不是"商业机构"，而是带有科研性质的机构，那么动物园就能进口或出口野生生物，这就给走私带来了机会。因此，公约必须重新考虑其例外条款的内容，明确专业术语的解释，加强许可证的管理，并尽可能在许可证上注明物种的饲养情况，包括物种母体的所有者、母体的特征以及物种指印测定。

第三，公约的保留条款削弱了公约的普遍效力。公约规定，任何国家在将其批准、接受、核准或加入本公约的文书交付保存的同时，可就下列具体事项提出保留：附录一、附录二和附录三中所列举的任何物种；附录三中所列举的各物种的任何部分或其衍生物。这种无限制的保留使一些国家在加入公约时，出于政治或经济的考虑，对某些物种的贸易限制做出保留，这样这些国家就可以与非成员国或对相同物种的贸易限制做出保留的其他成员国进行贸易，影响公约的实施效力。如日本在加入公约时就对附录一做了 14 项保留，保留条款成为规避公约规定的一种合法手段。另外，并非所有国家都加入了公约，而非成员国是不受公约约束的，只要某个国家认为可以在野生生物贸易中获得丰厚利润，它可以选择不加入该公约。如果这个国家在国际贸易中的地位重要，那么它的活动就会削弱公约控制下的所有成员国的努力。因此，公约应考虑对任何非成员国的野生生物贸易加以管理和限制，同时也应考虑是否制定有限的保留条款，对必须严格控制的物种贸易不允许国家提出保留。

第四，公约对中转贸易问题没有明确规定，这就造成中转贸易在物种的非法走私中占有较大的比例。这对附录二中的物种威胁最大，因为公约规定附录二的物种贸易只需要出口许可证，不需要获得进口许可证，因此如果中转国是非缔约国，那么只要能够把物种标本出口到这个中转国，该贸易就不受公约的控制。以非洲象为例，在 1989 年前，它被列入附录二中，由于象牙的国际需求市场非常兴旺，对非洲象的走私活动很猖獗。据公约秘书处估计，1986 年至少有 300 吨象牙从非洲非法出口，大部分是从布隆迪经阿拉伯联合酋长国到新加坡的走私活动，再加上正常的出口，使非洲象的数目从 1979 年的 130 万头锐减到 1989 年的 62.5 万头，这说明公约在非洲象的贸易控制方面是失败的。1989 年 10 月，公约第七次成员国大会将非洲象从附录二移到附录一，但这不能改变非洲象濒危灭绝的事实。

三、多边环境协议与 WTO：潜在的冲突

由于多边环境协议使用不同的贸易措施来达到环境目标[①]，其与管辖贸易

---

① MEAs 中采取贸易措施的目的一般是：禁止或限制 MEAs 规定的目标产品或物质的贸易、建立法规框架来规范 MEAs 中的产品或物质的贸易、限制产生环境问题的产品的销售、鼓励更多的国家加入 MEAs 以及避免"搭便车"。

的国际法律制度之间的关系是贸易与环境问题中重要的一个方面。多边环境协议与WTO规则有潜在的冲突，在处理两者的关系时存在不同的观点。

（一）多边环境协议与WTO的关系

到目前为止，还没有出现因履行MEAs（Multilateral Environmental Agreements）中贸易条款义务与WTO权利之间的冲突而提交到正式争端解决程序的情况，包括WTO的争端解决制度，原因在于由许多国家签署的条约出现问题的可能性较小。此外，WTO也非常重视与MEAs的关系，WTO成员同意并支持在国际合作与协商一致的基础上，多边解决方案是政府间解决跨国界或全球性质的环境问题的最好和最有效的途径。WTO协定和MEAs是国际社会追求共同目标的体现，应相互支持、相互尊重。

由于参加MEAs的成员越来越多，也降低了冲突的可能性。《巴塞尔公约》的缔约国有121个，《濒危野生动植物物种国际贸易公约》有144个成员，《蒙特利尔议定书》有168个成员，WTO有144个成员。大部分国家是WTO成员和三个环境协定的缔约国，一些国家是WTO的成员，但不是三个环境协定之一的缔约国。在两个国家均是MEAs缔约国和WTO成员的情况下，一个国家不太可能将在MEAs下的措施申诉到WTO。但在采取与MEAs有关但并非MEAs所要求的措施时可能出现一些问题。例如，《濒危野生动植物物种国际贸易公约》规定不影响缔约国采取比公约所要求更严厉的国内措施，《蒙特利尔议定书》也包含这样的条款，指出缔约国可以采取比《蒙特利尔议定书》更严格的措施，所以缔约国在采取更严格的限制贸易的国内措施上可以存在不同。

但是如果产生争端，是在WTO还是在MEAs法律制度内解决争端呢？例如，《巴塞尔公约》要求缔约国通过谈判或其他平和方式解决争端，如果缔约国不能在非正式方式下达成和解，在争端双方同意的情况下，《巴塞尔公约》要将争端提交到国际法院仲裁，根据国际法原则解决争端。最有可能出现冲突的情况是MEAs的贸易条款对非MEAs缔约国且为WTO成员的影响，非MEAs缔约国很有可能对MEAs的贸易措施提出挑战。当争端提交到WTO争端解决程序时，争端解决小组需要决定争端与WTO协定的关系，这里有MEAs的贸易措施是否符合WTO条款的问题，实际上，MEAs措施与WTO制度之间存在一定的冲突。

所以，在贸易与环境问题上，分清 MEAs 与 WTO 的关系非常重要，这样可以：①减少国际贸易冲突。澄清 MEAs 中贸易措施的地位将促进非歧视原则、国民待遇原则及公平的市场准入，可以改善政策制度过程中的透明度，有助于争端解决，促进非缔约国遵守 MEAs 或 WTO 义务。②改善全球环境保护以及合作。MEAs 中的贸易措施是协定中不可缺少的一部分，对 MEAs 的成功运行非常重要。如果使贸易措施在全球范围内成为一种有效的达到环境目标的手段，可以支持多边贸易体制目标的实现。③为工商业和环境团体提供明晰的政策轮廓以及政策落实上的确定性。工商业及环境团体需要一个统一的、确定的规则体系，现行的 MEAs 中贸易措施的不确定性不利于工商及环境团体制订计划。④为将来的 MEAs 谈判提供确定性和可预见性。对 MEAs 与 WTO 制度一致性的理解可为现在及将来 MEAs 的谈判提供重要的指导。

（二）多边环境协议与 WTO 规则的潜在冲突

GATT 允许一个国家采取任何行动来保护环境，GATT 对一国保护环境、防止受到国内生产的或者进口产品的消费对环境的伤害几乎没有限制。通常一个国家可以使用适用于本国产品的规则来针对进口和出口产品（国民待遇），也可以采取认为是必要的行动来保证本国的生产加工过程不伤害环境。但是，环境协定中的贸易措施与 GATT 的基本义务存在有冲突的地方。

1. 第一条：最惠国待遇

当一个国家在履行 MEAs 中的义务时，能否给予其他 WTO 成员以最惠国待遇？MEAs 限制与非缔约国贸易，则出现了这一问题。例如，A 国是《巴塞尔公约》缔约国，同时也是 WTO 成员，B 国是 WTO 成员，但不是《巴塞尔公约》缔约国，A 国将限制与 B 国进行危险废物的进出口贸易。这时 B 国认为 A 国对其他《巴塞尔公约》的缔约国给予了优惠或特权，而对来自 B 国的"相同产品"却有歧视。当危险废物或其他废物是重要的原材料时，这种优势则更为突出。

第一条最惠国待遇也与 CITES 有关。第一条要求 WTO 成员对来自不同成员的"相同产品"提供同等待遇，但来自野生的动植物与饲养和繁殖的动植物是否认为是相同的？根据 CITES，一个国家限制野生物种进口，但是允许饲养和繁殖的物种进口，这不符合最惠国待遇原则。此外，对不同附录名单中的物种的贸易待遇也不同，实际上形成了差别待遇。

如果 MEAs 中的措施与最惠国待遇条款不一致，贸易限制措施仍然会被认为在 WTO 相关的例外规定中是正当的，这主要与第二十条的规定有关。

2. 第三条：国民待遇

MEAs 的进口限制对国民待遇构成了挑战。为落实国民待遇原则，国内措施在目的和作用上不应是为了保护国内产品，措施应基于最终产品，而不是建立在加工工艺和生产方法（PPMs）基础上。因此，MEAs 以 PPMs 作为标准对相同产品进行区分来限制进口不符合国民待遇原则。《蒙特利尔议定书》依据是否含有损耗臭氧层物质（ODS）来区分产品，即以 PPMs 对产品进行区分。

但是为了满足国民待遇原则，要对国内区分"相同产品"的法规措施进行评审，要看措施本身的目的和效果是否保护了国内生产。一旦进口产品进入了一个国家，第三条国民待遇原则要求给予国内相同进口品以同等待遇。一些成员曾使用法规和税收措施来落实《蒙特利尔议定书》中的生产和消费逐步淘汰计划，如果对进口品和国内产品待遇不同，则违背了第三条，然而至今没有这样的情况出现。

3. 第十一条：取消数量限制

第十一条规定除关税以外不应采取其他的措施限制进口（农产品除外）。MEAs 一般采用进出口禁止措施，这是否违背了 GATT 的第十一条呢？第十一条一般是与第二十条的例外规定联系起来考虑的。在 CITES 中，对附录一、附录二、附录三中的物种有进出口许可证限制，限制或禁止附录一中物种的贸易，这在第十一条看来是不是数量限制呢？同样，《蒙特利尔议定书》将禁止进出口作为政策工具来控制 ODS 的消费和生产，也是不符合第十一条的。

4. 第二十条：一般例外

GATT 条款准许在某种情况下为保护环境而对贸易进行限制。根据第二十条，MEAs 所采取的措施需要满足第二十条第 b 款或第 g 款的规定。① 但是在多大程度上要求 MEAs 采取的贸易措施要符合第二十条的要求，则是一个不好解决的问题。

---

① 第二十条第 b 款要求成员表明所采取的措施对保护环境是必需的。对这一点的检验有三点：一是需要成员证明保护环境的必需性；二是证明需要使用影响贸易的措施来保护环境；三是如果需要采取影响贸易的措施，要保证为达到环境目标所采取的措施的贸易限制程度最小化。一个成员在应用第二十条第 g 款时必须证明：第一，其法律与保护可能枯竭的天然资源有关；第二，法律规定要有对保护的天然资源在管理、生产和消费方面的限制；第三，初衷是为了保护，需要证明手段与目的之间的关系。

如果根据第二十条来检验 MEAs 采取的贸易措施是否构成了歧视，是否是变相的保护主义，可能出现一些问题：①CITES 和《巴塞尔协议》明确表明对贸易进行限制；②MEAs 规定非缔约国如果遵守 MEAs 有关的要求，提供贸易信息，就可以不受缔约国/非缔约国贸易限制的影响，这意味着条约的成员资格并不构成歧视产生的因素；③《蒙特利尔议定书》采取保护臭氧层的措施要以科学、经济和技术评估为依据，贸易措施只是政策工具中的一部分。在第二十条第 b 款的应用方面，WTO 曾裁定如果成员可以采取其他符合 WTO 原则的措施来保护人类、动植物生命和健康，这时采取贸易措施就不符合"必要性"的要求。这一点对某些 MEAs 来说有一定的意义，因为在一些 MEAs 中，技术转让可以同样满足 MEAs 的目标，且要比贸易限制措施的负面影响小得多。

例如，关于美国和墨西哥之间的金枪鱼/海豚案，争端解决小组考虑到，如果接受美国认为禁止金枪鱼进口符合第二十条第 b 款的要求这一解释，那么每一缔约方就可以单边地决定保护生命、健康的政策，并要求其他国家遵守。小组还认为禁止进口违反了 GATT 第十一条的数量限制条件。此外，这些措施导致国内法规未能对国内和外国金枪鱼提供同样的待遇（第三条的国民待遇），因为对捕捞方式不同的金枪鱼产生了歧视。小组提出禁止金枪鱼进口也不符合第二十条第 b 款有关必要性的规定，因为美国并未尝试通过国际谈判来解决问题的所有途径。这表明，GATT 对多边协定中的行动是肯定的，当保护环境或天然资源的措施超出了一国的权限时，应该通过国际合作和多边论坛来解决，而不应采取单边措施。最终小组决定 GATT 不允许成员依据不同的PPMs 来区分产品而采取限制贸易的措施。GATT 第二十条的一般例外是给予成员国为了实施某些允许的国内政策，可以背离 GATT 一般义务和纪律的例外情况。一个国家想要解决其权限之外的问题，在采取贸易限制措施之前，应该首先尝试国际谈判的途径。

（三）多边环境协议与 WTO 观点之争

目前，对于跨国的、区域和全球性的环境问题的解决方案一般是单边行动，单边行动具有随意歧视和变相的保护主义的风险，会损害多边贸易体系。联合国环境与发展大会认可以 MEAs 来阐述环境问题。大会的《第 21 世纪议程》指出，应避免用单边行动处理进口国管辖权限以外的环境问题，跨国或全球的环境措施尽可能建立在国际认同的基础之上。

CTE（Committee on Trade and Environment）在如何阐述贸易条款问题上颇费力气，包括成员之间的贸易问题。在 MEAs 与 WTO 规则的兼容性上，CTE 观察到在 200 多个 MEAs 中只有 20 个包含贸易条款，因而认为问题不应扩大化。此外，至今 WTO 未收到有关 MEAs 中包含的贸易措施的争端。CTE 全力支持全球跨国界污染问题的多边解决途径，敦促成员在此方面避免单边行动，指出贸易限制在 MEAs 最有效的政策工具中不是唯一的，也是不必要的。CTE 认为 WTO 规则早以与 WTO 一致的方式为与 MEAs 有关的贸易措施提供了广泛和有效的空间，没有必要改变 WTO 规则以对此做出适应措施。

在争端解决方面，CTE 同意贸易与环境政策制定者在国与国层次上的协调有助于防止 WTO 与 MEAs 中包含的贸易措施之间产生争端，敦促 MEAs 进一步谈判，重点是如何将贸易措施应用于非缔约国。如果 WTO 与 MEAs 的贸易措施产生冲突（尤其是 MEAs 排斥非 WTO 成员）。CTE 相信，WTO 争端解决条款足以解决任何问题，包括有必要时由环境专家仲裁。

在环境与贸易之间是否应该做出选择？贸易与环境应该是同等的政策目标吗？与贸易有关的环境措施与国际贸易规则相矛盾时，如何在不损害环境或自由贸易目标的情况下解决这一问题？美国和欧盟坚持一个国家可以单边地采取贸易措施，不应该有规则约束。欧盟想在 WTO 中开放一个环境窗口，坚持 MEAs 中为保护环境采取的贸易措施在 WTO 规则和法规中合法化，因此提出修改第二十条的建议，加入理解 MEAs 措施和 WTO 规则关系的内容，或者制定 WTO 允许 MEAs 措施的最基本的标准。[1] 美国和欧盟的态度是相似的。美国认为贸易措施，包括贸易禁止、贸易限制以及在必要时违反 WTO 规则和法规，在保护一国权限之外的环境时应该视为正当的。瑞士建议要分清多边贸易体制与 MEAs 之间的关系，但是不支持 GATT 第二十条的谈判。瑞士认为可以通过适当的原则、规则和程序来澄清两者的关系。

发展中国家认为 GATT 第二十条早就为贸易措施提供了很大的余地，至今 MEAs 中的贸易措施未在 WTO 中引起问题，将来也不太可能。[2] 发达国家试图

---

① WTO High Level Symposium on Trade and Environment, Linkages between Trade and Environment Policies, Statement by the United States, 1999.

② 目前唯一可能引起冲突的是《巴塞尔公约》的禁令修正草案（Ban Amendment），禁止附件七中的国家（OECD 国家、欧共体和中欧国家）向附件七以外的国家出口。经 62 个缔约方批准以后，禁令修正案将生效。到 1999 年 6 月，有 13 个缔约方批准了修正案。欧盟要求提前履行修正案并由此引发了一些争论。

使本国的权限凌驾于他国之上，想使不符合 WTO 规则的贸易措施因保护环境而合法化，适用于本国之外的情况，因而要求修改规则。发展中国家坚持成员应该遵守 WTO 规则内的贸易措施的一致性，避免不符合 WTO 义务的情况出现。但是，发达国家固执己见，这对 WTO 规则提出了挑战，也是发展中国家反对开放环境窗口、反对将不符合 WTO 的贸易措施合法化的原因。

在争论中还提到以下问题：①缺乏 MEAs 的明确定义。②最重要的问题是对非缔约国的歧视措施或单边措施。MEAs 每一修正案均为单独的协议。例如，多数 WTO 成员是《蒙特利尔议定书》的缔约国，但是较少成员是伦敦、哥本哈根和蒙特利尔修正案的缔约国，所以在修正案中有可能被视为非缔约国，从而受到贸易限制。③MEAs 的贸易措施难以归纳。尽管 MEAs 有统一的贸易措施，但是产生的作用不是统一的，因为发展中国家的经济发展阶段、技术能力、贸易格局和贸易密集度存在不同。这也是 MEAs 在处理特殊国家或一组类别国家的问题时需要一定灵活性的原因。④关于贸易措施对不同发展阶段国家的影响理解不够。⑤在 MEAs 方面的国际合作需要避免单边措施。但是目前 MEAs 中的贸易措施是建立在一致性基础上的假定是不正确的。MEAs 和多边贸易体制之间的关系需要协调，这一点是一致的，但是是否要修改 WTO 规则（主要是第二十条）以防止这两个法律工具之间的矛盾没有达成一致的意见。

第四节　结　论

环境问题的根源是造成环境恶化的经济活动，包括生产和消费活动。由于生产和消费活动具有负的环境外部性，这使生产者和消费者往往不必承担其环境后果，即存在环境成本外部化问题。那么，贸易环境政策的责任应该是纠正制度失灵，使成本内部化。为了达到上述目的，有多种政策手段可供选择，且各有利弊。关于贸易环境政策对环境损害的控制问题，本章在非合作前提下讨论了单向跨国界污染和双向跨国界污染两种情形，我们得出的结论是：

结论一：如果损害是单向的，那么从单个国家的角度来看，一国可以借助于出口补贴和进口税使本国的贸易条件得到改善，并由此增加其社会福利。但最佳贸易政策取决于该国是否大到能够影响世界价格，如果不能，任何支持本国生产者的努力都是无用的。

结论二：就双向环境损害而言，如果由污染引起的损害是以本国为主的（即跨国界污染比例小于1/2），那么，就关税而言，政府反应函数的斜率是正的；相反，污染引起的损害是以国外为主的（即跨国界污染比例大于1/2），那么，政府反应函数的斜率是负的。同样地，如果由污染引起的环境损害是以本国为主的（外国为主的），那么就出口补贴而言，政府反应函数的斜率是正的（负的）。

结论三：环境政策的漏出效应会使环境政策间接影响跨国环境损害程度，但是环境政策的漏出效应是不确定的。虽然环境治理问题的最优政策是针对造成污染的生产活动或消费活动的环境政策，但一国的环境政策并不能直接作用于外国的污染问题，特别是当存在跨国界污染时，环境政策的漏出效应会使环境政策间接影响跨国界污染的损害强度。借助于市场结构内生性假设所建立的模型表明，漏出效应是不确定的。一国严厉的环境政策可能会降低外国的污染排放，这种可能性在现有的文献中并没有论及。最为有趣的是，贸易条件的引入导致了比封闭条件下更为严厉的环境政策，由于漏出效应的符号不能确定，最佳环境政策在一阶条件下的符号也是不明确的，传统的漏出效应导致了较为宽松的环境标准。尽管如此，当严厉的环境标准导致外国污染排放减少时，也应选择相对严厉的环境政策，这主要是因为这一政策能够产生双重功效，不仅使本国污染排放降低，而且来自跨国界污染的溢出也同时降低。

结论四：将环境问题与贸易自由化谈判挂钩，体现了国际上贸易与环境问题捆绑决策的趋势。单边贸易政策和环境政策对环境损害的控制都可以起到积极的效果，而在具体的实践中，由于两者之间的相互影响以及复杂的国际环境，导致了环境和贸易政策在国际范围内的协调存在困难。利用全球多边机制解决贸易和环境之间的问题，在很大程度上受制于策略行为和交易费用等因素。这种基于效率的做法更符合发达国家的利益，发展中国家出于对贸易保护主义的担心，虽然不得不进入这一游戏规则，但并不希望其朝着机制化的方向发展。如何使发展中国家承认并参与这一游戏规则是目前的焦点，而对于开放贸易市场，发展中国家的顾虑正在减少。然而，对于经济发展和环境保护的关系，发展中国家有着不同于发达国家的权衡取舍标准和政策优先次序。尤其是两者在利益分配上的不均，直接影响着将贸易与环境政策相协调的实践效果。

结论五：相对于全球范围而言，区域合作能够在一定程度上降低交易费用、减少策略行为，因而具有可操作性。首先，与全球范围相比，区域合作降低了协调贸易和环境问题所需要的交易费用。环境成本内部化是协调贸易与环境政策的关键，能否顺利实施一方面取决于各国对这一问题的态度，另一方面涉及相关的技术环节，特别是如何解决环境成本内部化所需要的信息问题。污染者付费原则被认为是解决贸易与环境问题的基本政策手段，而信息不对称是实施该原则的重要障碍。[①]在健全、开放的区域合作条件下，各国政府间以及企业间的密切关系会有助于增加互信，减少信息阻碍，从而推进环境成本内部化的立法和实施。其次，区域合作机制能够减少策略行为。从效率的角度讲，地区层次比全球多边体制更容易解决"搭便车"和集体行动问题。因为参与者数量有限的区域合作组织会对其成员"搭便车"的行为构成抑制。同时，在区域内容易形成积极的激励，而这种激励是达成国家间持续合作的最佳方式。它包括：提供财政支持、转让环境清洁生产技术、使成员国采纳有关环境标准、增加对外援助、减少债务以及在贸易壁垒方面进行非歧视性的削减等。最后，在地区贸易协定的条款中加入有关环境保护的内容，实际操作困难较小。当一国担心单边采纳环保措施会丧失国际竞争力时，就环保标准达成地区协定无疑会减少这种顾虑。地区协定比较容易体现成员国各自的状况，尤其是各国的环境现状和环境标准的差异，能够避免更多的借环境保护干预自由贸易的行为，或变相的贸易保护主义。同时，在区域合作的框架内，少数大国借环境问题做文章的权力空间受到规范，而发展中国家在这个游戏规则内部能够较好地发挥作用。目前，一些区域一体化协定在这方面进行了尝试。虽然这些努力对全球贸易和环境框架的形成所做的贡献仍存在争议，但用发展的眼光看，这是一种积极的、有益的探索。如果地区协定能够成功地解决贸易与环境问题，那么它将加快全球贸易与环境问题解决的进程。

---

① 张帆. 环境与自然资源经济学［M］. 上海：上海人民出版社，1998.

第六章 清洁产业扩张的战略性贸易政策运用分析

第一节 中国产业清洁程度分类研究

改革开放以来，我国国民经济有了突飞猛进的发展，但随之而来的环境污染问题和资源短缺问题却不断萦绕着各部门。各级政府都在努力促使我国经济与环境走上协调发展之路，从而实现我国可持续发展的战略目标。我国工业化不够完善，对外商投资的政策比较优惠以及在环境保护方面的法律、法规不健全，这就使发达国家把污染密集型产业转向了我国。同时，又因为我国技术创新能力较弱，所以不得不从事一些低附加值、高能耗、高污染产品的生产，长期进行这种生产导致的结果就是资源枯竭，环境被严重破坏，且人们的生活水平还是不能得以提高，这就要求我国重新定位，走可持续发展的道路。

在前文中我们对中国"污染天堂"假说进行了验证，结果表明环境监管强度对外商投资的影响是显著的，虽然这种影响程度没有像经济发展水平、市场规模以及产业集聚度那么强烈，但是我们也有理由相信，要是像现在这样发展，中国迟早会变为发达国家的"污染天堂"。那么，为了避免我国变为"污染天堂"，我们应该大力发展清洁产业，确保经济和环境的协调发展。

本章我们以中国产业为研究对象，对中国产业根据污染程度进行分类研究。根据分类结果，并且结合我国出口产品的现状，我们可以选择一些相对污染程度较小的、技术含量较高的产业作为以后发展和进行对外贸易的目标产业。

一、产业清洁程度测算指标的选取

本书根据《中国环境统计年鉴》上对中国现有产业的归类情况，选取每个产业的污染指标，然后建立综合指标体系，从而对中国现在的产业根据污染程度进行分类，这样可以为后面研究战略性贸易政策在选择扶持哪些出口产业时提供一定的帮助。

1. 产业的选取

为了方便研究，本书直接采用《中国环境统计年鉴》上产业的分类方法，即中国产业可以分为农、林、牧、渔服务业，煤炭开采和洗选业，石油和天然气开采业，黑色金属矿采选业，有色金属矿采选业，非金属矿采选业，开采辅助活动，其他采矿业，农副食品加工业，食品制造业，酒、饮料和精制茶制造业，烟草制造业，纺织业，纺织服装、服饰业，皮革、毛皮、羽毛及其制品和制鞋业，木材加工及木、竹、藤、棕、草制造业，家具制造业，造纸及纸制品业，印刷和记录媒介复制业，文教、工美、体育和娱乐用品制造业，石油加工、炼焦和核燃料加工业，化学原料和化学制品制造业，医疗制造业，化学纤维制造业，橡胶和塑料制造业，非金属矿物制造业，黑色金属冶炼及压延加工业，有色金属冶炼及压延加工业，金属制品业，通用设备制造业，专用设备制造业，汽车制造业，铁路、船舶、航空航天和其他运输设备制造业，电器机械和器材制造业，计算机、通信和其他电子设备制造业，仪器仪表制造业，其他制造业，废气资源综合利用业，金属制品、机械和设备修理业，电力、热力生产和供应业，燃气生产和供应业，水的生产和供应业这 42 个产业。

2. 污染指标的选取[①]

由于环境影响因素分为直接影响因素和间接影响因素[②]，且直接影响因素最能直观地反映环境污染状况。考虑到世界银行、国际货币基金组织和联合国都主要采取水、大气和固体废弃物三个方面对环境污染进行评价，本书也拟定

---

① 污染数据主要来自 2013 年《中国环境统计年鉴》。

② 直接环境影响是指建设项目污染源排放的污染物（或能量）直接作用于接受者而产生的危害。如工业生产中排放到大气中的二氧化硫、烟尘、粉尘等污染物，它们直接作用于人体、动植物、建筑物、器物等而产生危害。间接环境影响是指建设项目污染源排放的污染物（或能量），在其传输、扩散的过程中产生了变化，形成了二次污染物，二次污染物直接作用于人体、动植物、建筑物、器物等而产生危害。

从这三个方面选取一些指标来代表各产业的环境污染状况。所选指标分别是：水污染（工业废水排放量）、工业废气（工业二氧化硫排放量、工业氮氧化物排放量、工业粉尘排放量）、固体废弃物（工业固体废弃物产生量）。

在确定了各个产业子类污染物的种类之后，下面的一个关键问题就是如何将这些污染因子结合起来，建立一个综合的污染指标来度量各产业的污染情况。

二、产业清洁程度分类方法

（一）计量模型、变量和数据

有关环境污染程度的评价方法是多种多样的，主要分为综合指数评价方法和聚类评价方法。由于地域等各种因素的影响，污染指数法没有统一的评价标准。但是为了研究方便，我们在进行环境质量评价时不得不采取一定的评价准则。例如，单因子污染指数法就是其中的一种评价准则，其具体方法是：

$$F_j = \frac{C_j}{S_j} \tag{6-1}$$

X_a、X_c、X_p 与 F_j 的计算关系如（6-2）式所示：

$$F_j = \begin{cases} \dfrac{C_j}{X_a} & C_j \leqslant X_a \\[2mm] 1 + \dfrac{C_j - X_a}{X_c - X_a} & X_a < C_j \leqslant X_c \\[2mm] 2 + \dfrac{C_j - X_c}{X_p - X_c} & X_c < C_j \leqslant X_p \\[2mm] 3 + \dfrac{C_j - X_p}{X_p - X_c} & C_j > X_p \end{cases} \tag{6-2}$$

根据（6-2）式计算得到污染指数值，我们可以对环境污染的程度进行分类，总体来说可以分为四类。其中，当 $F_j \leqslant 1$ 为非污染状态；$1 < F_j \leqslant 2$ 为轻度污染状态；$2 < F_j \leqslant 3$ 为中度污染状态；$F_j > 3$ 为重度污染状态。

其中，F_j 表示第 j 种污染物的污染情况；C_j 表示每种污染物的排放量；S_j 表示每种污染物排放量的背景值。背景值是指自然环境未受污染的情况下，各种环境要素所包含的化学物质的基线含量，它反映了环境质量的原始状态。X_a、X_c、X_p 分别代表污染积累起始值、中度污染起始值和重度污染起始值。

用上述的方法判断每种产业的污染程度时会出现两个问题：第一个问题是这种方法是单因素分析，即每种污染物对每个产业的污染程度的影响，如果每种污染物对每个产业的污染程度的影响都是相同的，例如，水污染、二氧化硫污染、氮氧化物污染和固体废弃物污染等对于每个产业的污染程度的影响分类都是在同一个等级上，那么毫无疑问这种方法是可取的，但是这种假设太过于苛刻，而且实际情况也不是这样的，所以，以上的方法在评价中国各产业污染程度时就显得有点力不从心。第二个问题是 X_a、X_c、X_p 这三个值的确定比较困难，没有一个统一的标准。所以，为了综合地反映多种污染物共同作用下整体环境的污染水平，我们需要一种同时考虑多种污染物综合污染水平的多因子评价方法，即将单因子污染指数按一定方法综合。常用的方法有内梅罗指数法[1]，它兼顾了单因子污染指数的平均值和最高值，从而能够较为全面地反映环境污染情况，其计算公式如下：

$$F_i = \sqrt{\frac{1}{2}\left[\frac{1}{5}\left(\sum_j \left(\frac{C_{ij}}{S_j}\right)\right)^2 + \left(\frac{C_{ij}}{S_j}\right)^2_{max}\right]} \tag{6-3}$$

同单因子污染指数法一样，内梅罗指数法在评价污染等级时也有以下分类：当 $F_i \leq 1$ 为非污染状态；$1 < F_i \leq 2$ 为轻度污染状态；$2 < F_i \leq 3$ 为中度污染状态；$F_i > 3$ 为重度污染状态。

其中，F_i 表示第 i 个产业的污染程度；C_{ij} 表示第 i 个产业第 j 种污染物的人均排放量；S_j 表示背景值，即区分每种污染物污染程度的临界值。背景值难以获取，而且标准不同时，获取的数据也不同。我国西藏地区由于开发较少，大部分还是比较原生态的，所以本书以西藏地区每种污染物的排放量作为背景值的替代变量。

用上述的综合评价指标虽然可以判断出每个产业的污染情况，并且对其进行分类，但是也有一些弊端。例如，上述模型判断出来的标准只能说明整个产业的总体污染程度，但不能说明每种污染物对这个产业污染程度的影响程度。

① 谷朝君，盘颖. 内梅罗指数法在地下水水质评价中的应用及存在问题 [J]. 环境保护科学，2011，28（2）：45-47.

所以为了研究每种污染物对环境的污染状况，我们必须采取一种新的污染评价模型，这就是地积累指数法评价模型。

地积累指数法[①]是德国海德堡大学沉积物研究所 Mullers 教授于 1979 年定量研究了水系沉积物中重金属元素的污染状况后提出的，其计算公式如下：

$$I_{ij} = \log_2 C_{ij} / (K \times S_j) \tag{6-4}$$

按 I_{ij} 值将污染划分为七个等级：①无污染（$I_{ij} \leq 0$）；②轻度污染（$0 < I_{ij} \leq 1$）；③偏中度污染（$1 < I_{ij} \leq 2$）；④中度污染（$2 < I_{ij} \leq 3$）；⑤偏重度污染（$3 < I_{ij} \leq 4$）；⑥重度污染（$4 < I_{ij} \leq 5$）；⑦严重污染（$I_{ij} > 5$）。其中，I_{ij} 表示第 i 个产业第 j 种污染物的污染情况；C_{ij} 表示第 i 种产业第 j 种污染物的人均排放量；S_j 是每种污染物排放量的背景值，同理采用西藏地区每种污染物的人均污染排放量替代背景值。地积累指数法与单因子污染指数法一样只能判断每种污染物对每个产业的污染程度的影响。并且，地积累指数法中的 K 值是一个人为规定的常数，一般取 1.5，这就显得有点牵强。

上述两种经典的污染指数评价方法虽然各有优点，但也都有不可避免的缺点，因此本书提出内梅罗累积指数评价模型对各产业污染程度进行分析，将内梅罗指数法中的综合污染指数 F_i 值作为可能引起每种污染物人均污染排放量变动而取的系数（即 K）。这样，不仅可以看出每个产业的综合污染程度，还可以看出每种污染物对每个产业的污染程度。

内梅罗累积指数污染评价模型的数学原理如下：

$$\begin{cases} F_i = \sqrt{\dfrac{1}{2}\left[\dfrac{1}{5}\left(\sum_j \left(\dfrac{C_{ij}}{S_j}\right)\right)^2 + \left(\dfrac{C_{ij}}{S_j}\right)^2_{max}\right]} \\ I_{ij} = \log_2 C_{ij} / (F_i \times S_j) \end{cases} \tag{6-5}$$

其中，F_i 表示第 i 个产业的污染程度；I_{ij} 表示第 i 个产业第 j 种污染物的污染情况。污染的等级分类情况与内梅罗指数法和地积累指数法相同。

本节所使用的环境污染指标包括工业废水排放量、工业粉尘排放量、工业氮氧化物排放量、工业二氧化硫排放量、工业固体废弃物排放量，其主要的数据来源是 2013 年《中国环境统计年鉴》，具体的数据如表 6-1 所示。

---

① Muller G. Index of geoaccumulation in sediments of the River［J］. Geo Journal, 1969, 2 (3): 108-118.

表6-1 各产业污染物排放情况

产业	工业废水排放量（万吨）	工业粉尘排放量（吨）	工业氮氧化物排放量（吨）	工业二氧化硫排放量（吨）	工业固体废弃物排放量（万吨）
农、林、牧、渔服务业	907	4838	374	1361	7.6
煤炭开采和洗选业	142220	333033	45495	124866	38537.4
石油和天然气开采业	9376	6916	29758	22106	126.7
黑色金属矿采选业	22766	103008	6841	24317	70601.5
有色金属矿采选业	50855	21747	5481	24486	40290.4
非金属矿采选业	7368	36780	11211	38811	3598.2
开采辅助活动	72	967	1880	2824	102
其他采矿业	497	1811	360	383	74.3
农副食品加工业	156566	182154	91813	237768	2209.4
食品制造业	56937	58169	46512	147116	563.3
酒、饮料和精制茶制造业	74022	66042	10586	128577	940.6
烟草制造业	2279	6568	3632	11003	92
纺织业	237252	92095	76835	269806	690.7
纺织服装、服饰业	17069	8129	4787	16685	28.2
皮革、毛皮、羽毛及其制品和制鞋业	26515	10451	5911	26680	63.2
木材加工及木、竹、藤、棕、草制造业	4776	156598	14475	42637	228.6
家具制造业	645	2590	867	3130	12.2
造纸及纸制品业	342717	167268	207417	496904	2167.6
印刷和记录媒介复制业	1420	2086	1539	4704	21.4
文教、工美、体育和娱乐用品制造业	2205	2052	702	2117	5.7
石油加工、炼焦和核燃料加工业	87474	441740	376079	802051	3671.5
化学原料和化学制品制造业	274344	582669	501870	1261534	26644.2
医疗制造业	57218	44392	30702	107604	312.2
化学纤维制造业	35308	21856	48920	101466	323.3
橡胶和塑料制造业	12797	32817	27618	88142	238.1
非金属矿物制造业	29440	2551531	2742154	1997859	6780.5
黑色金属冶炼及压延加工业	106148	1812773	971637	2406154	42047.3

续表

产业	工业废水排放量（万吨）	工业粉尘排放量（吨）	工业氮氧化物排放量（吨）	工业二氧化硫排放量（吨）	工业固体废弃物排放量（万吨）
有色金属冶炼及压延加工业	28835	319415	230046	1144323	9978.4
金属制造业	33589	82396	23909	76031	522.5
通用设备制造业	10159	32045	8554	22813	185.8
专用设备制造业	7921	21501	9944	19467	204.6
汽车制造业	16320	21417	6443	13867	289.8
铁路、船舶、航空航天和其他运输设备制造业	12484	52054	9627	17194	244.5
电器机械和器材制造业	9367	6722	4721	10764	68.8
计算机、通信和其他电子设备制造业	48173	12826	5033	7509	342.6
仪器仪表制造业	2451	949	408	980	8.1
其他制造业	5199	25025	13219	62202	72.6
废气资源综合利用业	2292	4204	1455	4309	246
金属制品、机械和设备修理业	1111	9096	326	752	15.9
电力、热力生产和供应业	95575	2227883	10187321	7970337	61455.8
燃气生产和供应业	953	7477	11632	16561	59.1
水的生产和供应业	12	1	1	1	0

（二）结果分析

根据以上数据和所建立的模型，运用 MATLAB7.9 软件对上面的数据进行处理，得到各个产业的综合污染强度值 F_i、各个产业每种污染物的污染强度值 I_{ij} 以及所属的污染类。具体结果如表 6-2 所示。

表 6-2　部分产业整体污染程度和单因子污染程度

产业	F_i	工业废水		粉尘		氮氧化物		二氧化硫		固体废弃物	
		I_i	分类	I_i	分类	I_i	分类	I_i	分类	I_i	分类
农、林、牧、渔服务业	0.0372	-0.17	0	0.67	1	-0.21	0	0.28	1	-0.31	0
煤炭开采和洗选业	5.1789	5.72	6	5.97	6	4.32	5	3.18	5	4.23	5

续表

产业	F_i	工业废水		粉尘		氮氧化物		二氧化硫		固体废弃物	
		I_i	分类	I_i	分类	I_i	分类	I_i	分类	I_i	分类
石油和天然气开采业	1.9864	2.27	3	1.79	2	2.52	3	2.57	3	0.23	1
黑色金属矿采选业	2.5349	3.42	4	5.09	6	0.75	1	2.63	3	6.55	6
有色金属矿采选业	2.6248	4.21	5	3.23	4	0.68	1	2.65	3	4.36	5
非金属矿采选业	2.3297	1.74	2	3.63	4	1.27	2	2.78	3	2.56	3
开采辅助活动	1.3584	-0.31	0	-0.19	0	0.18	1	0.35	1	0.19	1
其他采矿业	1.3258	-0.15	0	0.32	1	-0.39	0	-0.80	0	0.15	1
农副食品加工业	4.6713	5.84	6	5.33	6	4.87	5	4.75	5	2.34	3
食品制造业	2.8364	4.35	5	4.49	5	4.34	5	4.43	5	1.05	2
酒、饮料和精制茶制造业	1.9637	4.53	5	4.57	5	1.18	2	4.32	5	1.27	2
烟草制造业	0.5214	0.70	1	1.65	2	0.47	1	1.58	2	0.17	1
纺织业	5.2873	6.28	6	4.89	5	4.75	5	4.83	5	1.19	2
纺织服装、服饰业	2.3185	2.85	3	1.95	2	0.52	1	1.79	2	0.07	1
皮革、毛皮、羽毛及其制品和制鞋业	2.2796	3.51	4	2.48	3	0.69	1	2.69	3	0.13	1
木材加工及木、竹、藤、棕、草制造业	2.1563	1.68	2	5.27	6	1.47	2	2.84	3	0.35	1
家具制造业	1.3572	-0.25	0	0.45	1	-0.47	0	1.27	2	0.04	1
造纸及纸制品业	5.5362	7.53	6	5.30	6	5.21	6	5.21	6	2.31	3
印刷和记录媒介复制业	1.3785	0.58	1	0.36	1	0.21	1	0.37	1	0.02	1
文教、工美、体育和娱乐用品制造业	1.3074	0.69	1	0.39	1	-0.42	0	0.42	1	-0.34	0
石油加工、炼焦和核燃料加工业	5.7341	4.79	5	6.12	6	5.33	6	5.42	6	2.53	3
化学原料和化学制品制造业	6.2584	6.87	6	6.47	6	5.58	6	5.78	6	3.87	4
医疗制造业	2.9360	4.38	5	3.75	4	2.76	3	4.23	5	1.13	1
化学纤维制造业	2.8573	3.65	4	3.25	4	4.43	5	4.21	5	1.15	1
橡胶和塑料制造业	2.6826	2.43	3	3.62	4	2.41	3	4.14	5	1.08	2
非金属矿物制造业	5.8129	3.59	4	5.46	6	6.15	6	6.25	6	2.69	3

续表

产业	F_i	工业废水		粉 尘		氮氧化物		二氧化硫		固体废弃物	
		I_i	分类	I_i	分类	I_i	分类	I_i	分类	I_i	分类
黑色金属冶炼及压延加工业	6.0549	5.53	6	5.32	6	5.73	6	6.31	6	4.58	5
有色金属冶炼及压延加工业	5.7963	3.57	4	5.95	6	5.23	6	5.69	6	2.86	3
金属制造业	2.2587	3.62	4	4.73	5	2.28	3	4.57	4	1.27	2
通用设备制造业	1.5797	2.39	3	3.57	4	0.89	1	2.59	3	0.35	1
专用设备制造业	1.5287	0.93	1	3.21	4	0.95	1	1.71	2	1.87	2
汽车制造业	1.4986	2.78	3	3.19	4	0.73	1	1.65	2	0.37	1
铁路、船舶、航空航天和其他运输设备制造业	1.6748	2.42	3	4.30	5	0.91	1	1.68	2	0.41	1
电器机械和器材制造业	1.5328	2.18	3	1.68	2	0.52	1	1.61	2	0.39	1
计算机、通信和其他电子设备制造业	1.4895	3.89	4	2.56	3	0.67	1	0.56	1	0.57	1
仪器仪表制造业	1.5287	0.93	1	3.21	4	0.95	1	1.71	2	1.87	2
其他制造业	2.1594	1.83	2	3.38	4	1.36	2	4.49	4	0.69	1
废气资源综合利用业	1.1896	0.75	1	0.58	1	0.15	1	0.41	1	0.42	1
金属制品、机械和设备修理业	0.2598	0.52	1	2.31	3	−0.45	0	−0.75	0	0.08	1
电力、热力生产和供应业	6.5738	4.87	5	7.83	6	6.92	6	6.54	6	6.53	6
燃气生产和供应业	1.5429	−0.05	0	1.83	2	1.23	2	1.67	2	0.13	1
水的生产和供应业	0.0136	−0.98	0	−0.58	0	−0.60	0	−0.82	0	−0.62	0

由表6-2可以看出，电力、热力生产和供应业的 F 值为 6.5738，大于 3，说明煤炭开采是重度污染产业，而且电力、热力生产和供应业每种污染物的污染程度都在 4 以上，说明每种污染物的污染程度都是重度污染。医疗制造业的 F 值为 2.9360，说明该产业属于中度污染产业，由各种污染物的污染程度可以看出，该产业污染物最高的是废水和二氧化硫。专用设备制造业的 F 值为 1.5287，属于轻度污染产业。水的生产和供应业是无污染产业，其各项污染指标都符合无污染产业的特性。

从以上结果可以看出，运用该模型对产业进行污染程度的评价是有效的，因为结果基本上符合现在这些产业的污染特征。最后，我们可以对所有产业进行归类，归类结果如表6-3所示。

表6-3　中国产业清洁程度分类

污染型产业	重度污染产业	电力、热力生产和供应业，化学原料和化学制品制造业，黑色金属冶炼及压延加工业，非金属矿物制造业，有色金属冶炼及压延加工业，石油加工、炼焦和核燃料加工业，造纸及纸制品业，纺织业，煤炭开采业，农副食品加工业
	中度污染产业	黑色金属矿采选业，有色金属矿采选业，非金属矿采选业，纺织服装、服饰业，橡胶和塑料制品制造业，木材加工及木、竹、滕、棕、草制品业，皮革、毛皮、羽毛及其制品和制鞋业，医疗制造业，化学纤维制造业，金属制造业，其他制造业，食品制造业
清洁型产业	轻度污染产业	石油和天然气开采业，其他采矿业，酒、饮料和精制茶制造业，家具制造业，印刷和记录媒介复制业，文教、工美、体育和娱乐用品制造业，通用设备制造业，专用设备制造业，电器机械和器材制造业，仪器仪表制造业，废气资源综合利用业，燃气生产和供应业，烟草制造业，汽车制造业，铁路、船舶、航空航天和其他运输设备制造业，计算机、通信和其他电子设备制造业
	非污染产业	农、林、牧、渔服务业，开采辅助业，金属制品、机械和设备修理业，水的生产和供应业

根据表6-3我们不难看出，所谓的重度污染产业主要集中在冶炼、造纸、纺织、煤炭开采等高能耗产业上，所以要想做到可持续发展，我们应该发展轻度污染产业和非污染产业。本书将轻度污染产业和非污染产业定义为清洁型产业。这里需要说明的是，我们不是说不发展重度污染产业和中度污染产业，而是尽量少发展，不以这些产业为支柱性产业，而应发展一些高新科技产业作为支柱性产业。

（三）我国出口产业结构现状

自改革开放以来，我国出口商品逐年增多，但是出口的商品大多数是一些技术含量低、资源消耗大、环境污染严重的商品。面对现在日益严重的资源、环境问题，我们不得不寻找新的出路，以求做到经济、资源和环境协调发展。

随着我国产业结构和贸易结构的调整，我国的出口商品结构有了一定的改善，但是离我们的预期水平还有很长的距离，具体的出口货物金额如表6-4所示。

表6-4　2013年我国出口货物分类金额

出口货物类别	金额（百万美元）	占比
活动物；动物产品	16840.61	0.7623621
植物产品	19853.45	0.8987512
动、植物油、脂及其分解产品；精制的食用油脂；动、植物蜡	606.54	0.0274576
食品；饮料、酒及醋；烟草及烟草代用品	28065.3	1.2704957
矿产品	37634.11	1.7036687
化学工业及其相关工业的产品	97689.32	4.4223243
塑料及其制品；橡胶及其制品	84882.65	3.8425757
生皮、皮革、毛皮及其制品；鞍具及挽具；旅行用品、手提包及类似品；动物肠线（蚕胶丝除外）制品	34795.88	1.5751841
木及木制品；木炭；软木及软木制品；稻草、秸秆、针茅或其他编织材料制品；篮筐及柳条编织品	14456.79	0.6544483
木浆及其他纤维状纤维素浆；纸及纸板的废碎品；纸、纸板及其制品	19793.52	0.8960382
纺织原料及纺织制品	273958.53	12.401903
鞋、帽、伞、杖、鞭及其零件；已加工的羽毛及其制品；人造花；人发制品	64052.61	2.8996149
石料、石膏、水泥、石棉、云母及类似材料的制品；陶瓷产品；玻璃及其制品	45427.76	2.0564816
天然或养殖珍珠、宝石或半宝石、贵金属、宝贵金属及其制品；仿首饰；硬币	50288.45	2.2765215
贱金属及其制品	155998.53	7.0619397
机器、机械器具、电气设备及其零件；录音机及放声机、电视图像、声音的录制和重放设备及其零件、附件	944438.14	42.754026
车辆、航空器、船舶及有关运输设备	100165.35	4.5344123
光学、照相、电影、计量、检验、医疗或外科用仪器及设备、精密仪器及设备；钟表；乐器；上述物品的零件、附件	81759.2	3.7011794
武器、弹药及其零件、附件	159.23	0.0072082

续表

出口货物类别	金额 （百万美元）	占比
杂项制品	135368.8	6.1280468
艺术品、收藏品及古物	1041.02	0.0471262
特殊交易品及未分类商品	1728.19	0.0782339

资料来源：2014 年《中国统计年鉴》。

由表 6-4 可以看出，虽然我国目前致力于贸易结构的调整，但是其效果不是很明显，贸易结构仍然比较单一。其中，机器、机械器具、电气设备及其零件、录音机及放声机、电视图像、声音的录制和重放设备及其零件、附件出口额就占了整个 2013 年出口额的 42.75%，纺织品、造纸业、塑料橡胶制品、化学原料及化学制品等高污染产业的出口额占总出口额的 30% 以上。这说明我国的贸易结构还不是很合理，出口产品中高新技术产品较少，而污染密集型产品较多。所以，要想从根本上解决我国现在的环境问题，必须毫不动摇地坚持发展清洁产业，从而做到经济与环境的协调发展。

三、结论

通过前两节的分析和研究可以看出，运用本书所建立的模型对中国产业按照污染程度分类是有用的。根据所建立的模型，可以将中国产业分为污染型产业和清洁型产业。污染型产业主要包括重度污染型产业和中度污染型产业，清洁型产业主要包括轻度污染型产业和非污染产业。由分类结果可以看出，重度污染产业和中度污染产业主要是一些制造业和开采业，这些产业的发展是建立在不断掠夺自然资源和破坏生态环境的基础之上的。所以，我们应该减少对这些产业的投资。轻度污染产业主要是一些高新技术产业，像汽车、铁路、航空航天等。我们应该对这些产业进行大力发展。例如，中国现在正在寻找石油的替代品，走清洁化道路就是很好的例证。通信设备制造业、废气资源综合利用业等都是我们未来应该发展的产业。大力发展废气资源利用业不仅可以改善现有的生态环境，还可以减少资源的开采，这符合我国可持续发展的战略目标。无污染产业主要是一些辅助业。由于我们生产生活的需要，部分产业也应该发展，例如，电力、热力生产和供应业。

虽然我国目前致力于贸易结构的调整，但是其效果不是很明显，贸易结构仍然比较单一。其中，机器、机械器具、电气设备及其零件，录音机及放声机、电视图像、声音的录制和重放设备及其零件、附件出口额就占了整个2013年出口额的42.75%，纺织品、造纸业、塑料橡胶制品、化学原料及化学制品等高污染产业的出口额占总出口额的30%以上。这说明我国的贸易结构还不是很合理，出口产品中高新技术产品较少，而污染密集型产品较多。所以，要想从根本上解决我国现在的环境问题，必须毫不动摇地坚持发展清洁产业，从而做到经济与环境的协调发展。

由于我国技术相对落后，创新水平较低，高新技术产品在国际市场上缺乏竞争力，所以要想发展清洁产业不是一句话、一年半载就能实现的。发展清洁产业需要政府给予一定的扶持，战略性贸易政策就成为主要的扶持工具。因此，下一章主要介绍我国政府应该采取什么样的战略性贸易政策来发展清洁产业。

第二节　清洁产业出口扩张的战略性贸易政策选择

20世纪80年代以来，以Brander和Spencer等为代表的西方经济学家提出了战略性贸易政策。所谓战略性贸易政策，是指在规模经济和不完全竞争市场的条件下，一个国家的政府积极运用出口补贴或者征收进口关税等措施对那些被认为存在着规模经济、外部经济的产业予以扶持，增强本国企业在国际市场上的竞争力，扩大本国企业的市场份额，把超额利润从外国厂商转移到本国厂商，从而增加本国的国民福利。该理论的出现对国际贸易理论体系以及许多国家对外贸易政策的制定都产生了重大影响。它动摇了传统国际贸易理论的统治地位，并且在很大范围内被很多国家加以利用，从而制定出了适合各自国家实际情况的对外贸易政策。例如，政府可以利用R&D补贴政策来扶持本国的高新技术产业，使从事这方面生产的企业有开展自主研发的热情和冲劲，这样可以提高一个国家的研发水平，从而提高其国际竞争力。

战略性贸易政策理论最有意义的创新是摆脱了完全竞争市场这一假设条件

的束缚，论证了经济中存在"战略性产业"的可能性。在某些产业，资本和劳动可能会获得比其他产业更多的回报，而这些产业就是所谓的"战略性产业"。在现实世界中，由于实现市场的完全竞争是非常困难的，很多市场（如农产品市场）也只是接近完全竞争市场，而不完全竞争是普遍存在的现象。如果所有产业或者部门的资本和劳动收益率都相等，就不存在资本和劳动在不同产业或者部门之间的选择性流动。

所谓"战略性"，是采用博弈论的思想，即一国政府在制定贸易政策时应该把国外政府或者企业的行为考虑在内，并且根据对方的行为变化不断地调整和优化自己的策略组合。战略性贸易政策明确了政府在经济中所扮演的角色，即在充满竞争与博弈的世界贸易中，政府应该成为谨慎的行动者。本章主要介绍我国政府应该采取什么样的战略性贸易政策来扶持现有的清洁产业。

一、战略性贸易政策产生的背景和原因

战略性贸易政策的出现是 20 世纪 80 年代以来经济学家改变了分析方法的结果。Krugman 认为，战略性贸易政策的出现主要归结为三个因素：首先，贸易在美国以及世界经济中的地位发生了变化。[①] 20 世纪 80 年代以前，美国厂商生产的产品主要被本国消费者消费，并且面对外来的竞争也是比较少的，主要是国内厂商之间的竞争，国际贸易在经济中的发展通常处于次要地位。然而到了 20 世纪 80 年代以后，由于国内市场趋于饱和，美国厂商开始严重依赖出口，并且在出口的过程中面临着来自世界各个国家厂商强大的竞争。为维护本国企业的利益，美国政府着手干预贸易。与此同时，像中国这样的发展中国家也开始逐渐变得开放，世界贸易不断发展，而贸易对推动一个国家乃至世界经济的发展起着至关重要的作用。其次，此时国际贸易的特征也发生了一些变化。例如，竞争优势已经开始取代传统的比较优势登上历史的舞台，这成为国际分工的一个重要基础，同时国际贸易已经开始由公司间、产业间贸易变为公司内部、产业内部的贸易等。这些都影响了美国和其他国家。最后，一些经济学家开始将其他经济学领域的思想和方法运用到国际经济学中来。20 世纪 70 年代，出现了分析由相互竞争的少数厂商构成的寡占市场的新方法，产业组织

---

① 保罗·克鲁格曼. 战略性贸易政策与国际经济学 [M]. 北京：中国人民大学出版社，2002.

理论取得重大创新，经济学家将这一分析方法引入对贸易问题的分析。在此之前对贸易的分析针对的是完全竞争的市场结构，没有力量能够影响价格和单个企业的国际竞争力。而事实上，很多市场都是不完全竞争的，存在类似于波音公司这样的垄断厂商。在很多市场上，事实上是大的企业在彼此竞争，呈现出寡占的市场结构。在这种情况下，政府的力量可以改变厂商的国际竞争力。

二、战略性贸易政策的基本观点

（一）利润转移理论

利润转移理论是指在寡头竞争的国际市场上，由于寡头厂商产品的价格高于边际成本，这样在国际贸易过程中就可能形成超额垄断利润。此时，政府可以采取一些措施来干预本国企业和竞争对手的行为，从而改变国际竞争格局。本国政府通过这些干预措施将外国厂商的垄断利润转移到本国厂商，以此来提高本国的国民福利。

1. 以出口补贴为本国寡头厂商夺取市场份额

1983 年，Spencer 和 Brander 提出了在不完全竞争的市场结构下，为了提高本国厂商在国际市场上的竞争力，政府总有使用研发补贴或是出口补贴进行干预的动机。[①] 1985 年，他们明确提出了"战略性出口政策"的理论框架。战略性出口政策是指一国政府给予本国企业出口补贴，补贴对出口结构的影响就是本国出口水平提高，而外国出口水平降低，从而本国厂商在国际市场中占据了更大的市场份额。同时，补贴还可以将国外寡头厂商的垄断利润转移到本国厂商，从而提高本国国民的福利水平。此外，补贴可以降低世界价格，从全球的角度考虑，这无疑是可以采取的一项措施。[②]

为了简化研究，我们假设世界是由三个国家构成的，其中的两个国家为第三国生产同质产品。我们不妨设这三个国家分别是 A、B、C，其中 A、B 是产品的生产国，A 国对于 B 国来说是生产大国，即 A 国生产该产品的数量明显

① Barbara J. Spencer and James A. Brander. International R&D Rivalry and Industrial Strategy [J]. Review of Economic Studies, 1993.

② James A. Brander and Barbara J. Spencer. Export Subsidies and International Market Share Rivalry [J]. Journal of International Economics, 1985 (18).

高于 B 国，C 国是产品的消费国，换言之，A、B 两国所生产的所有该产品都是为了出口给 C 国。假设该产品的世界价格是由 A、B 两国产品的产量总和决定的，也就是说，世界价格是 p(x+y)，其中 x 是 A 国产品的产量，y 是 B 国产品的产量，从这个世界价格的决定因素还可以看出，A、B 两国所生产的产品对世界价格的影响是相同的。另外，我们假设边际价格水平是递增的，而 A、B 两个生产国都没有达到规模经济，即两个国家生产的产品的边际价格也是递增的。

我们把 A 国叫作本国，即本国是相对生产大国；B 国叫作外国，即外国是相对生产小国。所以本国厂商的利润函数可以写成：

$$\pi(x,y;s)=xp(x+y)-c(x)+sx \tag{6-6}$$

其中，c(x) 是本国生产产品的成本；s 是本国政府对所生产产品的单位补贴。则本国厂商要实现利润最大化，必须同时满足以下两个条件：

$$\pi_x=xp'+p-c_x+s=0 \tag{6-7}$$

$$\pi_{xx}=2p'+xp''-c_{xx}<0 \tag{6-8}$$

其中，π_x 为利润函数对 x 的一阶导数；π_{xx} 为利润函数对 x 的二阶导数；p′ 为世界价格对 x 的一阶导数；p″ 为世界价格对 x 的二阶导数；c_x 为成本函数对 x 的一阶导数；c_{xx} 为成本函数对 x 的二阶导数。

由于外国（B 国）政府对出口不实施补贴政策，所以外国厂商的利润函数为：

$$\pi^*=yp(x+y)-c^*(y) \tag{6-9}$$

其中，π^* 为外国厂商的利润函数；$c^*(y)$ 为外国厂商的成本函数。

要使外国厂商利润最大化，必须满足以下两个条件：

$$\pi_y^*=yp'+p-c_y^*=0 \tag{6-10}$$

$$\pi_{yy}^*=2p'+yp''-c_{yy}^*<0 \tag{6-11}$$

其中，π_y^* 为利润函数对 y 的一阶导数；π_{yy}^* 为利润函数对 y 的二阶导数；p′ 为世界价格对 y 的一阶导数；p″ 为世界价格对 y 的二阶导数；c_y^* 为成本函数对 y 的一阶导数；c_{yy}^* 为成本函数对 y 的二阶导数。

根据前面的假设，由于本国产品和外国产品对世界价格的影响相同，即世界价格是 x+y 的函数，所以 p 对 x 的导数与 p 对 y 的导数在经济学意义上是相同的。

现在对（6-7）式和（6-10）式两边求全微分可得：

$$\begin{cases} \pi_{xx}dx+\pi_{xy}dy+\pi_{xs}ds=0 \\ \pi^{*}_{yx}dx+\pi^{*}_{yy}dy+\pi^{*}_{ys}ds=0 \end{cases} \qquad (6-12)$$

由于每单位本国产品多补助一元相当于本国公司的利润多增加一元，所以 $\pi_{xs}=1$。又因为本国的出口补贴对外国的利润函数没有影响，所以 $\pi^{*}_{ys}=0$。对上面的方程组两边同时除以 ds，并代入 $\pi_{xs}=1$ 和 $\pi^{*}_{ys}=0$，可得：

$$\begin{cases} \pi_{xx}dx/ds+\pi_{xy}dy/ds=-1 \\ \pi^{*}_{yx}dx/ds+\pi^{*}_{yy}dy/ds=0 \end{cases} \qquad (6-13)$$

运用克莱姆法则可得 （6-13） 式的解为：

$$\begin{cases} dx/ds=x_s=-\pi^{*}_{yy}/(\pi_{xx}\pi^{*}_{yy}-\pi_{xy}\pi^{*}_{yx}) \\ dy/ds=y_s=\pi^{*}_{yx}/(\pi_{xx}\pi^{*}_{yy}-\pi_{xy}\pi^{*}_{yx}) \end{cases} \qquad (6-14)$$

设 $D=\pi_{xx}\pi^{*}_{yy}-\pi_{xy}\pi^{*}_{yx}$，因为 $\pi_x=xp'+p-c_x+s$，所以 $\pi_{xx}=2p'+xp''-c_{xx}$，$\pi_{xy}=xp''+p'$。由于世界价格是产量的减函数，即随着产量的增加其价格是逐渐递减的，则有 $p'<0$。由于还没有达到规模经济，所以其成本函数是边际递增的，所以 $c_{xx}>0$。由以上条件可得：$\pi_{xy}-\pi_{xx}=c_{xx}-p'>0$，所以 $\pi_{xx}<\pi_{xy}<0$，同理可得 $\pi^{*}_{yx}>\pi^{*}_{yy}$。由于 $\pi^{*}_{yy}<\pi^{*}_{yx}<0$、$\pi_{xx}<\pi_{xy}<0$，所以 $D>0$。

由于 $D>0$，所以 （6-13） 式的解变为：

$$\begin{cases} dx/ds=x_s=-\pi^{*}_{yy}/D>0 \\ dy/ds=y_s=\pi^{*}_{yx}/D>0 \end{cases} \qquad (6-15)$$

由 （6-15） 式可以看出，在本国政府给予出口补贴而外国政府没有出口补贴的条件下，随着本国政府出口补贴 s 的增加，本国厂商的产量是递增的，而外国厂商的产量是逐渐递减的，这样在国际市场竞争中，本国政府就可以通过补贴的形式帮助本国厂商把外国寡头厂商的利润转移到本国。

2. 用关税抽取外国寡头厂商的垄断利润

1984 年，Brander 和 Spencer 提出，在不完全竞争的市场条件下，一国政府通过制定关税政策把外国厂商的垄断利润转移到本国厂商。[①] Brander 和 Spencer 指出，不完全竞争市场的一个重要特征就是商品的价格高于其边际成本。这样，不完全竞争产品的进口国就向国外出口企业支付了垄断租金，因此，关税可以用来从国外厂商那里抽取租金。而且，当本国和外国都存在不完

---

① Brander and Spencer. Tarrifs and the Extraction of Foreign Monopoly Rents under Potential Entry [J]. Canadian Journal of Economics, 1981 (14).

全竞争的生产厂商时，本国通过实施关税来提高国民福利的可能性会更大。[①]

假设本国的 n 个企业和外国的 n^* 个企业在国际市场上进行寡头垄断竞争。政府首先确定关税水平，各个国家的企业再确定其产出水平。本国和外国都生产同质的产品，x 和 y 分别表示本国和外国一个企业在本国的销售量，x^* 和 y^* 分别表示本国和外国一个企业在外国的销售量。同时，本国所有企业的产出规模是相同的，外国也是相同的。本国市场上的总销售量用 Q 表示，外国的总销售量用 Q^* 表示。则：

$$Q = nx + n^*y \tag{6-16}$$

$$Q = nx^* + n^*y^* \tag{6-17}$$

假设本国企业和外国企业的边际成本为 c 和 c^*，并且都保持不变，F 和 F^* 表示本国厂商和外国厂商生产时的固定成本，同样保持不变。假设本国和外国的价格分别是 p 和 p^*，t 和 t^* 分别是本国政府和外国政府制定的进口关税水平，π 和 π^* 分别是本国厂商和外国厂商的利润函数，则有：

$$\pi = xp(Q) - cx + x^*p^*(Q^*) - (c+t^*)x^* - F \tag{6-18}$$

$$\pi^* = yp(Q) - (c^*+t)y + y^*p^*(Q^*) - c^*y^* - F^* \tag{6-19}$$

假设本国市场和外国市场是分割的，我们现在只考虑本国市场，本国厂商和外国厂商利润最大化的一阶条件可以表示为：

$$\pi_x = xp' + p - c \tag{6-20}$$

$$\pi_y^* = yp' + p - c^* - t \tag{6-21}$$

需要注意的是，因为我们只考虑本国市场，所以 x^* 和 y^* 不出现在利润最大化的一阶条件中。同样地，如果我们只考虑外国市场，x 和 y 也不会出现在相应的利润最大化的一阶条件中。

对 (6-20) 式和 (6-21) 式两边求全微分可得：

$$(n(xp''+p)+p')dx + n^*\pi_{xy}dy + \pi_{xt}dt = 0 \tag{6-22}$$

$$n\pi_{yx}^*dx + (n^*(yp''+p')+p')dy + \pi_{yt}^*dt = 0 \tag{6-23}$$

上面两式两边同时除以 dt，可得：

$$(n(xp''+p)+p')dx/dt + n^*\pi_{xy}dy/dt = -\pi_{xt} \tag{6-24}$$

$$n\pi_{yx}^*dx/dt + (n^*(yp''+p')+p')dy/dt = -\pi_{yt}^* \tag{6-25}$$

① Barbara J. Spencer and James A. Brander. Trade Warfare: Tariffs and Cartels [J]. Journal of International Economics, 1984 (3-4).

由（6-20）式和（6-21）式可知：$\pi_{yt}^* = -1$、$\pi_{xt} = 0$，代入（6-24）式和（6-25）式，运用克莱姆法则解得：

$$dx/dt = -n^*\pi_{xy}/D > 0 \tag{6-26}$$

$$dy/dt = (n(xp''+p')+p')/D < 0 \tag{6-27}$$

由（6-26）式和（6-27）式我们不难看出，本国政府实施关税政策可以提高本国企业在本国市场上的销售额，降低外国企业在本国市场上的销售额。事实上，本国实施的进口关税提高了外国企业的边际成本，使其在给定本国企业销售的情况下生产得更少，这就意味着外国企业的最佳反应曲线会向内移动，与本国企业的反应曲线相交于新的均衡点。

3. 以进口保护促进出口

以进口保护促进出口模型是由 Krugman 提出的。Krugman 认为，如果本国政府对外国厂商进入本国设置进入壁垒，本国厂商在本国市场上具有特权地位，那么本国厂商的产量会增加，成本会降低，所占的市场规模会扩大。而外国厂商的产量会减少，成本会上升，并且所占的市场份额会降低。随着本国厂商成本下降和国外厂商成本上升，一旦本国厂商在竞争中处于优势，便可达到促进出口的目的。

（二）外部经济理论

外部经济理论最早是由马歇尔提出的。它是指当整个产业的产量增加时，该产业各个企业的平均生产成本降低，因而有时也称为外部规模经济或者范围经济。之所以把外部经济列在这里来说，是因为外部经济主要关注的是产业政策，而战略性贸易政策的实施也与具体的产业有关。因此，有时把外部经济也称为广义的战略性贸易政策，它主要包括两个方面的内容：技术外部经济和货币外部经济。所谓的技术外部经济，主要是指在研发的过程中，不可避免的技术外溢可以很直接地被本行业或者本国的企业所利用而不会造成损失，同时对于已经形成的一个产业来说，其技术具有积累的特征，形成了规模产业后，其技术的积累不会因为某一具体生产厂商的退出而消失，有利于技术的积累。所谓的货币外部经济，主要是指在地域和行业内有很大的可能性获得更加廉价的原材料、零部件和熟练的产业工人，能够有利于企业平均生产成本的降低。

国家在制定补贴政策时主要考虑的是一个企业或者行业是否具有很好的发展前景，如果这个企业有很好的发展前景，国家的补贴才是比较可靠的，这时国家就会考虑适当的补贴，特别是研发上的补贴——R&D 补贴。实施研发补贴的好处主要有：首先，高技术产业具有明显的规模报酬递增的性质和对传统企业的溢出效应，对这类产业的扶持具有战略性意义。其次，对这类行业的补贴不会影响企业正常的投资活动。而对于货币外部经济，我们关注的主要部分其实已经进入产业组织领域。政府通过制定产业政策对产业进行规划，提高产业的集中度，扶持大型产业等，这些都会提高一个产业的货币外部经济。

根据以上分析我们可以看出，当前的战略性贸易政策已经不单是从贸易方面来分析一个国家的经济情况，而是站在一个更高的角度，即从产业或者是国民福利的角度来分析贸易的作用，其涵盖面较以前传统贸易理论有了很大的扩展，涉及的学科也有了很大的扩展，主要包括产业组织理论、博弈论、政治学等方面的内容，能够更加全面地分析一个国家贸易过程中所能影响的方方面面。除了扩展贸易的研究范围之外，战略性贸易政策还对贸易的具体实施给出了相当具体的分析，学者们所研究的关税、补贴、配额等政策几乎囊括了当时条件下能够运用的所有政策工具。因此，我们可以说战略性贸易政策的出现对于当前国际贸易学的发展具有至关重要的作用。

三、生产大国在实施战略性贸易政策中的优势分析

（一）古诺竞争下的大国优势分析

在以前的研究中，我们始终认为只有本国给予出口补贴，而外国没有出口补贴，但这在现实世界中是很难实现的。Brander 和 Spencer 在其《出口补贴与国际市场竞争》一文中指出，实施补贴的国家相对于不实施补贴的国家来说，给予补贴的国家处于斯塔克伯格领袖地位，假设本国（大国）的补贴水平为 s，由于本国和外国是古诺竞争假设，即外国政府知道本国政府的补贴水平，并且与本国政府同时采取行动，即外国政府知道本国政府给予的补贴后也采取行动，同样给予该企业的补贴为 s，这时本国政府和外国政府都给予 s 的补贴水平，则本国和外国的利润函数为：

$$\begin{cases} \pi = xp(x+y) - c(x) + sx \\ \pi^* = yp(x+y) - c^*(y) + sy \end{cases} \tag{6-28}$$

其利润最大化的一阶条件为：

$$\begin{cases} \pi_x = xp' + p - c_x + s = 0 \\ \pi_y^* = yp' + p - c_y^* + s = 0 \end{cases} \tag{6-29}$$

对（2-29）式两边求全微分，并解方程组可得：

$$\begin{cases} dx/ds = x_s = \pi_{xy} - \pi_{yy}^*/D \\ dy/ds = y_s = \pi_{yx}^* - \pi_{xx}/D \end{cases} \tag{6-30}$$

由于 $\pi_{xy} = xp'' + p'$、$\pi_{yy}^* = 2p' + yp'' - c_{yy}^*$，所以 $\pi_{xy} - \pi_{yy}^* = (x-y)p'' - p' + c_{yy}^*$。根据前面的假设有 $c_{yy}^* > 0$、$p' < 0$、$p'' > 0$、$x > y$，则 $\pi_{xy} - \pi_{yy}^* > 0$，所以有 $dx/ds = x_s = \pi_{xy} - \pi_{yy}^*/D > 0$，同理可得：$dy/ds = y_s = \pi_{yx}^* - \pi_{xx}/D < 0$。也就是说，当本国政府和外国政府给予相同的补贴时，本国产量还是会随着补贴的增加而增加，而外国产量会随着补贴水平的增加而减少。换句话说，外国政府的补贴是没有效果的。

（二）非古诺竞争下的大国优势分析

如果本国和外国采取非古诺竞争，即本国政府不知道外国政府采取什么样的补贴水平，外国政府也不知道本国政府采取什么样的补贴水平，故假设本国（大国 A）给予的补贴水平为每单位产品补贴 s，外国（小国 B）的补贴水平为 s^*。则本国和外国的利润函数变为：

$$\begin{cases} \pi = xp(x+y) - c(x) + sx \\ \pi^* = yp(x+y) - c^*(y) + s^*y \end{cases} \tag{6-31}$$

相应的利润最大化的一阶条件变为：

$$\begin{cases} \pi_x = xp' + p - c_x + s = 0 \\ \pi_y^* = yp' + p - c_y^* + s^* = 0 \end{cases} \tag{6-32}$$

现在我们假设外国政府的出口补贴水平 s^* 是固定不变的（常数），则（6-32）式两边求全微分后所得结果为（6-12）式，最后可得：

$$\begin{cases} dx/ds = x_s = -\pi_{yy}^*/D \\ dy/ds = y_s = \pi_{yx}^*/D \end{cases} \tag{6-33}$$

同理，我们不妨假设本国政府的出口补贴水平 s 固定不变，则（6-32）式两边求全微分后所得结果变为：

$$\begin{cases} \pi_{xx}dx + \pi_{xy}dy + \pi_{xs^*}ds^* = 0 \\ \pi_{yx}^*dx + \pi_{yy}^*dy + \pi_{ys^*}^*ds^* = 0 \end{cases} \tag{6-34}$$

由于每单位外国产品多补助一元相当于外国公司的利润多增加一元，所以 $\pi_{ys^*}^*=1$。又因为本国的出口补贴对外国的利润函数没有影响，所以 $\pi_{xs^*}=0$，代入（6-34）式，并运用克莱姆法则求解（6-34）式，可得：

$$\begin{cases} dx/ds = x_s = \pi_{xy}/D \\ dy/ds = y_s = -\pi_{xx}/D \end{cases} \tag{6-35}$$

现在考虑一个问题，即本国政府和外国政府都给每单位产品增加一单位的补贴，则本国厂商因为本国政府增加补贴其产量的增加量为 $\Delta x = -\pi_{yy}^*/D$，因为外国政府增加补贴其产量的增加量为 $\Delta x = \pi_{xy}/D$（负值），考虑两国政府同时增加单位补贴时，本国产量的变化为：

$$\Delta x = (\pi_{xy} - \pi_{yy}^*)/D \tag{6-36}$$

因为 $\pi_{xy} = xp'' + p'$、$\pi_{yy}^* = 2p' + yp'' - c_{yy}^*$，所以（6-34）式可以变成：

$$\Delta x = (x-y)p'' - p' + c_{yy}^*/D \tag{6-37}$$

因为前面假设无论是本国还是外国都没有达到规模经济，即边际成本是递增的，所以有 $c_{yy}^*>0$。又因为 $p'<0$、$p''>0$，假设本国（A 国）是大国，其产量是 x，外国（B 国）是小国，其产量是 y，并且有 x>y，所以有 $\Delta x>0$。也就是说，当本国和外国同时等量增加一单位产品的出口补贴水平时，由于大国生产能力较强，其产出水平较高，大国的产量还是会随着两国补贴水平的增加而增加；相反，小国随着两国补贴水平的等额增加，其产量还是会减少。现在假设本国补贴增加量为 1，而外国政府补贴增加量为 α（α>1），则本国政府增加补贴水平后产量的增加量为 $\Delta x = -\pi_{yy}^*/D$，而外国政府补贴增加后，本国政府产量的增加量为 $\Delta x = \alpha\pi_{xy}/D$（负值），综合这两个产量的变化，则本国厂商总体产量的变化为 $\Delta x = (\alpha\pi_{xy} - \pi_{yy}^*)/D$，同理代入 $\pi_{xy} = xp'' + p'$、$\pi_{yy}^* = 2p' + yp'' - c_{yy}^*$ 可得，本国政府产量的增量为：

$$\Delta x = (\alpha x - y)p'' - (2-\alpha)p' + c_{yy}^*/D \tag{6-38}$$

因为 α>1，且前面假设 x>y，所以 $(\alpha x - y)p''>0$。又因为外国厂商还没有达到规模经济，所以 $c_{yy}^*>0$，当 1<α<2 时，$\Delta x>0$。为了确定当 α 取什么值时 $\Delta x<0$，即当本国厂商补贴增加一单位时，外国厂商增加多少单位的补贴才能使本国厂商产量减少，而自己国家厂商的产量增加。我们令 $\Delta x = 0$，可得 $\alpha = (yp'' + 2p' - c_{yy}^*)/(xp'' + p')$，此时 α>2。所以大国只要保持与小国等额或者超过小国的补贴水平，其产出水平还是会随着补贴的增加而增加，会将小国的垄断利润转移到本国厂商；而小国要想使本国厂商产品的产量随着本国政府补贴水平的增加而增加，所给予的补贴水平必须超过大国，这样才有可能转移部分大国的厂商利润到自己国家。

四、清洁产业扶持政策的新选择

清洁产业作为以后大力发展的产业，很大一部分都可以作为未来的支柱性产业来发展，但是由于中国产业发展较晚，特别是高新技术产业和清洁产业的发展比一些发达国家可能晚了甚至几十年，所以为了提高我国企业在国际市场上的核心竞争力，我们必须大力发展高新技术产业和清洁产业。但是我们应该如何发展清洁产业，采取什么样的措施来发展清洁产业？这些都是值得我们考虑的问题。

（一）清洁产业实施战略性贸易政策的必要性

改革开放 30 多年以来，我国为了发展经济而忽略了环境问题，从而导致京津冀等地出现了严重雾霾，为此付出了沉重的代价，这要求我国站在长远发展的角度看待现在的经济和环境问题。因此，我国政府计划在 2030 年左右二氧化碳排放量达到峰值且将努力早日达到峰值，并且计划在 2030 年非化石能源占一次能源消费的比重占到 20% 左右。由这一计划可以看出，中国政府在发展经济的同时越来越注重环境的保护，所以发展新型产业、清洁产业迫在眉睫。清洁产业作为战略性新兴产业，需要国家的扶持，尤其是在技术研发阶段，更需要国家的扶持。清洁产业很多都是我国可持续发展的基础性产业，这些产业之间具有很强的关联性和渗透性。然而中国清洁产业起点低、起步晚、技术水平还不成熟、产品缺乏竞争力，这就要求国家政府采取相应的措施，给予企业相应的补贴，先扩大国内对此类产品的需求，等产品竞争力有了进一步的提升后再走向国际市场。

（二）清洁产业出口扩张的贸易政策选择

企业在投资创新时，研发成果会产生外溢效应，同时还有可能因为国家法律法规的不健全和不完善，导致知识产权得不到相应的保护，从而使企业蒙受不必要的损失，这样企业就缺少了技术创新和研发的动力。而清洁产业具备很大的正外部性和高新技术的特点，要想发展清洁产业，就必须投入大量的人力、物力、财力。然而由于国内企业的技术水平比较低下，创新意识还不是很强，这时政府可以采取战略性贸易政策对企业加以扶持，从而弥补企业可能的损失，增强企业自主创新的积极性，同时也带来环境的外部正效应。战略性贸易政策虽然包含了很多政策理论，但不是所有的政策都是行之有效的。由于WTO规定出口国禁止给予出口厂商补贴，所以笔者认为战略性R&D补贴政策才是扶持高新技术产业和清洁产业的有效手段。

五、结论

通过以上的理论分析，我们可以得出以下结论：

第一，战略性贸易政策不同于传统的贸易理论，其出发点是规模经济和完全竞争的市场，并且政府在贸易过程中起着很重要的作用，所以对于社会主义国家的中国来说，应该充分利用战略性贸易政策这一理论基础。在我国经济转型的大背景下，由于清洁产业起步较晚，其产品相对发达国家来说缺乏竞争力，这样就要求中国政府采取战略性贸易政策进行扶持。由于现在WTO禁止采取直接补贴的方式，所以我们可以采取R&D补贴和出口退税等政策来扶持我国的清洁环保产业。

第二，在运用战略性贸易政策过程中，当本国（大国）和外国（小国）都给予相同的补贴时，本国厂商的利润会随着补贴的持续增加而增加，而外国厂商的利润会随着自己国家补贴水平的增加而减少，所以外国政府给予补贴实际上是没有效果的。当两个国家同时增加补贴时，小国要想将垄断利润从大国转移到自己的国家，政府给予的补贴水平至少应该比大国政府给予的补贴水平多$(yp''+2p'-c_{yy}^{*})/(xp''+p')-1$，只有达到这个阈值，小国政府继续给予补贴才是有意义的。因此，中国这样的生产大国在实施战略性贸易政策时有很大的优势。

总而言之，无论现在的中国是走扩大出口还是走扩大内需的道路，都只有一个目的，即经济的增长。中国目前的基本国情就是消费水平不足，扩大内需不是一句话的事，也不是一年半年的事，中国经济转向内需扩大的过程可能需要很多年，在这期间对外贸易无疑是经济增长的一个好的措施，且中国丰富的自然资源、廉价的劳动力和强大的生产能力在对外贸易中都是有利的因素。但是，我们应该选取哪些产业进行对外贸易仍然是值得思考的问题。

第三节 清洁产业实施战略性贸易政策的效果分析

为了能够更好地发展经济，实现可持续发展，由污染密集型的经济增长转向环境友好型的经济增长势在必行。所以，我国的对外贸易结构势必发生很大的改变，低附加值、高污染的出口产业势必会被一些高附加值、低污染的产业替代。我们已经从理论上论述了中国这样的出口大国实施战略性贸易政策的优势，但是要想确定在实际应用中战略性贸易政策的有效性，就必须采取实证分析的方法，通过收集数据，建立模型，求解模型，从量化的角度来分析其政策的效果。本章主要以 R&D 补贴为例，实证分析该政策的应用效果。

一、基本研究方法和假设

在战略性贸易政策的实证效果分析中，学术界普遍采用的是一种类似于一般均衡模型的校正模型。对于某些问题的分析，尤其是像清洁产业这种没有明确定义和界限，而且数据支持也不是很充分的产业，需要我们对一些不能从权威机构直接获取的参数值运用一些计量的方法来估计。模型中的一些参数通过该方法被量化后，便可以用来进行实证分析。

在进行实证分析的过程中还需要一定的假设，其基本假设如下：

（1）假设本国具有成熟的市场经济，这样有利于战略性 R&D 补贴的实施。

（2）假设本国具有高效的政府，从而保证政策的实施效果。

（3）假设需求函数是一般的线性函数，这样方便后面的计算。

（4）假设实证分析中所分析商品的边际成本不变。

（5）假设 R&D 补贴的回报就是产品成本的降低，即补贴额就是成本的降低额，这样做是为了方便计算和分析。

（6）假设本国产品的价格对外国产量的影响和外国产品的价格对本国产量的影响相同，而本国产品的价格对本国产量的影响和外国产品的价格对外国产量的影响不同。

二、基本模型的建立

在前文中，我们根据污染程度把中国现有的产业分为四类，即重度污染产业、中度污染产业、轻度污染产业、无污染产业。因为本书旨在研究对外贸易过程中如何采取战略性贸易政策来扩张清洁产业（即轻度污染产业和无污染产业）的出口，所以本书只选择清洁产业中的一种产业进行研究，其他产业的研究方法可以类比。本书选取的是轻度污染产业中专用设备制造业中的汽车尾气处理设备制造业。

改革开放 30 多年来，中国为了发展经济而忽视了环境问题，这就造成现在很多地方出现了不同程度的雾霾，尤其以京津冀地区最为严重，而伴随中国燃油汽车消费的爆炸式增长而来的就是汽车尾气的大量排放，这成为雾霾的主要原因之一。所以本书以专用设备制造业中的汽车尾气处理设备作为战略性贸易政策的实施对象。

本节主要借鉴 Dixit（1988）科学研究方法中的局部均衡模型①，这一模型主要采用假定变量的方法来描述企业的寡头垄断行为。其中，假定的变量往往反映了寡头垄断行业在市场上的竞争程度和勾结程度，其假定变量的数值是根据实际数据然后采用校正模型的方法测算出来的。

（一）需求函数的确定

为方便研究，我们可以将除我国之外的其他国家看作一个整体，下标 1 和下标 2 分别表示国产汽车尾气处理设备和进口汽车尾气处理设备的相关变量。p_1 和 p_2 分别代表国产汽车尾气处理设备和进口汽车尾气处理设备在我国的价格，Q_1 和 Q_2 分别代表国产汽车尾气处理设备和进口汽车尾气处理设备在我国市场上的销售量。上面假设需求曲线是线性的，所以相应的需求函数可以表示为：

$$Q_1 = A_1 - B_1 p_1 + K p_2 \qquad (6-39)$$

$$Q_2 = A_2 - B_2 p_2 + K p_1 \qquad (6-40)$$

---

① Dixit. Optimal Trade and Industrial Policies for the U. S. Automobile Industry [J]. Empirical Methods for International Trade，1988.

其中，A_1、A_2、B_1、B_2、K 都是正参数，且 $B_1B_2-K^2>0$。

相应的反需求函数为：

$$p_1 = a_1 - b_1Q_1 - kQ_2 \qquad (6-41)$$

$$p_2 = a_2 - b_2Q_2 - kQ_1 \qquad (6-42)$$

其中，a_1、a_2、b_1、b_2、k 都是正参数，且 $b_1b_2-k^2>0$。

为了求解（6-39）式、（6-40）式、（6-41）式、（6-42）式中 A_1、A_2、B_1、B_2、K 和 a_1、a_2、b_1、b_2、k 这十个参数的值，只需要求解出 A_1、A_2、B_1、B_2、K 这五个参数的值即可，相应的 a_1、a_2、b_1、b_2、k 会根据 A_1、A_2、B_1、B_2、K 的值得出。为了求解 A_1、A_2、B_1、B_2、K，现在只有（6-39）式和（6-40）式两个式子，这样我们还需要从需求弹性的数据中推导出其他三个式子，从而组成五个等式来求解五个参数。以 ε 来表示总的市场弹性，即国内产品和进口产品等比例上升对总销售量的影响。

现在我们假设本国商品和进口商品的初始价格分别是 P_{01} 和 P_{02}，现在由于本国商品和进口商品等比例上升，对本国商品和进口商品价格的影响因素为 R，则现在本国商品和进口商品的价格可以表示为 $p_1 = P_{01}R$、$p_2 = P_{02}R$，定义 Y 为二元数量指数，则有：

$$Y = P_{01}Q_1 + P_{02}Q_2 = (P_{01}A_1 + P_{02}A_2) - [B_1(P_{01})^2 + B_2(P_{02})^2 - 2KP_{01}P_{02}]R$$

$$(6-43)$$

总的市场弹性 ε 定义为 Y 对于 R 的弹性，则在初始点 R=1，计算的总的市场弹性公式如下：

$$\varepsilon = \frac{\Delta Y}{\Delta R} \times \frac{R}{Y} = \frac{B_1(p_1)^2 + B_2(p_2)^2 - 2Kp_1p_2}{p_1A_1 + p_2A_2 - [B_1(p_1)^2 + B_2(p_2)^2 - 2Kp_1p_2]} \qquad (6-44)$$

用 e_s 表示本国商品和外国商品的替代弹性，则 e_s 可以用下式表示：

$$e_s = \frac{\Delta Q_1}{\Delta p_1} \times \frac{p_1}{Q_1} + \frac{\Delta Q_2}{\Delta p_1} \times \frac{p_1}{Q_2} = \frac{B_1p_1}{Q_1} + \frac{p_1K}{Q_2} \qquad (6-45)$$

$$e_s = \frac{\Delta Q_2}{\Delta p_2} \times \frac{p_2}{Q_2} + \frac{\Delta Q_1}{\Delta p_2} \times \frac{p_2}{Q_1} = \frac{B_2p_2}{Q_2} + \frac{p_2K}{Q_1} \qquad (6-46)$$

根据（6-39）式、（6-40）式、（6-44）式、（6-45）式、（6-46）式我们可以计算出需求函数中的五个参数，同时，反需求函数中的五个参数也就迎刃而解了。

关于汽车尾气处理设备的二次效应函数为：

$$U(Q_1, Q_2) = a_1 Q_1 + a_2 Q_2 - \frac{b_1 Q_1^2 + b_2 Q_2^2 + 2k Q_1 Q_2}{2} \quad (6-47)$$

故消费者剩余函数可以表示为：

$$C = U(Q_1, Q_2) - p_1 Q_1 - p_2 Q_2 = a_1 Q_1 + a_2 Q_2 - \frac{b_1 Q_1^2 + b_2 Q_2^2 + 2k Q_1 Q_2}{2} - p_1 Q_1 - p_2 Q_2$$

$$(6-48)$$

所以，根据上面所得的需求函数和反需求函数，我们也可以计算出相应的消费者剩余。

（二）补贴政策效果研究模型

假设本国企业的单位产品销量为 q_1，c_1 表示该企业在不计政府补贴情况下的单位产品成本，s 表示政府给予该企业单位产品的 R&D 补贴额，w_1 表示政府补贴降低成本的贡献率，因为我们前面假设补贴额就是成本的降低额，故这里的 $w_1 = 1$。换句话说，这里的研发补贴实际上被认为与出口补贴是一样的。当然这与实际情况有一定的偏差，这就需要我们在以后的研究中能够准确地计算出企业单位产量的研发补贴所带来的利润的增加额，但是将研发补贴变相地看作出口补贴，这样不太会影响我们研究政策的整体效果。为了简单起见，这里暂时不考虑技术溢出效应。那么，本国企业和外国企业的利润函数可以表示为：

$$\pi_1 = (p_1 - c_1 + s) q_1 \quad (6-49)$$

由利润最大化的一阶条件可知，要使本国企业的利润最大化，则利润对销量的一阶导数为零，即 $\dfrac{d\pi_1}{dq_1} = (p_1 - c_1 + s) + q_1 \dfrac{dp_1}{dq_1} = 0$ 时的数量为本国单位厂商利润最大化的销售量。我们前面说过，本节主要采用推测变量法，那么上面的一阶条件中的 $\dfrac{dp_1}{dq_1}$ 相当于本国单个厂商的推测变量参数。假设本国有 n 个这样的厂商，那么本国利润最大化的一阶条件加总就可以表示为：

$$(p_1 - c_1 + s) - Q_1 v_1 = 0 \quad (6-50)$$

同理，外国利润最大化的一阶条件加总表达式为：

$$p_2 - c_2 - Q_2 v_2 = 0 \quad (6-51)$$

其中，（6-50）式和（6-51）式中的 Q_1、Q_2 表示本国和外国该行业所有厂商的产量，v_1、v_2 是待推测的变量参数。

此时，我国的国民福利表达式如下：

$$W = C + (p_1 - c_1 + s)Q_1 - sQ_1 = C + (p_1 - c_1)Q_1 \qquad (6-52)$$

由国民福利最大化的一阶条件可以得出最佳的补贴水平为：

$$s = \frac{v_1(v_2 + b_2)(a_1 - c_1) - kv_1(a_2 - p_2)}{b_1 v_2 + b_1 b_2 - k^2} + c_1 - p_1 \qquad (6-53)$$

根据（6-50）式和（6-51）式我们可以计算出 v_1、v_2，再根据前面计算得出的其他参数，我们就可以算出最佳的补贴值，以及此时的国民福利水平和消费者剩余水平。

三、基本数据的获取

基于本书所研究产业的特殊性，我国官方权威机构关于清洁环保产业的数据更新的年份是 2013 年，所包含的是 2011 年的数据，因此本书实证分析所选用的数据就是最新的 2011 年的数据。上面说过，本章选择的产业是汽车尾气处理设备制造业，之所以选择该产业，是因为随着我国汽车产业的大力发展，中国空气污染日益加剧，这在很大程度上是来自城市中汽车的尾气。由于有些数据难以获得，所以本书采取的是通过相关数据的处理来获得与本书有关的数据变量的值。

p_1 代表国产汽车尾气处理设备的价格，本书所采用的是一整条该设备的市场平均价格，即 $p_1 = 0.45$ 万元，p_2 的获取较为困难，所以我们只能采取我国厂商所进口的简单汽车尾气处理设备的售价，近似为 0.23 万元。Q_1 和 Q_2 分别代表国产汽车尾气处理设备的销量和进口汽车尾气处理设备的销量，该数据不能直接获得，需要经过进一步计算才能得到。根据我国 2013 年三部委联合发布的《2011 年全国环境保护相关产业情况公告》，2011 年我国清洁环保产业的年收入是 30752.5 亿元，年营业利润为 2777.2 亿元，其中汽车尾气处理设备的收入占总收入的 4.7%，进出口合同 352.7 亿元，出口合同 333.8 亿元，根据收入等于价格与销量之积，我们可以得出 $Q_1 = 3177768$ 件、$Q_2 = 18954$ 件。

根据成本公式等于收入减去利润，我们可以计算出每件设备的平均成本为$c_1 = 0.32$万元，而外国厂商的成本很难估计，本书假设国际利润为10%，即外国的成本为0.09万元。在弹性数据的处理方面，本书借鉴已有的研究成果，即总的需求弹性为1[①]，而替代弹性为3。[②]

根据2012年《中国科技统计年鉴》，中国清洁环保产业的研发补贴额大概是391786万元，通过汽车尾气处理设备行业占清洁环保产业的比重可以计算出，我国清洁产业单位补贴大概是60.83元。整理上面的所有数据，我们可以把模型所需要的数据整理为如表6-5所示。

表6-5　模型所需要的数据

数据	单位	数值
国内产品价格 p_1	万元	0.45
国内产品销量 Q_1	件	3177768
进口产品价格 p_2	万元	0.23
进口产品销量 Q_2	件	18954
单位产品的国内成本 c_1	万元	0.32
单位产品的国外成本 c_2	万元	0.09
国内的 R&D 补贴值 s	元	60.83
总市场弹性 ε		1
替代弹性 e_s		3

资料来源：表中数据都是作者整理所得，部分数据采用估计的方法。

四、结果分析

根据前面所列的式子，将表6-5的数据代入（6-39）式、（6-40）式、（6-44）式、（6-45）式、（6-46）式，所得结果如表6-6所示。

---

① 胡昭玲．战略性产业政策的理论与实证分析［M］．天津：南开大学出版社，2002.
② 谢璐．战略性贸易政策中的 R&D 补贴及其实施策略研究［D］．浙江大学硕士学位论文，2012.

表6-6 需求函数和反需求函数的参数

变量	数值	变量	数值
A_1	3170532.6	a_1	7321.65
A_2	18624.27	a_2	4679.34
B_1	506.3218	b_1	0.003127
B_2	5.7326	b_2	0.2256
K	0.5763	k	0.000421

资料来源：作者计算整理得出。

根据上述计算出的校正模型的参数，我们可以计算出我国的国民福利大概是218457.89万元。最优的战略性研发补贴是每单位90.8362元。在这样的R&D补贴下，我国的国民福利为243718.57万元。由此可见，给予战略性R&D补贴与没有任何补贴的情况相比，国民福利有了很大的提高。这主要是因为，政府给予企业补贴增加了企业生产的积极性，同时降低了企业的生产成本，这样国内企业会扩大生产，增加出口，最后使整个国民福利都有所提升。因此，我们可以得到以下结论，战略性R&D补贴不仅可以对我国清洁环保产业的发展和国际贸易起到积极的作用，而且可以提高整个国民福利水平，从而做到经济增长和环境保护相协调。

通过前面的分析和计算我们可以看出，战略性贸易政策在清洁产业出口中的效果是显著的，所以我国应该采取合适的战略性贸易政策来扶持现有的清洁产业，从而做到经济的全面、协调、可持续发展。

第四节 研究结论与对策建议

一、主要结论

本书假设各国环境监管政策不同，这样污染密集型产业有可能从环境监管严格的国家转移到环境监管宽松的国家。而这种转移的方式主要有两种：第一，环境监管严格的国家可以通过外商直接投资的方式将污染密集型产业转移到环境监管宽松的国家；第二，环境监管严格的国家可以少生产或者不生产污染密集型产品，而对这些产品的需求主要可以通过进口来满足。但是无论哪种情况，在环境监管比较宽松的国家都有可能形成"污染天堂"。所以，本书首先分析了"污染天堂"假说在我国是否存在，然后以该假说为基础，建立内梅罗累积指数评价模型，根据污染程度对我国产业进行分类，最后根据分类的结果，选择专用设备制造业中的汽车尾气处理设备作为实施战略性贸易政策的对象，对该产业最佳的 R&D 补贴水平以及国民福利的变换进行研究。研究的结果主要包含以下几个方面：

首先，环境政策变量对外商直接投资的选择影响显著。影响外商投资的因素很多，而环境政策主要影响的是外商投资于污染密集型产业的投资额。由于我国环境政策相对宽松，监管又缺乏力度，所以外国就有将污染密集型产业转移到我国的动机，这些污染密集型产业转移到我国后会对我国环境造成严重的污染，所以在未来我国可能形成"污染天堂"。

其次，我国产业根据污染程度的大小分为重度污染产业、中度污染产业、轻度污染产业和无污染产业。而所谓的轻度污染产业和无污染产业就是本书所定义的清洁产业。由于目前我国出口产品所在产业单一，出口产品中 30% 以上属于高度污染产业，所以我们需要选取清洁产业作为以后发展的重点产业。

再次，清洁产业具有很高的正外部性，而我国清洁产业的发展相对比较落后，产品的竞争力也较弱，所以战略性贸易政策可以作为发展清洁产业的一种有效途径，对于我国未来产业的发展是至关重要的。因为受到 WTO 所制定的《补贴和反补贴协议》的规制，我国可采取的战略性贸易政策主要有 R&D 补贴政策和出口退税政策。由于我国是生产大国，所以生产小国要想和我国一样实施战略性贸易政策，其给予的补贴应该比我国这样的生产大国给予的补贴水平多 $(yp''+2p'-c_{yy}^{*})/(xp''+p')-1$，只有达到这个阈值，小国政府继续给予补贴才是有意义的。

最后，要想做到可持续发展，我国政府必须制定相对严格的环境政策，加强其监管力度，同时加大对清洁产业的 R&D 补贴水平，使清洁产业的产品在国际上形成一定的竞争力，这样做不仅会降低污染水平，而且可以扩大出口，使整体国民福利水平得到一定的提高。

二、对策建议

根据前面的研究我们不难看出，战略性贸易政策在中国对外贸易结构调解中的应用是完全有必要的，通过战略性贸易政策的实施，我国可以扶持一部分高新技术产业，使国家经济由原来的粗放型增长向集约型和环境友好型增长转变，从而做到经济和环境协调发展。

实施战略性贸易政策的最大障碍就是《补贴和反补贴协议》。该协议是WTO管辖的一项多边贸易协议，该协议中明确规定了禁止性补贴的范围，同时也规定基础性的R&D补贴并不在禁止性补贴的范围之内。对于R&D补贴，该协议规定只要不超过成本的75%，那么R&D补贴都是允许的。因此，战略性R&D补贴可以作为一种很好的政策性工具在中国范围内使用。

本书主张将战略性贸易政策运用到清洁环保产业中，目的不是单纯地保护本国的清洁环保产业，而是要以扶持促进发展，最终使中国的清洁产业走向全世界。为了实现这一目标，使中国清洁产业在国际上具有很强的竞争力，笔者提出以下政策建议：

第一，选择一些关系到未来可持续发展的、具有战略性影响的、具有规模报酬递增且目前还不具有市场竞争优势的产业，政府通过贸易保护政策来扶持这些产业，从而创造出新的比较优势，形成具有国际竞争力的新兴产业，带动其他产业乃至整个国民经济的发展。在培育这些产业的过程中，我们必须注意：首先，这些产业的发展不能以牺牲其他战略性产业的发展为代价。其次，对这些产业的扶持必须以培育这些产业中企业的自主研发能力为根本出发点。最后，对这些产业的扶持必须有一定的限度，一旦这些产业具备一定的自主创新能力和国际竞争力，政府就应该减少保护或者撤销保护政策。

第二，为了发展我国的清洁产业，做到经济与环境的协调发展，我国政府必须制定相对严格的环境保护政策。通常可采取的措施主要包括：首先，对企业征收排污税。企业经营的最终目的是盈利最大化，很多企业之所以会出现大量的污染主要还是想节约成本，这时政府可以通过制定高于治理污染成本的污染排放税，让企业自觉地对污染物进行先处理后排放。其次，政府可以通过一些鼓励措施，让企业有治理污染的积极性。例如，对一些对社会贡献大但污染排放量小的企业加以奖励，鼓励其他企业也效仿该企业进行污染处理。最后，积极推行小企业合并。中国现在很多高污染企业之所以排污情况严重，主要是因为它们没有资金和技术进行污染处理，这时可以通过企业合并，提高企业的资金水平和技术水平，从而有资本进行污染处理。

第三，根据我国国际贸易发展的需要，适时制定符合我国国情、具有中国社会主义市场经济特色的战略性贸易政策。例如，我国现在的企业由于技术水平较低，在国际市场上竞争力较弱，这时政府可以给予研发型企业 R&D 补贴，从而提高企业在技术研发时的积极性，提高企业的技术水平。我国作为一个处于经济转型时期、快速发展的国际贸易大国，国内产业的国际市场竞争力仍然有待进一步提高，这些产业随时面临着新贸易保护主义新发展带来的损害与冲击，我国需要制定一系列贸易政策和措施对一些战略性产业进行必要的保护与扶持，防止外部跨国垄断力量对我国市场的垄断，并损害我国产业的自主发展能力与创新能力。

总之，为了应对新贸易保护主义新发展对我国进出口贸易带来的损害与冲击，我国必须充分发挥大国规模经济的比较优势，着眼于国民经济与国际贸易的可持续稳定发展，从战略性产业选择、应对贸易保护主义对策设计、制度安排与组织保障的角度出发，制定适合我国国情的具有中国社会主义市场经济特色的战略性贸易政策。

第七章 清洁产业扩张的贸易与环境政策协调的 CGE 模型分析

第一节 贸易与环境政策 CGE 模型的构建

前文我们提到要研究贸易政策与环境政策对宏观经济及污染排放的影响，达到我国经济发展与环境保护并重的目的，要通过实证分析获得政策引起各个经济指标变动的程度，而 CGE 模型作为政策分析的工具，在经济学领域已经得到了广泛运用。本章要建立贸易与环境政策 CGE 模型，为完成政策模拟做基础工作。首先介绍 CGE 模型及其在政策方面的应用，为本书建立模型提供理论基础；其次完成贸易与环境 CGE 模型的构建。

一、CGE 模型与政策模拟

国内外学者已经阐述了贸易政策和环境政策与产业之间的关系，对我国改变环境污染严重的现状有借鉴作用。应通过实施生产补贴、进口补贴等政策扶持本国战略性产业的增长，并通过对污染产品减少出口退税的贸易政策缩小污染产业的生产规模，使清洁产业得以发展。环境政策主要致力于减少环境污染，环境规制宽松时会形成一国的比较优势，导致污染产业转移，成为发达国家的"污染天堂"。但是执行严格的环境政策会影响本国经济发展，尤其对于我国目前来说，化学化工产品、纺织等高污染初级产品的出口额占总出口额相当大的部分，如图 7-1 所示。为了保护环境，我国目前拟征收环境税，一方面会导致这些污染行业生产规模缩小，减少该类产品的出口；另一方面，几乎我国所有的工业部门或多或少地都会产生污染物的排放。如图 7-2 所示，二氧化硫、氮氧化物等污染物排放总量中，工业污染物排放所占的比例都很高。环境税的征收税基范围很广，提升了整个社会的生产成本，在技术水平没有上升的情况下，对经济的负向冲击会比较明显。由此本书认为，对于 2014 年 5 月 15 日发布的《中国低碳经济发展报告》中适时开征环境税的建议，短时期内会对经济发展造成负面影响，但是与其他经济政策同时使用可能会扭转这种

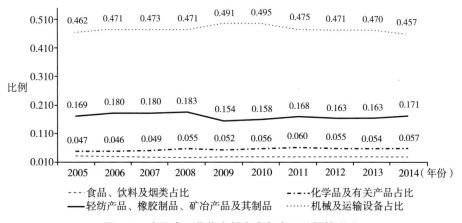

图 7-1　主要出口货物金额占当年出口总额的比重

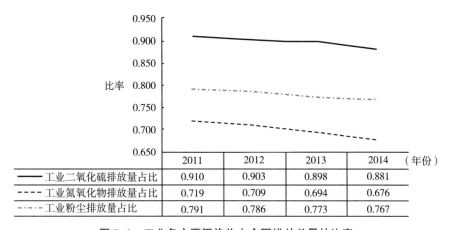

图 7-2　工业各主要污染物占全国排放总量的比率

资料来源：2015 年《环境统计公报》。

局面。贸易政策可以通过扶持某种产业的进出口促进现有产业结构的改变，使经济得以健康稳定发展。本书希望通过贸易政策与环境政策对经济系统的协调作用，在征收环境税保护环境的同时，利用绿色贸易手段对清洁产业进行补贴，通过产业结构升级达到环保与经济并重的效果。但是政策作用效果如何需要我们定量分析，可计算一般均衡模型（CGE）作为政策分析的工具，可以帮助我们实现研究目的。

（一）CGE 模型理论及其发展

可计算一般均衡模型（Computable General Equilibrium Model，CGE 模型）是根据著名经济学家瓦尔拉斯的一般均衡理论建立起来的反映所有市场活动的经济模型，其将经济系统内所有市场的供求及价格关系用一组方程表示出来，使各个市场都达到均衡的效果。

100 多年来，许多经济学家都在为一般均衡模型的壮大发展而努力，一般均衡模型成为经济学模型中应用最广泛、研究成果最多的领域之一。一般均衡理论起源于瓦尔拉斯在 1874 年出版的《纯粹经济学要义》（Element of Pure Economics），现代意义上的一般均衡理论研究始于 20 世纪 30 年代的维也纳，自 Wald（1951）从数学上证明了一般均衡在一系列模型中的存在性开始，认为每一个模型都是一般均衡体系的特殊情形。到了 20 世纪五六十年代，经过 Arrow（1951）、Arrow 和 Debreu（1954）、Debreu（1959）、Mckenzie（1959）、Debreu 和 Scarf（1963）、Hahn（1962）、Scarf（1967a，1967b，1973）等的开创性研究，利用集合论、拓扑学等研究方法，在相当严格的假设条件下证明一般均衡存在着均衡解，而且这种均衡解能够处于稳定状态，并同时满足经济效率的要求。[①] 这样，使一般均衡模型从抽象模型变为实用的政策分析工具，Johansen 构建了世界上第一个 CGE 模型。20 世纪 60 年代，斯卡夫关于均衡价格的计算方法和结果为今后大型 CGE 模型的继续发展以及更大范围的应用提供了前提条件。目前，CGE 模型主要应用于税收政策评价以及国际贸易问题分析等方面，主要用于定量分析发展中国家改革政策的影响与可行性以及能源政策研究等。

---

① 赵永，王劲峰. 经济分析：CGE 模型与应用 [M]. 北京：中国经济出版社，2008.

（二）CGE 模型的基本结构与函数选择

1. CGE 模型的基本结构

CGE 模型的作用首先在于能够概括地描摹现实的经济结构与经济运行状况，通过描述生产者付出最低的成本实现最高的收益，消费者花费最少的钱获得最高的效用，政府与国外等经济行为主体在自身条件下做出最优选择，以及各个要素在市场机制的调节下达到最优化配置的情况，达到每个市场供需相等的状态，然后可以根据实际问题利用模型进行求解。根据一般均衡理论对经济状态的描述，以及从 CGE 模型所描述的经济结构来看，主要包括三个方程组：供给、需求及均衡方程组，如表 7-1 所示。此外，可以根据研究的实际问题的侧重点不同，加入必需的经济主体和研究对象，以便得到更接近现实的模拟结果，这体现了 CGE 模型为解决问题而独具的特性。

表 7-1 CGE 模型的基本结构

	供给	需求	供求关系
主体	生产者	消费者	市场
行为	生产者追求利润最大化 生产函数 约束方程	消费者追求效用最大化 效用函数 约束方程	市场均衡的价格 产品市场均衡 要素市场均衡
方程	优化条件方程 产品供给方程 生产要素的供给方程	优化条件方程 产品需求方程 生产要素的需求方程	居民收支均衡 政府预算均衡 国际收支均衡
变量	商品价格与产量、生产要素价格与数量、宏观变量等		

2. CGE 模型的函数选择

在供给部分，主要对生产者行为及其优化条件进行描述，分为两类方程：第一类是描述性方程，对生产要素投入与产出之间的关系、中间投入与产出之间的关系进行描述。生产者行为可采用 Cobb-Douglas 生产函数、常替代弹性（Constant Elasticity Substitutions，CES）生产函数、两层或多层嵌套的 CES 生产函数进行描述，所以中间投入与生产要素之间存在着不完全弹性替代关系。生产函数可采用劳动力和资本两种生产要素，也可以添加土地或能源等多种生产要素。此外，还可以针对不同的研究问题，对劳动力根据职业的不同、收入水平的高低、接受教育程度的高低等进行划分，对能源根据是否再生、排放污染的大小来归类等，生产函数以及增加值函数也要随之改变。中间投入关系采用里昂惕夫（Leontief）生产函数表示，如中间投入消耗系数与投入产出表类似。第二类是生产者在既定成本下的产量最大化方程或者产量既定下的利润最大化方程，描述生产者在选定的生产函数的约束下，采用拉格朗日乘数法对其一阶求导，达到成本最小化或利润最大化的状态，由此生产要素的需求量得以确定。在开放经济条件下，采用阿明顿假设（Armington），商品的进口用 CES 方程描述，用不变转换弹性（Constant Elasticity of Transformation，CET）函数表示活动的出口。

在需求部分，将消费者分为居民、企业、政府及国外消费者四类，将总需求分为最终消费需求、中间产品需求和投资需求三部分。这部分主要描述消费者在其收入预算约束下满足效用最大化的行为，采用的效用函数包括 Cobb-Douglas 效用函数、CES 效用函数和 Stone-Geary 效用函数等，在预算约束下对效用函数求导，可以得到消费者的线性支出系统（Linear Expenditure System，LES）方程或扩展的线性支出系统（ELES）方程。政府作为特殊的消费者，在遵循以上原则的同时，还可以制定相关政策，如税收、关税及财政补贴政策，它们作为外生控制变量作用于整个经济系统。

在市场均衡部分由一系列市场出清条件决定，包括：①产品市场均衡，要求任一产品的总供给等于总需求。如果某一商品出现了不均衡，则供求之差可以用库存表示，这里所描述的均衡是广义的均衡；②劳动力市场均衡，劳动力能够在各个部门间流动，达到生产者及消费者的最优化要求，并达到总供给等于总需求的均衡状态，CGE 模型描述的是包括失业在内的广义的均衡；③资本市场均衡，指总投资等于总储蓄；④政府预算均衡，政府支出等于政府收入，如果政府支出不等于政府收入，将财政赤字当作一个变量加入政府收入中，就可以用均衡方程表示政府预算的不均衡状态，所以政府的收支也是广义的均衡；⑤居民收支均衡，居民用可支配收入进行消费和储蓄；⑥国际收支均衡，外贸出超在 CGE 模型中表现为外国资本流入，外贸入超表现为本国资本流出，如果把国外净资本流入当作变量处理，则国际收支可以达到平衡。

CGE 模型与一般均衡模型相同，在理论上要求上述各个方程达到同时均衡的状态，但是这种情况在现实中是不可能存在的，仅能做到有条件的均衡。

要达到这种各个市场均衡的状态，可以有两种选择：第一，从模型中去掉一组方程的约束；第二，将模型中某一外生变量或模型参数变为内生变量，这种做法在可计算一般均衡模型中叫作宏观闭合规则的选取。CGE 模型所采用的闭合规则对于模型均衡解的获得以及这些均衡解在政策分析中的意义具有非常重要的作用，可以根据研究问题所面临的经济情况进行不同的假设，然后对闭合规则进行选择。当假设劳动力充分就业、资本得到充分利用时，就要采用新古典闭合规则，劳动力和资本的价格由市场决定；当劳动力未能充分就业、资本闲置时，就要选取凯恩斯闭合规则，此时假设工资给定，就业人数及资本使用数量由市场决定。因此，适当的宏观闭合规则会对模型模拟结果产生不可估量的作用。除上述两种规则以外，CGE 模型还能够选择另外两种不同的闭合规则，即卡尔多闭合规则和约翰逊闭合规则。

（三）CGE 模型在政策模拟方面的应用

CGE 模型是由投入产出模型发展而来的，能够反映经济系统的整体运行情况，实现了一般均衡理论与现实数据的结合，求解可得各个市场的均衡价格及数量，当经济系统受到外界政策变化的冲击时，会产生新的均衡价格及数量，通过静态比较分析的方法，能够得到政策冲击对经济系统中各项指标的影响程度。因此，该模型广泛应用于财税政策、国际贸易、资源环境等领域，国内外相关研究成果很多。

在政策模拟方面，Ballard（1985）[1] 建立了分析美国税收的 GEMTAP 模型，这是一个后来被广泛应用于税收政策分析的 CGE 模型。O'Ryan（2005）建立了研究智利燃烧税及其用途的 CGE 模型，模拟了燃烧税提高 100%的情景，显示对减轻污染有积极作用，但对贸易、消费和 GDP 都将产生负面影响。贸易 CGE 模型的典型代表是全球贸易分析项目（GATP），后来学者建立的贸易 CGE 模型大多受到了它的影响。Zhu（2003）用 CGE 模型研究了发展中国家的贸易不平等问题。武亚军和宣晓伟（2002）[2] 通过构建 CGE 模型对我国硫税政策进行模拟分析，结果表明征收硫税会造成我国 GDP 负增长，对经济发展有不利影响，但是也会大大降低二氧化硫的排放，改进能源使用结构以及

① Ballard, Fullerton, Shoven and Whalley. A General Equilibrium Model for Tax Policy Evaluation [M]. Chicago: University of Chicago Press, 1985.

② 武亚军，宣晓伟. 环境税经济理论及对中国的应用分析 [M]. 北京：经济科学出版社，2002.

经济结构。庞军（2005）等①通过构建"能源—经济—环境"CGE模型，模拟了我国征收燃油税后经济总量和产业结构的变动情况，为我国燃油税的开征起到了理论示范作用。

进入20世纪以来，采用CGE模型对环境政策进行模拟越来越广泛，大多数集中于对经济影响的研究。这种现象出现的原因在于环境政策的实施能够对生产活动产品的价格、产量以及经济产业结构等产生较大影响，局部均衡的分析方法显然不能满足这种要求，而CGE模型作为一般均衡的分析工具，可以全面反映政策对各项经济指标的影响，更全面地显示环境与经济之间的相互关系。首次把环境方面的因素考虑到CGE模型框架中的研究工作是从1980年开始的，Forsund和Strom（1988），Dufurnaud、Harrington和Rogers（1988），Bergman（1989），Hazilla和Kopp（1990），Robinson（1990），Jorgenson和Wilcoxen（1990）等较早地对环境CGE模型进行了比较深入的研究，这些学者中大多数是把环境污染作为一种生产要素内生于生产函数或者将其作为一种产品纳入效用函数中，研究宏观税收、贸易等方面的政策对环境治理以及经济发展的作用情况。近年来，关于环境CGE模型，使用范围比较广泛的有以下两种：一种是Lee（1994）开发的GREEN（General Equilibrium Environmental）模型；另一种是McKibbin（1998）开发的G-Cubed（Global General Equilibrium Growth）模型，它可以研究不同国家减少二氧化碳排放的问题。谢剑（Xie J.，1996）②通过建立静态CGE模型研究生产活动对环境污染造成的影响、环境政策对污染治理的作用，模型中包含了生产部门以及污染治理部门，为我们提供了完整的从污染排放到污染治理的整体框架。黄英娜等（2005）③应用CGE模型对我国的一些工业行业按照差别税率对产品征收从价环境能源税进行模拟，认为征税有助于促进工业部门尤其是能源需求量大的行业减少能源消耗，在改变能源消耗结构的同时，减少二氧化硫和二氧化碳的排放。童锦治和沈奕星（2011）④认为环境税对环境、经济、社会等是一把"双刃剑"，通过建立CGE

① 庞军，邹骥. 可计算一般均衡模型在环境经济研究中的应用和展望 [J]. 环境保护，2005（1）：49-53.

② Xie J. Environmental Policy Analysis [M]. Aldershot：Ashgate Publishing Company，1996.

③ 黄英娜，郭振仁，张天柱，王学军. 应用CGE模型量化分析中国实施能源环境税政策的可行性 [J]. 城市环境与城市生态，2005（2）：18-20.

④ 童锦治，沈奕星. 基于CGE模型的环境税优惠政策的环保效应分析 [J]. 当代财经，2011（5）：33-40.

模型考察了两种情景下环境税优惠政策的环保效应，以及对社会产出及社会福利水平的影响效果。金艳鸣和雷明（2012）[1] 基于 2007 年投入产出表，构建了广东、贵州等多地区共存的资源—经济—环境可计算一般均衡模型，认为区域内部之间交易排污权与跨区域行为对生产部门的影响是不同的，而且经济指标的变动幅度也不同，他们还认为加入市场因素的污染控制政策对能源需求高的生产部门的减排作用更加突出。郭晴等（2014）[2] 通过模拟发现碳关税政策的实施对全球经济贸易结构产生了负面影响，金砖及东盟等发展中国家利益受损，而美国、日本及欧盟等发达国家受益。娄峰（2014）[3] 通过构建动态可计算一般均衡模型，分析了不同碳税水平对碳排放强度的影响。乌力吉图等（2015）[4] 利用 CGE 模型模拟发现，燃油税改革会有双重效应，在减少石油需求量的同时降低了氮氧化物排放量，还会使交通运输等相关产业减少产量。许士春等（2016）[5] 分析了不同碳税水平对宏观经济的影响，认为征收碳税有利于政府收入与消费的增加，使居民收入与消费降低，但是能够明显地降低二氧化碳排放，并提出实行碳税政策时，若降低个人所得税率，保持居民福利不变，可以实现促进经济发展的目标。

以上这些学者的研究都证明，CGE 模型是有力的政策模拟分析工具，对本书的研究有借鉴意义，接下来将通过建立贸易与环境政策 CGE 模型模拟政策实施对宏观经济、环境污染及贸易结构的影响。

二、建立模型的前提假设

本书构建的贸易与环境政策 CGE 模型包括居民、政府、企业及国外四个经济主体，居民拥有劳动要素禀赋，企业拥有资本要素禀赋，活动生产出的商

① 金艳鸣，雷明. 二氧化硫排污权交易研究——基于资源—经济—环境可计算一般均衡模型的分析 [J]. 山西财经大学学报，2012（8）：1-10.

② 郭晴，帅传敏，帅竞. 碳关税对世界经济和农产品贸易的影响研究 [J]. 数量经济技术经济研究，2014（10）：97-109.

③ 娄峰. 碳税征收对我国宏观经济及碳减排影响的模拟研究 [J]. 数量经济技术经济研究，2014（10）：84-97.

④ 乌力吉图，张凤滢. 燃油税改革：环境、经济、社会的影响 [J]. 中国人口·资源与环境，2015（S1）：508-510.

⑤ 许士春，张文文，戴利俊. 基于 CGE 模型的碳税政策对碳排放及居民福利的影响分析 [J]. 工业技术经济，2016（5）：52-59.

品用于国内销售和出口，国内使用的商品包括国内生产和进口，政府可以通过各项税收增加财政收入，再对居民、企业以及国外进行转移支付等。此外，将贸易政策与环境政策作用相关的账户纳入 CGE 模型的研究模块，对模型进行前提假设，并定义各模块的函数形式。

（1）在规模报酬不变的假设条件下，总产出由均衡条件决定，且一个生产部门仅生产一种商品。

（2）生产者追求利润最大化，消费者追求效用最大化。

（3）市场属于完全竞争市场，经济主体做决策时，将价格既定作为前提。

（4）劳动力可以自由流动，总就业量外生给定，要素供应等于要素禀赋。

（5）生产者生产函数采用 CES 函数，消费者效用函数采用 Cobb-Douglas 函数，消费者在各种商品上的支出占总消费支出的比例为一组固定值。

（6）中国主要出口低附加值产品，是国际市场价格的接受者，故模型采用"小国假设"，进口采用阿明顿假设，出口的供给用不变转换弹性函数（CET）描述。

（7）总投资在各部门的分配根据各部门在总资本收入中所占的份额确定。

（8）环境税是对污染排放物征收直接污染税，促使污染者减少污染排放。

三、模型生产部门的划分

（一）基于清洁度对生产部门进行划分

CGE 模型是从投入产出模型发展而来，要反映经济整体运行情况，而投入产出表包含 42 个部门，进行研究时要针对具体研究问题对部门进行分类，一来方便观察研究对象的变动情况，二来可以减少对繁杂数据的处理。本书的研究目的在于通过实施政策缩小高能耗、高排放的污染行业规模，减少工业二氧化硫、氮氧化物等污染废弃物的排放量，扶持低能耗、低排放的清洁产业扩大生产规模并促进出口，通过转变产业结构达到保护环境与发展经济的双重效果。本书的研究对象是清洁产业，为此必须明确它包含了什么行业，这就需要对我国投入产出表中的 42 个部门依据清洁度进行划分，界定污染产业与清洁产业，以便观察政策对清洁产业的作用效果。清洁度是本书对产业的分类指标，将在下文明确解释。

（二）清洁产业的评价标准与分类

根据《中国环境统计年鉴》各行业各项污染物排放的情况，可以分为水、大气和固体废弃物三个方面，即工业废水排放量（化学需氧量、氨氮排放量）、工业废气排放量（工业二氧化硫排放量、工业氮氧化物排放量）以及工业固体废弃物排放量（危险废弃物）。清洁度指标采用内梅罗指数法[①]与地积累指数法[②]相结合的计算方法[③]，衡量各个行业污染程度的大小以及每种污染物对每个产业的污染程度的影响，如（7-1）式所示。这样可以综合污染物的作用情况，较为全面地反映环境污染状况。污染程度分为四大类：$F_i \leqslant 1$ 为 1 级污染，$1 < F_i \leqslant 2$ 为 2 级污染，$2 < F_i \leqslant 3$ 为 3 级污染，$3 < F_i \leqslant 4$ 为 4 级污染，级数越大，则污染程度越重，相应的产业划分为非污染产业、轻度污染产业、中度污染产业以及重度污染产业，整理投入产出表中 42 个部门如表 7-2 所示。本书所指的清洁产业是非污染产业与轻度污染产业。

$$\begin{cases} F_i = \sqrt{\dfrac{1}{2}\left[\dfrac{1}{5}\left(\sum_j\left(\dfrac{C_{ij}}{S_j}\right)\right)^2 + \left(\dfrac{C_{ij}}{S_j}\right)^2_{max}\right]} \\ I_{ij} = \log_2 C_{ij}/(F_i \times S_j) \end{cases} \quad (7-1)$$

其中，F_i 表示第 i 个产业的污染状况及程度大小；I_{ij} 表示第 j 种污染物对第 i 产业污染程度的贡献值；C_{ij} 表示第 i 产业中第 j 种污染物的人均排放量；S_j 是外生固定值，作为区分每种污染物污染程度的临界值。

表 7-2　各行业污染物排放情况

产　业	工业废水排放量（万吨）	工业废气排放量（亿标立方米）	工业二氧化硫排放量（吨）	工业固体废弃物排放量（吨）
煤炭开采和洗选业	104765	2324	160255	1877292
石油和天然气开采业	11555	1026	35589	386

---

① 谷朝君，盘颖．内梅罗指数法在地下水水质评价中的应用及存在问题［J］．环境保护科学，2011，28（2）：45-47.

② Muller G. Index of Geoaccumulation in Sediments of the River［J］. Geo Journal, 1969, 2（3）：108-118.

③ （7-1）式的两个基本计算公式只是作为产业清洁度测算和分类研究的测算基础，具体测算与分类公式还需根据研究需要在两个基本公式的基础上加以调整和修正。

续表

产　业	工业废水排放量（万吨）	工业废气排放量（亿标立方米）	工业二氧化硫排放量（吨）	工业固体废弃物排放量（吨）
黑色金属矿采选业	15353	2472	52769	216175
有色金属矿采选业	38852	469	111247	778360
非金属矿采选业	7683	861	41345	56630
其他采矿业	375	30	1309	2946
农副食品加工业	1431000	4154	169325	47087
食品制造业	54549	3270	115646	15350
饮料制造业	75519	3097	111783	23929
烟草制品业	2673	505	10013	5739
纺织业	245470	3258	247218	4455
纺织服装、鞋、帽制造业	12039	176	11193	4165
皮革、毛皮、羽毛及其制品业	28173	176	14016	3219
木材加工及木、竹、藤、棕、草制品业	5036	646	32566	2347
家具制造业	2146	30	2212	773
造纸及纸制品业	393699	7364	508206	28715
印刷和记录媒介复制业	1578	35	2995	6
文教、体育用品制造业	1071	25	1095	401
石油加工、炼焦和核燃料加工业	70024	7624	635334	23649
化学原料和化学制品制造业	309006	12885	1040040	120969
医药制造业	52606	1317	79395	14243
化学纤维制造业	42371	2767	106884	14794
橡胶制品业	7042	1021	39475	3694
塑料制品业	4962	767	29452	539
非金属矿物制品业	32313	87263	1686183	269758
黑色金属冶炼及压延加工业	116948	122928	1766511	105512
有色金属冶炼及压延加工业	31118	24299	803326	266752
金属制品业	30152	2077	35033	1781
通用设备制造业	13055	2430	50475	11242
专用设备制造业	9714	1939	39112	13685
交通运输设备制造业	26219	4184	33874	10686
电气机械及器材制造业	11652	1063	13488	238
通信设备、计算机及其他电子设备制造业	35965	6369	6523	1161

续表

产　业	工业废水排放量（万吨）	工业废气排放量（亿标立方米）	工业二氧化硫排放量（吨）	工业固体废弃物排放量（吨）
仪器仪表及文化、办公用机械制造业	4965	555	1401	5
工艺品及其他制造业	2559	154	8828	913
废弃资源和废旧材料回收加工业	1147	85	2221	2061
电力、热力的生产和供应业	129624	182550	8997911	448578
燃气生产和供应业	1931	834	20092	264
水的生产和供应业	31189	11	2068	333

资料来源：《中国环境统计年鉴》（2011）。

（三）　生产部门归类划分结果

由表 7-3 可以看出，重度污染产业主要集中在煤炭开采、化学、印刷等高能耗产业上，而轻度污染产业则是一些低能耗、低排放且科学技术含量高的产业，如水的生产和供应业，交通运输及仓储业，信息传输、计算机服务和软件业，通信设备、计算机及其他电子设备制造业和仪器仪表及文化、办公用机械制造业等，非污染产业则主要集中在第三产业。要实现"十二五"规划中减少主要污染物排放，改善环境质量，探索代价小、效益好、排放低、可持续的环境保护新道路，建设资源节约型和环境友好型社会的目标，应该尽量摆脱以重污染产业为支柱产业的局面，尤其要减少这些产业产品的出口，改善环境污染现状，大力发展高新技术产业和服务业等轻度污染产业。

表 7-3　中国产业清洁程度分类

划分程度	涉及产业
重度污染产业	煤炭开采和洗选业，纺织业，造纸及纸制品业，文教、体育用品制造业，石油加工、炼焦和核燃料加工业，化学工业，非金属矿物制品业，金属冶炼及压延加工业，电力、热力的生产和供应业
中度污染产业	金属矿采选业，非金属矿采选业、其他采矿业，食品制造业，烟草制品业，纺织服装、鞋、帽制造业，皮革、毛皮、羽毛及其制品业，木材加工及木、竹、藤、棕、草制品业，家具制造业，金属制品业

续表

划分程度	涉及产业
轻度污染产业	石油和天然气开采业，通用设备制造业，专用设备制造业，交通运输设备制造业，电气机械及器材制造业，通信设备、计算机及其他电子设备制造业，仪器仪表及文化、办公用机械制造业，工艺品及其他制造业，燃气生产和供应业，水的生产和供应业，交通运输及仓储业，信息传输、计算机服务和软件业，建筑业
非污染产业	农、林、牧、渔业，邮政业，批发和零售贸易业，住宿和餐饮业，金融业，房地产业，租赁和商务服务业，研究和实践发展业，综合技术服务业，水利环境和公共设施管理业，居民服务和其他服务业，教育、卫生、社会保障和社会福利业，文化体育和娱乐业，公共管理和社会组织

注：表中的建筑业和服务业没有被纳入《环境统计年鉴》的统计范围，本文依据相关参考文献自行对其归类。

四、模型各模块方程设定

本书构建的 CGE 模型分为六大模块，分别是生产活动模块、国际贸易模块、经济主体模块、投资储蓄模块、污染治理模块以及均衡模块，如图 7-3 所示。

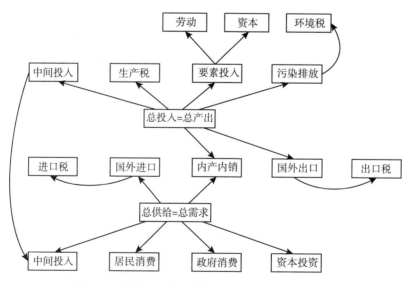

图 7-3　贸易与环境政策协调作用的 CGE 模型结构

（一）生产活动模块

该模块方程由以下层次构成：第一层次，增加值与中间投入合成总产出，为（7-2）式～（7-4）式；第二层次，资本和劳动采用 CES 函数合成增加值部分，为（7-5）式～（7-7）式，中间投入部分用里昂惕夫生产函数表示，为（7-8）式～（7-9）式；第三层次，假设生产活动产生的污染物与总产量有固定比例关系，用（7-10）式表示。（7-2）式表示各部门的产量；（7-4）式和（7-5）式表示给定产量下对各要素的优化使用量及最小成本；（7-6）式和（7-7）式表示用劳动力和资本的最优数量合成的增加值；（7-7）式和（7-8）式表示中间投入部分的数量。模型假设每个生产部门只生产一种产品，生产部门的集合用符号 A 表示，商品部门的集合用符号 C 表示。由于总产出和增加值均采用固定替代弹性表示，所以增加值与中间投入、劳动与资本之间具有相互替代的关系。

$$QA_a = \alpha_a^q \left[\delta_a^q QVA_a^{\rho_a} + (1-\delta_a^q) QINTA_a^{\rho_a} \right]^{1/\rho_a}, a \in A \qquad (7-2)$$

$$\frac{PVA_a}{PINTA_a} = \frac{\delta_a^q}{1-\delta_a^q} \left(\frac{QINTA_a}{QVA_a} \right)^{1-\rho_a}, a \in A \qquad (7-3)$$

$$PA_a \times QA_a = PVA_a \times QVA_a + PINTA_a \times QINTA_a, a \in A \qquad (7-4)$$

$$QVA_a = \alpha_a^{va} \left[\delta_{La}^{va} QLD_a^{\rho_a^{va}} + (1-\delta_{La}^{va}) QKD_a^{\rho_a^{va}} \right]^{1/\rho_a^{va}}, a \in A \qquad (7-5)$$

$$\frac{WL}{WK} = \frac{\delta_{La}^{va}}{1-\delta_{La}^{va}} \left(\frac{QKD_a}{QLD_a} \right)^{1-\rho_a^{va}}, a \in A \qquad (7-6)$$

$$PVA_a \times QVA_a = WL \times QLD_a + WK \times QKD_a, a \in A \qquad (7-7)$$

$$QINT_{ca} = ica \times QINTA_a, a \in A, c \in C \qquad (7-8)$$

$$PINTA_a = \sum_{c \in C} ica_{ca} \times PQ_c, a \in A, c \in C \qquad (7-9)$$

$$DG_g = iag \times QA_a, a \in A, g \in G \qquad (7-10)$$

（二）国际贸易模块

模型假设我国是世界市场价格的接受者，用 CET 函数表示行业将产品用于国内销售与出口之间的转换关系，如（7-11）式所示，弹性值较大但不为无穷大，表示我国出口价格对世界市场影响有限，（7-12）式和（7-13）式表示其一阶优化条件；采用阿明顿假设表示国内生产供应和进口之间的替代关系，如（7-15）式所示，表示不同国家同一产业生产的产品是不完全替代的；出口价格受国际市场价格、汇率及出口税的影响，如（7-14）式所示；进口价格由国际市场价格、汇率和关税决定，如（7-18）式所示；（7-19）式和（7-20）式表示国内活动生产的商品用于国内使用的部分。

$$QA_a = \alpha_a^t [\delta_a^t QDA_a^{\rho_a^t} + (1-\delta_a^t) QE_a^{\rho_a^t}]^{1/\rho_a^t}, a \in A \tag{7-11}$$

$$\frac{PDA_a}{PE_a} = \frac{\delta_a^t}{1-\delta_a^t} \left(\frac{QE_a}{QDA_a}\right)^{1-\rho_a^t}, a \in A \tag{7-12}$$

$$PA_a \times QA_a = PDA_a \times QDA_a + PE_a \times QE_a, a \in A \tag{7-13}$$

$$PE_a = \overline{PWE_a} \times (1-te_a) \times \overline{EXR}, a \in A \tag{7-14}$$

$$QQ_c = \alpha_c^q (\delta_c^q QDC_c^{\rho_c^q} + (1-\delta_c^q) QM_c^{\rho_c^q})^{1/\rho_c^q}, c \in C \tag{7-15}$$

$$\frac{PDC_c}{PM_c} = \frac{\delta_c^q}{1-\delta_c^q} \left(\frac{QM_c}{QDC_c}\right)^{1-\rho_c^q}, c \in C \tag{7-16}$$

$$PQ_c \times QQ_c = PDC_c \times QDC_c + PM_c \times QM_c, c \in C \tag{7-17}$$

$$PM_c = \overline{PWM_c} \times (1+tm_c) \times \overline{EXR}, c \in C \tag{7-18}$$

$$QDC_c = \sum_a IDENT_{ac} \times QDA_a, a \in A, c \in C \tag{7-19}$$

$$PDC_c = \sum_a IDENT_{ac} \times PDA_a, a \in A, c \in C \tag{7-20}$$

（三）经济主体模块

本书研究的 CGE 模型是开放经济模型，包括居民、企业、政府和国外四个经济主体。居民通过付出劳动、分配资本要素收入、企业和政府的转移支付以及对国外投资获得收入，向政府缴纳个人所得税后用于消费和储蓄。企业获得资本要素收入，向政府上缴所得税，完成对居民的转移支付后用于储蓄投资。政府通过收缴个人所得税、企业所得税、生产税、关税和环境税增加财政收入，用于各项财政支出，包括政府购买，对居民和企业的转移支付等。国外市场的进口数量与出口数量已经由阿明顿条件及 CET 函数决定，此外国外投资者还会通过对我国资本市场投资获得收入。

$$YH = WL \times QLS + WK \times shif_{hk} \times QKS + \overline{GTH} + ETH + HINV \tag{7-21}$$

$$PQ_c \times QH_c = shrh_c \times mpc \times (1-ti_h) \times YH, c \in C \tag{7-22}$$

$$YE = shif_{ek} \times WK \times QKS \tag{7-23}$$

$$YG = ti_h \times YH + ti_e \times YE + \sum_c tm_c \times \overline{PWM_c} \times QM_c \times \overline{EXR} + \sum_g tpe_g \times DG_g, a \in A, c \in C, g \in G$$

$$(7-24)$$

$$EG = \sum_c PQ_c \times \overline{QG_c} + GTH + GTF + GEX + GSAV, c \in C \quad (7-25)$$

$$\sum_a PE_a \times QE_a + FINV = \sum_c PM_c \times QM_c + YFINV, a \in A, c \in C \quad (7-26)$$

（四）投资储蓄模块

本模型中经济总投资，也就是资本形成，除由各个部门的实物投资组成以外，还包括国外对国内的投资。

$$EINV = \sum_c PQ_c \times \overline{QINV_c} + FINV, c \in C \quad (7-27)$$

$$HSAV = (1 - mpc) \times (1 - ti_h) \times YH \quad (7-28)$$

$$ESAV = (1 - ti_e) \times YE - ETH \quad (7-29)$$

$$GSAV = YG - EG \quad (7-30)$$

$$FSAV = \sum_c \overline{PWE} \times QM_c + YFINV - \sum_a \overline{PWE} \times QE_a - FINV, a \in A, c \in C \quad (7-31)$$

（五）污染治理模块

对各行业污染排放物征收直接污染税，征收原则是谁污染谁付费，税基与污染物排放量相关。直接排放的污染物主要有废水、废气及固体废弃物，其中主要成分有化学需氧量（COD）排放、氨氮化物排放、二氧化硫排放和氮氧化物排放，对此征收环境税。

$$PETAX_g = tpe_g \times DG_g \quad (7-32)$$

（六）均衡模块

$$QQ_c = \sum_a \overline{QINT_{ca}} + QH_c + \overline{QG_c} + \overline{QINV_c}, a \in A, c \in C \quad (7-33)$$

$$\sum_a QLD_a = QLS, a \in A \quad (7-34)$$

$$\sum_a QKD_a = QKS, a \in A \quad (7-35)$$

$$EINV = HSAV + ESAV + GSAV + FSAV \times \overline{EXR} \quad (7-36)$$

以上公式中的变量定义及参数意义如表 7-4、表 7-5 所示。

表 7-4　变量定义

变量名称	经济含义	变量名称	经济含义
QA_a	生产活动 a 的产出数量	$\overline{PWM}_c$	进口商品的国际价格
QVA_a	生产活动 a 的增加值投入数量	$IDENT_{ac}$	单位矩阵
$QINTA_a$	生产活动 a 的中间投入数量	YH	居民收入
PA_a	生产活动 a 的产出价格	GTH	政府对居民的转移支付
PVA_a	生产活动 a 的增加值投入价格	ETH	企业对居民的转移支付
$PINTA_a$	生产活动 a 的中间投入价格	$HINV$	居民在国外的投资收入
$QLD_a^{\rho^{va}}$	生产活动 a 的劳动需求数量	QH_c	居民对商品 c 的消费数量
$QKD_a^{\rho^{va}}$	生产活动 a 的资本需求数量	YE	企业收入
WL	劳动要素价格	$ESAV$	企业储蓄
WK	资本要素价格	YG	政府收入
$QINT_{ca}$	商品 c 对生产活动 a 的中间投入量	DG_g	污染排放物 g 的排放数量
$QDA_a^{\rho^t}$	生产活动 a 用于国内销售的产量	EG	政府支出
$QE_a^{\rho^t}$	生产活动 a 用于出口的数量	$\overline{QG}_c$	政府对商品 c 的消费数量
PDA_a	生产活动 a 用于国内销售的价格	GTF	政府对国外的转移支付
PE_a	生产活动 a 的出口价格	GEX	政府对出口退税的转移支付
$\overline{PWE}_a$	生产活动 a 的世界市场价格	$GSAV$	政府储蓄
$\overline{EXR}$	固定汇率	$YFINV$	国外对国内的投资收入
QQ_c	商品部门 c 销售的产品数量	$FINV$	国外对国内的投资
$QDC_c^{\rho_c^q}$	商品部门 c 国内生产的数量	$PETAX_g$	对污染排放物 g 收税
$QM_c^{\rho_c^q}$	商品部门 c 的进口数量	QLS	劳动要素供给数量
PDC_c	商品部门 c 国内生产的价格	QKS	资本要素供给数量
PM_c	商品部门 c 的进口价格		

表 7-5　参数意义

参数名称	经济含义
α_a^q	生产活动 a 总产出 CES 生产函数的规模系数
δ_a^q	生产活动 a 总产出部分 CES 生产函数的增加值份额系数
ρ_a	CES 函数参数，与增加值和中间投入的替代弹性相关的参数
α_a^{va}	增加值 CES 函数的规模系数
δ_{La}^{va}	增加值 CES 函数的劳动所占份额
ρ_a^{va}	与劳动和资本的替代弹性相关的参数
ica	投入产出直接消耗系数
iag	生产活动 a 的直接污染排放物系数
α_a^t	生产活动 a 出口 CET 函数的规模系数
δ_a^t	生产活动 a 出口 CET 函数的国内销售份额系数
ρ_a^τ	国内销售和出口的转换弹性有关
te_a	出口税率
α_c^q	商品进口阿明顿假设的规模系数
δ_c^q	商品进口阿明顿假设国内产品所占份额
ρ_c^q	与国内产品和进口产品的替代弹性相关的参数
tm_c	进口税率
$shrh_c$	居民对商品 c 的消费支出份额
$shif_{hk}$	资本要素收入分配给居民的份额
mpc	居民的边际消费倾向
ti_h	居民所得税率
$shif_{ek}$	资本要素收入分配给企业的份额
ti_e	企业所得税率
tpe_g	对污染排放物 g 征收环境税的税率

五、模型闭合规则的选取及求解方法的实现

(一) 闭合规则的选取

本书所构建的贸易政策与环境政策协调作用的 CGE 模型以劳动价格为价格基准，采用新古典主义宏观闭合规则，它的特征是所有价格（包括要素价格和商品价格）都是完全弹性的，由模型内生决定。劳动要素和资本要素的实际供应量都可实现充分就业，相关变量与等式如下：

$$\begin{cases} QLD = QLS \\ QKD = QKS \end{cases} \tag{7-37}$$

要素供应始终等于要素禀赋 $\overline{QLS}$ 和 $\overline{QKS}$，表示充分就业：

$$\begin{cases} QLS = \overline{QLS} \\ QKS = \overline{QKS} \end{cases} \tag{7-38}$$

(二) 求解方法

要获得 CGE 模型的模拟分析结果是一项复杂、计算量大的工程，人工求解不可能实现，必须通过特定软件计算。目前，常用的 CGE 模型求解工具主要是一般数学建模系统（General Algebraic Modeling System，GAMS）。GAMS 是数学规划和优化的高级建模系统的计算机软件，包括计算机编译程序语言和解算法结合在一起的求解程序，通常解决 CGE 模型问题的解算法是 MCP（Mixed Complementary Problem）。针对线性和非线性的有限制条件的优化问题求解，要求变量数与方程数相同，一方面它能为代数语言提供简洁的表达方法，掌握简单的计算机语言方可使用；另一方面有良好的错误提示功能，方便准确找出错误之处，使程序得以正确运行，输出系统化的文件结果，同时方便使用者查找及计算，为政策效果分析提供了直观性依据。本书建立的贸易与环境政策协调作用的 CGE 模型也通过 GAMS 软件实现求解过程，得出政策冲击结果。

第二节　贸易与环境政策 CGE 模型的数据基础及参数估计

一、社会核算矩阵概述

社会核算矩阵是 CGE 模型的数据基础。要使 CGE 模型实现可计算，在确定函数类型后，还要求有来源可靠的数据基础，而社会核算矩阵（Social Accounting Matrix）可以做到这一点。社会核算矩阵用来描述宏观经济变量之间的流量关系，简称 SAM 表。SAM 表以复式账户的原理反映经济系统中各账户之间商品和资金的供应及其平衡关系，是对一定时期内一国（或地区）各种经济行为主体之间发生的交易数额全面而又一致的记录。SAM 表与价值型投入产出表的表现方式类似，较为全面地概括了经济系统中的各个账户，包括经济主体及生产性账户，反映了各个账户在经济系统中不可替代的作用及它们之间的闭合关系，成为 CGE 模型的数据基础。

SAM 表在形式上是一个正方形矩阵，行数与列数相等，每行和每列分别作为一个国民核算账户，位置相对应的行和列代表的是一样的账户。因为 SAM 表是数值型的，所以表中的各个元素数值代表账户之间的交易量，表示的是列部门对行部门的支付。由此可以看出，表中的行账户用来表示收入，列代表相应账户的开支，每个账户行与列总数应该相等，那么汇总后整个 SAM 表的总收入与总支出相等。在前人的研究中有对"标准 SAM 表"的描述，主要包括八个账户：活动、商品、要素、居民、企业、政府、储蓄—投资以及国外账户。图 7-3 是整个经济系统的简洁框架，代表了主要的经济关系，箭头方向代表经济主体在各个市场之间的支付流向，反映了经济主体在各种市场上相互作用并进行最优行为选择的过程。有时为了满足研究特定问题的现实需要，会将账户细化，以便符合实际经济现象。必须注意的是细分账户，其在表现经济运行特征的同时会加大收集数据的难度，模型也会愈加复杂，如果账户划分太简单会难以表现实际经济问题，使结果不理想或者失去有效性。所以可以根据研究的具体问题对账户适当细分，这是使 CGE 模型能够实现可计算的第一步。

投入产出表每隔五年编制一次，而《环境统计年鉴》、《财政年鉴》等每年都会更新，所以存在一定的滞后期。在编制贸易—环境协调作用的 CGE 模型的 SAM 表时，数据的来源是多方面的，包括统计年鉴、海关进出口数据、税收数据、环境公报和资源公报中的相应数据，有些还要通过估计或余量的方法确定。

二、贸易与环境 CGE 模型社会核算矩阵的编制

（一）包含出口退税与环境税的账户设置

正处于工业化进程的我国面临环境保护与经济发展的双重挑战，如何做到在 GDP 稳速增长的同时，搞好生态文明建设，需要政府、企业及民众的共同努力。本书要为构建环境与贸易政策 CGE 模型建立数据基础，所以要在标准 SAM 表的基础上加入我们需要研究的账户，使模拟的经济情况更贴近现实。

本章拟以 2010 年投入产出表作为基年均衡数据，分析环境政策与贸易政策的协调作用。环境政策是为了改善环境，目前我国的环境政策主要包括环境污染控制政策、生态保护政策以及国际环境政策等，其中环境污染控制政策是主要措施。贸易政策包括减少重工业的出口退税、提高高污染和高排放产业的出口成本、关停传统高耗能产业等措施。为此，在不改变模型结构的基础上外生改变与环境法规相关的价格和税收[①]，将传统 SAM 表中的政府账户分设出环境税账户、出口退税账户，表示从政府的税收中将这两部分单独拿出来研究。此外，将商品和活动账户细分为四个子账户，分别为重度污染产业部门、中度污染产业部门、轻度污染产业部门以及非污染产业，每个活动账户只生产一种商品。环境税是根据活动产生废水、废气的排放量征收从量税，假设排放强度不变。出口退税对出口产品使用。本次 SAM 表的编制采用自上而下法（Round，1982），原则是对已知总量进行分解，结合相关宏观经济数据，直接编制 SAM 表，作为模型的基期数据。具体结构如表 7-6 所示。

---

① 黄英娜，王学军. 环境 CGE 模型的发展及特征分析 [J]. 中国人口·资源与环境，2002（2）.

表 7-6 贸易与环境政策 CGE 模型社会核算矩阵

	商品（4部门）	活动（4部门）	要素·劳动	要素·资本	居民	企业	政府	出口退税	环境税（4类）	国外	资本账户	汇总
商品（4部门）		中间投入			居民消费		政府消费			出口	固定资本形成	总需求
活动（4部门）	国内总产出											总产出
要素·劳动力		劳动者报酬										劳动要素收入
要素·资本		资本收益										资本要素收入
居民			劳动收入			企业转移支付	政府补贴			国外收益		居民收入
企业				资本收入			政府转移支付			国外收入		企业收入
政府	关税	政府生产税			个人所得税	企业直接税	政府转移		环境税		政府债务收入	政府收入
出口退税		出口退税										出口退税
环境税（4类）		环境税										环境税收
国外	进口									国外净储蓄		外汇支出
资本账户					居民储蓄	企业储蓄	政府储蓄			外汇收入		资本收入
汇总	总供应	总投入	劳动要素支出	资本要素支出	居民支出	企业支出	政府支出	出口退税	环境税收	外汇收入	资本支出	

（二）社会核算矩阵的数据平衡

完成 SAM 表的账户设置和基本框架后，要对表中各项数值来源进行查找收集，将最权威的数据录入对应的矩阵账户中，才能切实反映经济的运行状况。对于不能直接获取的数据要通过科学估算或余项的方式间接求得。社会核算矩阵要求各账户收入支出平衡，但是由于各年鉴统计口径不同，一方面会造成同一项数值有差异，另一方面导致账户最终不平衡，对此，要根据实际研究问题选取合适的数据，用最小二乘法或者交互熵法平衡账户，在最终行列总量相差不大的基础上，如误差绝对值在平均数的 5% 以内的情况下，可以手动调节 SAM 表，使其各个账户的行列之和相同。最终形成的 SAM 表见附录，表7-7 则是各项数据来源。

表 7-7　各项数据来源

数据名称	数据来源	数据名称	数据来源
中间投入	中国投入产出表（2010）	出口税	《中国财政年鉴》（2011）
居民消费	中国投入产出表（2010）	环境税	《中国环境统计公报》（2011）
政府消费	《中国财政年鉴》（2011）	国外对政府的转移支付	国际收支平衡表（2011）
出口	中国投入产出表（2010）	进口	投入产出表（2010）
固定资本形成	中国投入产出表（2010）	国外资本投资收益	国际收支平衡表（2011）
劳动者报酬	中国投入产出表（2010）	居民储蓄	资金流量表（2013）
资本收益	中国投入产出表（2010）	存货净变动	"商品"账户余项
居民资本要素收入	资金流量表（实物部分）	居民的劳动收入	同"劳动者报酬"
政府对居民补贴	《中国财政年鉴》（2011）	企业对居民的转移支付	"居民"账户平衡项
国外对居民的转移支付	国际收支平衡表（2011）	企业资本要素收入	"资本"账户余项
关税	《中国财政年鉴》（2011）	政府对企业的转移支付	"政府"账户余项
生产税	《中国财政年鉴》（2011）	企业储蓄	"企业"账户平衡项
个人所得税	《中国财政年鉴》（2011）	政府储蓄	"政府"账户平衡项
企业直接税	《中国财政年鉴》（2011）	国外净储蓄	"国外"账户平衡项

三、相关弹性值的估计

CGE 模型中包括两种类型的参数：一种是份额参数，另一种是弹性参数。份额参数包括劳动份额系数、居民消费倾向、中间投入成本、消费者和政府的花费份额、平均储蓄比率、进出口比率和平均比率等参数，这些可以通过校准法利用社会核算矩阵中的数据直接求得，利用校准法求出的参数能"复制"出基期数据，使模型确切地反映基准年的经济状况。弹性参数包括 CES、CET 等函数的替代弹性，SAM 表不能提供相关信息，可以通过计量经济学回归、贝叶斯方法或者广义最大熵法求得，还可引用相关文献的数据。本书 CGE 模型的模拟结果对 CES 函数参数的取值很敏感，CES 函数的弹性值、CET 函数的弹性值及阿明顿弹性先把函数取对数进行变形，选用计量经济学方法进行回归估计。

（一）CES 函数弹性估计

本书建立的 CGE 模型中通常需要给出的 CES 生产函数弹性值有两种：一是总产出中增加值（QVA_a）与中间投入（$QINTA_a$）之间估计的 CES 生产函数弹性值；二是形成增加值（QVA_a）过程中资本（K）与劳动（L）之间的替代弹性，估计弹性值时通常采用 Talyor 级数线性化方法求出。该方法是对 CES 函数的两边取对数，接着进行 Talyor 级数展开，取二阶线性部分，并舍去三级以上的高阶项，得到第一种 CES 生产函数的线性近似表达：

$$QA_a = \alpha_a^q \left[\delta_a^q QVA_a^{\rho_a} + (1-\delta_a^q) QINTA_a^{\rho_a} \right]^{1/\rho_a}, a \in A \tag{7-39}$$

$$\ln(QA_a) = \beta_0 + \beta_1 \ln(QVA_a^{\rho_a}) + \beta_2 \ln(QINTA_a^{\rho_a}) + \beta_3 \left[\ln\left(\frac{QVA_a^{\rho_a}}{QINTA_a^{\rho_a}}\right) \right]^2 \tag{7-40}$$

（7-40）式中，$\beta_0 = \ln(\alpha_a^q)$，$\beta_1 = \delta_a^q$，$\beta_2 = 1-\delta_a^q$，$\beta_3 = -0.5\rho_a \delta_a^q (1-\delta_a^q)$。用计量经济学软件 Eviews5.0 进行最小二乘法估计相关系数，得出各弹性值。资本对劳动的替代弹性同理也能得到。运用 CGE 模型进行政策模拟，在使用求得的数据的同时，还要参考 Zhai 等（2005）及范晓静（2014）的研究结果[①]，

[①] CES 生产函数可以采用三种方法求得，分别是经典统计方法、贝叶斯方法及广义最大熵法。范晓静（2014）采用贝叶斯方法和广义最大熵法获得农业、采掘业、制造业、金融业、通信软件业、批发零售业等行业的劳动与资本替代弹性值。

以得到较好的政策模拟结果，而中间投入与增加值投入之间的替代弹性，所有部门采用0.10的相同弹性值。

(二) 阿明顿弹性估计

居民对商品的消费支出要在国内商品和进口替代品之间进行最优分配，国内生产的商品也需在内销和出口之间进行最优分配，这种分配由进口品和出口品与国内产品的相对价格以及弹性决定，在本书建立的贸易与环境政策协调作用的 CGE 模型中，选择用阿明顿方程和 CET 函数描述。阿明顿弹性描述了国内产品和进口品的替代程度：消费者把总支出在不同的商品类型中进行分配，然后在国内产品和进口品之间做出选择，而 CET 弹性描述了国内活动生产的产品在内销和出口之间的替代程度。要进行阿明顿弹性的估计，首先要对阿明顿方程的一阶条件 (7-41) 式两边取对数，得 (7-42) 式：

$$\frac{QM_c}{QDC_c} = \left[\frac{PDC_c}{PM_c} \times \frac{(1-\delta_c^q)}{\delta_c^q} \right]^{1/1-\rho^g} \tag{7-41}$$

$$\ln(QM_c/QDC_c) = \frac{\ln[(1-\delta_c^q)/\delta_c^q]}{1-\rho_c^q} + \beta\ln(\frac{PDC_c}{PM_c}) \tag{7-42}$$

在 (7-42) 式中，需要知道四个量，即商品部门 C 的进口量 QM_c、国内生产用于国内销售的产品数量 QDC_c，还有两者的价格之比，然后对标准的对数方程利用最小二乘法进行系数估计。由于数据数量要求比较多，在用计量经济学估计弹性值的过程中，会发现长时间序列的估计值较高，对商品进行较细致的划分也会使估计值偏高。贺煌菊等 (2002)、郑玉歆等 (1999) 对这个问题进行过研究，如表 7-8 所示，本书也将参考该结果。

表 7-8　阿明顿弹性值和 CET 弹性值

部门	阿明顿弹性值			CET 弹性值		
	A1	A2	A3	C1	C2	C3
种植业	3	3	2	5	3.6	
林业	3	2.5	2	5	3.6	1.5
畜牧业	3	1.5	2	5	3.6	1.5
渔业	3	1.3	2	5	3.6	1.5
农业服务业		1.92	2		2.8	1.5

续表

部门	阿明顿弹性值			CET 弹性值		
	A1	A2	A3	C1	C2	C3
采掘业	3	3.7	2	4	4.6	5
制造业	3	3.8	2	5	4.6	5
电力、燃气及水	3	4.4	2		4.6	5
建筑业	2	1.9	2	4	3.8	5
交通运输、通信	2	1.9	2	4	2.8	5
商业饮食业	2	1.9	2	4	2.8	
金融保险业		1.9	2		2.8	1.5
其他服务业	2	1.9	2	4	2.8	
卫生事业		1.9	2			

资料来源：A1、C1 来自贺菊煌等（2002），A2、C2 来自 Zhai 等（2005），A3、C3 来自郑玉歆等（1999）。

（三）CET 弹性估计

与估计阿明顿弹性值相似，先将 CET 函数的一阶条件表示出来，如（7-44）式，对两边取对数，可得（7-45）式，并且用最小二乘法估计系数。

$$\frac{PDA_a}{PE_a}=\frac{\delta_a^t}{1-\delta_a^t}\left(\frac{QE_a}{QDA_a}\right)^{1-\rho_a^t},a\in A \qquad (7-43)$$

$$\frac{QE_a}{QDA_a}=\left[\frac{PDA_a}{PE_a}\times\frac{(1-\delta_a^\tau)}{\delta_a^\tau}\right]^{1/1-\rho_a^\tau} \qquad (7-44)$$

$$\ln(QE_a/QDA_a)=\frac{\ln\left[(1-\delta_a^\tau)/\delta_a^\tau\right]}{1-\rho_c^q}+\beta\ln\left(\frac{PDA_a}{PE_a}\right) \qquad (7-45)$$

第三节 政策模拟及结果分析

为了保护环境，我国政府对符合绿色环保标准的项目放宽要求，为其开通快速通道，使其尽快进入生产为经济增长做出贡献，而对污染大、能耗高的项目的审批标准严格，并从法律制度层面上加大惩处力度，推出了"史上最严环保法"，落实政府责任，加大环保执法力度，提高违法成本，让百姓参与进来，从根本上治污。此外，政府还制定了经济政策，调节规范经济主体的行为，达到保护环境的目的。2010年财政部、国家税务局发布了《关于取消部分商品出口退税的通知》，商品清单中包括部分有色金属加工材料，部分农药、医药和化工产品，部分塑料及制品、橡胶及制品、玻璃及制品等，此项政策对贸易进出口产品的价格和数量产生了影响，降低了高污染产业的产量，相对有助于清洁产业的扩张。此外，随着我国对环保事业越来越重视，环境税的开征受到了社会的高度关注，2013年12月2日，环境税方案上报至国务院，这种做法表明政府将环境政策与宏观经济发展一体化相结合的意图越来越明显，有助于经济手段与行政监管共同解决我国目前的环境与经济发展矛盾。

一、贸易政策模拟

本节模拟对污染产业减少出口退税的贸易政策，希望通过提高污染产品的出口成本减少出口，增加清洁产品的出口，即通过改变贸易结构带动产业结构的转变。

情景1：重度污染产业出口退税率由6%降至3%。

情景2：重度污染产业及中度污染产业出口退税率都降至3%。

以上两种情形使用降低出口退税的贸易政策，使国内产品出口成本增加，目的在于抑制高污染行业的发展，下面利用GAMS软件对其进行模拟，并对结果加以分析。

（一）对宏观经济及污染排放的影响

表7-9为在两种模拟情形下，宏观经济指标与污染排放物的变动情况。情景1和情景2中各个经济变量的变动方向相同，但是情景2比情景1的影响作用更大。结果显示GDP变动为负，意味着对重度污染产业降低出口退税使国内生产总值下降，原因在于本模型采用"小国假设"，我国作为世界市场价格的接受者，降低出口退税使重度污染产业产品出口价格上升，与其他国家相比失去了价格优势，利润空间缩小，出口量下降。企业作为理性决策者，会缩小重污染产业产品的生产规模，从而使国内供给量下降，价格升高。污染产业

中大多数是基础性工业行业，包括纺织、化工、食品等，其价格的升高会使最终消费量下降，同时也会降低出口量，而轻度污染及非污染等清洁产业产品的相对出口价格降低，国外的需求量会增加，生产者会扩大生产规模，促进出口，所以从出口量来说会呈现正向变动。随着减少出口退税率的范围增大，对清洁产业的政策倾斜越明显，生产规模的扩大使出口增加更多，总出口从上升0.013 个百分点增加为上升 0.016 个百分点。由结果可以看出，污染产业产量的下降，可能需要进口来满足国内需求，进口量增加，在一定程度上可以改变我国贸易顺差持续增加的现状。运用此政策相当于政府的转移支付减少，基础性产品价格的上升使居民的福利水平下降。建立模型时假定企业实物投资支出和政府实物支出是外生变量，污染产业生产规模的缩小会使企业减少资金投资，多余的资本在流向其他产业时还会增加储蓄，总投资额为正向变动，情景2 会比情景 1 的变动幅度更大，变动率由 0.008 个百分点上升为 0.012 个百分点。

表 7-9 降低污染产业出口退税率对宏观经济及污染排放的影响

单位:%

	情景 1	情景 2
GDP	−0.007	−0.013
消费	−0.102	−0.148
投资	0.008	0.012
总进口	0.021	0.045
总出口	0.013	0.016
化学需氧量排放	−0.043	−0.079
氨氮排放	−0.018	−0.035
二氧化硫排放	−0.157	−0.316
氮氧化物排放	−0.124	−0.253

依据2011 年《中国环境统计年鉴》可以获得各行业化学需氧量排放量、氨氮排放量，二氧化硫排放量及氮氧化物排放量的值，在情景 1 和情景 2 下，各项指标排放量均下降。这是因为从规模效应来看，仅对重度污染行业减少出口退税，使重度污染产业受到冲击，行业生产者可能缩小生产规模，假设污

物排放系数不变，那么引起污染排放量下降，但是由结构效应可知，闲置的劳动力和资本流动到中度污染产业，同样会增加污染排放量，在一定程度上抵消了重度污染产业的规模效应，也就是说出现了污染转移，使污染排放物的下降幅度不太明显；而对重度污染产业及中度污染产业同时降低出口退税，从规模效应看，可以使污染产业产量下降，那么污染排放物会大量减少，从结构效应看生产要素会自由流动到清洁产业部门，使清洁产品产量增加，这样可以促使我国产业结构转型，在污染产业规模缩小的同时实现清洁产业扩张。此外，在短期内，采用降低或取消出口退税的贸易政策会使企业利润空间缩小，在一定时间内它们并不选择提高治污技术，可能会增加排污量，对环境造成进一步的破坏，如果环境监管不到位，会使降低出口退税、保护环境的目标难以达到，环境质量会变得更差。

（二）对清洁产业产量及价格的影响

在情景 1 下，重度污染产业及其互补产业，如金属矿采选业，非金属矿及其他矿采选业，食品制造及烟草加工业，纺织服装、鞋帽、皮革、羽绒及其制品业等中度污染产业产值均出现了不同程度的下降，而通信设备、计算机及其他电子设备制造业，仪器仪表及文化办公用机械制造业，信息传输、计算机服务和软件业等高新技术产业以及住宿和餐饮业、金融业、房地产业、租赁和商务服务业这些清洁产业的生产规模扩大，随着产量上升，价格会出现反向变动。在情景 2 下，对本书所认定的污染产业都减少出口退税时，各产业的产值在变化方向上与情景 1 相同，变化幅度会更大，如表 7-10 所示。产生这种现象的原因是模型在一般均衡条件下降低或者取消出口退税会增加重污染行业的生产成本，使部分厂商放弃这种产品的生产，其关联产品的产量也会下降，同时造成资本和劳动力向其他产业部门转移，这就解释了低能耗、低排放产业产量的上升。从模拟结果来看，各个行业产量值的变化导致占总产量的比重也会发生变化，重度污染产业占总产值的比率由基准情形的 28% 下降为 26% 左右，而轻度污染产业和非污染产业的占比都上升，从 27% 上升为 28%，说明清洁产业在降低污染产业出口退税的贸易政策下，产量会增加并且价格下降，在实现产业结构优化提高国民生产总值的同时会降低污染排放量，在一定程度上会达到优化环境质量的目的。

表 7-10　降低出口退税对各行业产出及价格的影响

单位:%

部门	情景 1		情景 2	
	产量	价格	产量	价格
重度污染产业	-0.049	0.105	-0.082	0.214
中度污染产业	-0.029	0.086	-0.043	0.152
轻度污染产业	0.023	-0.039	0.036	-0.057
非污染产业	0.012	-0.036	0.014	-0.041

（三）对清洁产业出口的影响

表 7-11 中列出了对重度污染产业降低或取消出口退税各个产业进出口的变动情况，可见轻度污染产业的出口量增加，而且随着对污染产业的作用力度加大，进口量也变得越来越少；非污染产业的变动趋势与轻度污染产业相同，但是变化幅度更大。这是因为对污染产业减少出口退税，影响了该行业产品的出口竞争力，而清洁产业产品相对变得便宜，出口竞争力得到了提升。煤炭开采和洗选业，纺织业，造纸印刷及文教、体育用品制造业，石油加工、炼焦及核燃料加工业，化学工业，非金属矿物制品业，金属冶炼及压延加工业，电力、热力的生产和供应业等重度污染产业部门出口下降幅度明显，且随着出口退税率取消范围的扩大，重度污染产业出口由下降 0.084 个百分点变为下降 0.178 个百分点，企业减少生产，导致国内供给不足，进口会出现一定幅度的增长，情景 2 中对中度污染产业也减少出口退税，其出口量下降了 0.012 个百分点。两种情形下都促使了电气机械及器材制造业，通信设备、计算机及其他电子设备制造业，仪器仪表及文化办公用机械制造业，工业品及其他制造业，燃气生产和供应业，水的生产和供应业，交通运输及仓储业，批发和零售贸易业等清洁产业出口量的增加，因为污染行业生产规模缩小，资本和劳动力自由流向清洁产业，使其产量增加，进一步扩大了价格优势，增加了出口竞争力，出口呈上升趋势，进口减少。这些清洁产业不仅有低能耗、低排放的特点，还包括了信息传输、计算机服务和软件业等高新技术产业，当大量人力资本投入其中时，可以产生技术效应，从长期看能够提升行业的生产水平。这表明贸易政策的使用通过改变各个产业的进出口数量，对我国的贸易结构产生影响。

表 7-11　降低出口退税对各产业进出口的影响

单位:%

部门	情景 1		情景 2	
	出口	进口	出口	进口
重度污染产业	-0.084	0.046	-0.178	0.135
中度污染产业	0.016	0.031	-0.012	0.092
轻度污染产业	0.043	0.012	0.096	0.008
非污染产业	0.079	-0.005	0.102	-0.023

综合以上结果可以看出:

(1) 从对宏观经济和污染排放的影响来说,两种情形都会使国内生产总值和消费减少,投资、进口以及出口有正向变动。仅对重度污染产业部门降低或取消出口退税会使该类产品的出口量下降,生产要素的自由流动可能会使中度污染产业的产量提高,增加工业废水、废气的排放,存在污染转移的风险,使整个经济系统的污染减排效果并不明显。对重度污染产业及中度污染产业同时降低出口退税,则污染转移的现象会好转,污染排放控制效果比较好。

(2) 从对清洁产业产出及价格影响的角度来说,两种情形都会使清洁产业的产量上升、价格下降,使污染产业的产量下降、价格上升。随着出口退税执行力度的加大,清洁产业产量及价格变动的幅度更明显。

(3) 从清洁产业进出口结构的变动情况来看,对污染产业降低出口退税,在"小国假设"的前提下,出口价格的升高削弱了国际竞争力,抑制了出口增长。清洁产业产品出口数量会增加,原因在于污染产业缩小生产规模后,多余的资本和劳动力向清洁产业流动,使其产量上升后价格下降,有利于出口。各产业产量及出口量的变化也会导致进口量发生变化,所以清洁产品的进口量下降。

二、环境政策模拟

我国长期以来并没有像发达国家,如加拿大、爱尔兰、芬兰等,将税收作为保护环境的一项重要政策措施,而是用一些其他税种,如消费税、资源税、城市维护建设税、城镇土地使用税和耕地占用税及车船税来行使保护环境的职责，但是环境公共物品存在外部性，环境资源的市场价格低于其真实价格，经济活动主体过度使用环境资源，使环境资源市场配置失灵，造成高昂的社会代价，最终损害了环境资源的可持续效益。"中国环境税征管问题"课题研究显示，OECD 成员国环境税的税基涉及范围很广，不仅包括与环境污染相关的各个领域，还包括资源环境的诸多方面。基于该分类标准，以 2009 年的数据计算可得，中国环境税收入总额已达到 9636.6 亿元（不包括废弃物管理和污染物排放），占国内生产总值的 2.87%，占税收总额的 15.27%。而同期的 OECD 成员国家与环境相关的税收总额仅占国内生产总值的 2.27%，占税收总额的 5.66%。

在 2015 年 5 月国务院下发的《关于加快推进生态文明建设的意见》中，明确提出健全生态文明制度体系，拟征收环境税，环境税属于环境经济政策，是按照市场经济规律的要求，运用价格、税收、收费等经济手段，调节或影响市场主体的行为，以实现经济建设与环境保护协调发展的政策手段。与传统行政手段的"外部约束"相比，环境经济政策是一种"内在约束"力量，具有促进环保技术创新、增强市场竞争力、降低环境治理成本与行政监控成本等优点。环境税采用"谁污染，谁付费"原则，明确规定了负外部性的负责人，克服了排污费征管效率低、地方政府甚至以降低收费作为引资优惠条件的弊端。目前，单纯依靠传统的行政干预方法已经明显不足以解决现阶段生态环境领域面临的突出问题，必须出台更合理、更全面的政策，采用财税政策等经济杠杆调节的手段。所以，进行以环境税和"税制绿化"为代表的绿色财税制度改革就成为必然选择。

我国开征环境税后对宏观经济及各项经济指标有何影响？能否优化产业结构，促使清洁产业扩张？这些问题都有待研究分析。本节拟采用可计算一般均衡模型对征收环境税进行模拟，依据前文建立的社会核算矩阵，把污染排放账户加入 SAM 表中，将环境系统与经济系统统一，工业部门按行业划分所排放的化学需氧量、二氧化硫、氨氮化物、氮氧化物数量及排污费可通过 2011 年《中国环境统计年报》获得，各种污染排放物的排污系数是投入产出表中按清洁程度分类集结后总的排污量与产值的比值，这作为环境政策模拟的基准情形。情景模拟是将按污染当量[1]排污收费改为征收环境税。基准情形收费是按照 2010 年排污费征收标准，废气排污费征收标准为 0.6 元/污染当量，废水排污费征收标准为 0.7 元/污染当量，那么化学需氧量、氨氮化物、二氧化硫和氮氧化物的征收标准分别为 0.7 元/污染当量、0.7 元/污染当量、0.6 元/污染当量、0.6 元/污染当量。从我国目前的状况来看，环境税将是比征收排污费更为严厉的环境治理措施，这是现实选择与未来努力的方向。因此，本书对污染排放物征收直接税，将税率分别设定为排放费征收标准的 2 倍及 3 倍，模拟在更为严厉的措施下宏观经济指标与污染物排放的变动情况。

情景 3：环境税征收标准设置为基准情形的 2 倍。

情景 4：环境税征收标准设置为基准情形的 3 倍。

(一) 对宏观经济及污染排放的影响

表 7-12 中列出了征收环境税对宏观经济及污染排放的影响，国内生产总值、消费、进出口以及各项污染物的排放都出现了不同程度的下降。由表 7-12 可知，对国内生产总值的影响相较于消费、环境污染物排放量的变动要小得多，这说明政策对减少污染物排放的作用更为明显。这是因为征收环境税将环境破坏这种负的外部效应内化到各个企业的成本中，是专门针对环境保护的政策，所以对污染物排放的治理力度大、效果好。由表 7-12 可知，在相同税率的情况下，二氧化硫排放、氮氧化物排放的变动幅度要大于化学需氧量排放、氨氮化物排放的变动幅度在情景 3 中，0.28% 和 0.257% 要高于 0.065% 和 0.031%，在情景 4 中同理也成立，这可能是因为：2010 年工业二氧化硫与工业氮氧化物排放量为 2017.2 万吨和 1729.7 万吨，而工业化学需氧量和工业氨氮化物排放量为 354.8 万吨和 28.1 万吨[2]，实行环境税政策后，排放量大的污染物受到政策冲击的作用更强，变动也就更剧烈。环境税的征收使总进口与总出口呈现负向变动，进出口总量下降，这是因为产品征税会使各个企业生产成本增加导致价格升高，削弱出口竞争力，并且随着环境税率的提高，下降幅度

---

① 某污染物的污染当量数 $= \dfrac{\text{该污染物的排放量（千克）}}{\text{该污染物的污染当量值（千克）}}$，污染物的污染当量值可参考《排污费征收标准及计算方法》。化学需氧量、氨氮化物、二氧化硫和氮氧化物的污染当量值分别为 1、0.8、0.95 和 0.95。

② 资料来源于 2011 年《环境统计公报》。

更加明显, 总出口从下降 0.056 个百分点上升到下降 0.126 个百分点。税赋增加, 居民实际收入减少, 购买力下降, 那么消费随之也会呈现负向变动, 使总进口减少, 但是政府税收收入增加, 此时可以采用扩张的财政政策, 通过减免所得税或者增加来补贴来改善居民福利, 提高购买力。投资变动量为正, 明显高于实行贸易政策时的变动率, 而实物投资外生给定, 说明征收环境税对企业的影响更大, 将有更多的资金投资于资本市场或者增加清洁产业的投资规模。

表 7-12　征收环境税对宏观经济及污染排放的影响

单位:%

	情景 3	情景 4
GDP	-0.018	-0.045
消费	-0.326	-0.715
投资	0.033	0.062
总出口	-0.056	-0.126
总进口	-0.073	-0.195
化学需氧量排放	-0.065	-0.214
氨氮排放	-0.031	-0.093
二氧化硫排放	-0.280	-0.827
氮氧化物排放	-0.257	-0.754

(二) 对清洁产业产量及价格的影响

征收环境税会使工业企业的生产成本上升, 相对于清洁产业来说, 对污染产业的作用力度更强。表 7-13 列出了征收环境税对各大类产业部门的产出水平及产品价格的影响。从产量来看, 随着环境税率的提高, 重度污染产业及中度污染产业产量明显下降, 而轻度污染产业及非污染产业产量增加, 也就是说, 煤炭开采和洗选业、食品制造业、纺织业、造纸及纸制品业、化学工业等会缩小生产规模, 降低污染排放, 而通用设备制造业, 专用设备制造业, 交通运输设备制造业, 电气机械及器材制造业, 通信设备、计算机及其他电子设备制造业, 仪器仪表及文化办公用机械制造业, 工业品及其他制造业等清洁产业部门的产量会增加。这说明征收环境税在保护环境的同时, 劳动力和资本从重度污染产业向轻度污染产业自由流动，导致产量增加。模型采用的是新古典宏观闭合规则，劳动力和资本得到了充分利用，GAMS软件模拟结果也显示，轻度污染产业要素投入的增加值最大。从价格来看，产出下降较大的产业也是价格增加最大的产业，原因在于金属冶炼及压延加工业，电力、热力的生产和供应业由于征收环境税导致产出下降，但是其关联行业，如通用设备制造业、专用设备制造业、交通运输设备制造业、电气机械及器材制造业受征税的影响较小，所以对电热及金属的需求依然很大，但是供给变少，两者综合作用使污染排放量大的重度污染产业价格上升，不利于出口，而清洁产业产量增加，价格会下降，价格优势增加出口。情景3与情景4的模拟结果证明了税率的增加会使这种变化更为明显，重度污染产业在情景3下价格上升了0.086个百分点，而在情景4下增加了0.127个百分点，清洁产业总体来说产量上升，价格下降。

表7-13　征收环境税对各产业产量及价格的影响

单位:%

部门	情景 3		情景 4	
	产出	价格	产出	价格
重度污染产业	−0.209	0.086	−0.427	0.127
中度污染产业	−0.215	−0.012	−0.612	−0.042
轻度污染产业	0.141	−0.039	0.356	−0.115
非污染产业	0.084	−0.036	0.138	−0.096

(三) 对清洁产业出口的影响

征收环境税会抑制重度污染产业产品出口，提升清洁行业的出口竞争力，降低贸易顺差对我国环境的影响。表7-14中列出了我国征收环境税对各行业进出口的影响。造纸业，化学工业，石油加工、炼焦及核燃料加工业等重度污染产业产品的出口明显下降，而且税率越高，出口下降幅度越大，而电子通信及仪器仪表产业和服务业的出口明显增加，其增长幅度分别达到0.313个百分点和0.349个百分点。由于环境税的征收改变了国内生产结构，所以进口也会发生相应的变化。可以看出，征收环境税对贸易结构的影响比较大，因为严厉的环境政策将排污成本内部化，生产成本的提高促使企业寻求治污水平的突破，对于保护环境和技术进步都是有利的。环境政策对污染产业的作用力度相对较强，清洁产业在这种情况下出口量上升，进口量下降，贸易结构发生改变。

表 7-14 征收环境税对各产业进出口的影响

单位：%

部门	情景 3		情景 4	
	出口	进口	出口	进口
重度污染产业	-0.418	-0.121	-0.798	-0.334
中度污染产业	-0.512	-0.216	-0.934	-0.472
轻度污染产业	0.313	-0.068	0.349	-0.158
非污染产业	0.041	0.178	0.102	0.196

本部分在原有社会核算矩阵的基础上，加入了环境污染排放账户，在 GAMS 软件中模拟环境政策对宏观经济、污染排放、各行业产量与价格以及进出口的影响。结果表明：

（1）从对宏观经济及污染排放的影响来看，征收环境税对 GDP、消费及进出口均有负面影响，但是对污染排放的控制作用明显，污染物的下降幅度远高于对国内生产总值的抑制作用。征税后，政府财政收入增加明显，会对居民福利产生负面影响，但是生存环境变好这种正的外部效应可以改善居民社会福利水平，政府也可以通过增加转移支付或者补贴提高居民购买力，所以该政策带来的社会负面影响事实上要小于模拟出来的结果。

（2）在产业结构方面，促进了清洁产业的发展，缩小了重度污染产业和中度污染产业的生产规模。征收环境税对污染产业的抑制作用更明显，清洁产业的产量上升、价格下降，有助于改善环境和产业结构的优化升级。政府征收高标准的环境税，使税率与污染治理成本相匹配，有助于规范企业行为，提高治污技术水平，减少污染物排放，并增强企业竞争力。

（3）在对外贸易方面，国家实行严格的环境税收政策，一方面可以减少国内企业的污染排放，另一方面严格的环境规制也避免了我国成为发达国家"污染天堂"的可能。从贸易结构变动情况来看，清洁产业出口增加，而污染产业出口减少，在此过程中，可以多向国外学习先进经验，寻求与发达国家的合作，提高国际竞争力。

三、贸易政策与环境政策协调作用模拟

前文已经利用 CGE 模型分别对贸易政策与环境政策的政策效果进行了模拟，为了改善环境质量，针对重度污染产业采取了较为严厉的措施。虽然两者都呈现出污染物排放量减少，但是也抑制了整个经济的发展，国内生产总值下降，居民消费水平降低，进出口量也出现了负增长，这不利于我国长期发展。而且降低出口退税的贸易政策主要是针对经济行为设置的，对环境改善的作用较弱，其资源配置是以经济产出最优化为标准，在短期内还有可能增加污染物排放。征税环境税对污染治理的效果更为明显，但是对 GDP 却有明显的负向作用。在本部分，拟对两种政策相协调使用进行模拟，改变政策单独使用的限制，研究如何使污染排放得到控制的同时保持经济稳定发展。由于相对于降低出口税率来说，环境税对经济增长的抑制作用更强，对污染控制的效果好，所以设置情景时，环境税可以固定在某一税率，通过贸易政策实施力度的加大扩大出口，带动经济发展。

情景 5：对轻度污染产业增加出口退税，由基准税率的 6% 增加到 8%，化学需氧量、氨氮化物、二氧化硫和氮氧化物的环境税征收标准分别为 1.4 元/污染当量、1.4 元/污染当量、1.2 元/污染当量、1.2 元/污染当量。

情景 6：对轻度污染产业增加出口退税，由基准税率的 6% 增加到 10%，化学需氧量、氨氮化物、二氧化硫和氮氧化物的环境税征收标准分别为 1.4 元/污染当量、1.4 元/污染当量、1.2 元/污染当量、1.2 元/污染当量。

（一）对宏观经济及污染排放的影响

模拟贸易与环境政策协调作用的结果显示（见表7-15），征收相同税率的环境税时，随着对轻度污染产业出口退税率的增加，不仅污染排放得到有效控制，而且国内生产总值的正向变动幅度也会加大，由 0.003 个百分点上升至 0.007 个百分点，且其余各项宏观经济指标均上升。这说明确定环境税征收标准会提高所有污染排放企业的成本，尤其对污染排放量大的重度及中度污染产业，而闲置的大量资本和劳动力必定要流入其他市场。此时增加轻度污染产业的出口退税，政策将引导劳动力与投资有目标地流动，通用设备制造业，专用设备制造业，交通运输设备制造业，电气机械及器材制造业，通信设备、计算

机及其他电子设备制造业，仪器仪表及文化办公用机械制造业等行业产品的产量会上升，金融保险等服务行业的就业人数也会增加。对清洁产业的出口优惠使其在出口方面具备价格优势，所以轻度污染产业的出口增加在一定程度上可以抵消重度污染产业产量和出口量下降的影响，总出口呈正向变动的趋势。污染排放强度高的产业产量下降，短期内可能使国内有效需求不能满足，可以从国外进口增加供给量，长期来看国家可以加大研发补贴，提高它们的生产技术水平。政府收入变化不明显，由 176264 亿元变动为 176259.63 亿元，因为在此静态 CGE 模型中，环境税收入可能用于出口补贴以支持清洁产业的扩张或者提高重度污染产业的治污技术水平。环境质量的改善提高了居民的社会福利水平，居民收入的增加使消费能力提高，国内消费增加。而经济的增长、清洁产业生产规模的扩大都会促进投资的增加。

表 7-15　贸易与环境政策协调作用对宏观经济及污染排放的影响

单位:%

	情景 5	情景 6
GDP	0.003	0.007
消费	0.135	0.251
投资	0.012	0.003
总出口	0.025	0.049
总进口	0.017	0.032
化学需氧量排放	−0.047	−0.087
氨氮排放	−0.029	−0.052
二氧化硫排放	−0.233	−0.476
氮氧化物排放	−0.280	−0.382

（二）　对清洁产业产量及价格的影响

表 7-16 列出了两种政策协调作用时四种产业产量及价格水平的变动率。从产出水平来看，重度污染产业及中度污染产业的产出水平都有所下降，而清洁产业的产量上升，在两种情景下，环境税征收的强度相同，随着对轻度污染产业出口退税率的提高，重度污染产业产量下降幅度分别为 0.257 个百分点和

0.513个百分点，轻度污染产业上升幅度为0.267个百分点和0.482个百分点，同时也促进了服务业等非污染产业的发展。我国作为制造业大国，依靠出口拉动我国经济增长，将劳动力和资本转移到通信设备、汽车制造、航天运输等相对清洁的产业是很有必要的。从价格来看，价格变化与产量变化存在负相关的关系，污染排放强度高的产业产出减少，短期内需求不变，价格呈现上升趋势，而对轻度污染产业增加出口退税政策以及征收环境税都是在一定程度上保护清洁产业的发展，使其具有价格优势，产量也会提高。

表7-16　贸易与环境政策协调作用对各行业产量及价格的影响

单位:%

部门	情景5		情景6	
	产出	价格	产出	价格
重度污染产业	−0.257	0.109	−0.513	0.136
中度污染产业	−0.243	0.008	−0.479	0.013
轻度污染产业	0.267	−0.075	0.482	−0.169
非污染产业	0.175	−0.053	0.217	−0.138

(三) 对清洁产业出口的影响

从模拟结果来看（见表7-17），贸易政策与环境政策协调使用时对贸易结构的影响比较大，污染产业在两种政策的双重作用下，出口明显减少，比政策单独作用时变动幅度更大，进口也开始呈现正向变动。笔者认为，这主要是由于两种政策相对支持清洁产业的发展，也就是要扩大通用设备制造业、专用设备制造业，交通运输设备制造业，电气机械及器材制造业，通信设备、计算机及其他电子设备制造业，仪器仪表及文化办公用机械制造业等行业的生产规模，但是我们可以明显看出，这些行业的原材料都有钢铁、电等的投入，而这都属于重度污染产业，当本国不能满足需求时，必然通过进口来增加供给，导致重度污染产业的进口会增加。而高新技术以及服务业的产量增加，扩大了消费以及出口，在一定程度上带动了GDP的发展，能够达到环境保护与经济发展的目的。

表 7-17　贸易与环境政策协调作用对各产业进出口的影响

单位:%

部门	情景 5		情景 6	
	出口	进口	出口	进口
重度污染产业	−0.634	0.197	−1.27	0.327
中度污染产业	−0.598	0.164	−0.983	0.216
轻度污染产业	0.421	−0.067	0.826	−0.096
非污染产业	0.359	−0.124	0.558	−0.183

　　从贸易与环境政策协调使用模拟的情况来看，其结果要优于政策单独使用时的情形：

　　（1）从对宏观经济及污染排放的影响来看，各项经济指标都有不同程度的上升，污染物排放量也得到了控制，但是污染物排放减少的幅度没有单一征收环境税的效果好。

　　（2）从对清洁产业产量及价格的影响来看，产量增加及价格下降的幅度均比实施单一政策时大，这是因为征收环境税与对轻度污染产业增加出口退税都对污染产业有抑制作用，对清洁产业的生产规模有促进作用，从而加快劳动力和资本流向清洁产业，使其产量增加。

　　（3）从清洁产业进出口结构的变动情况来看，对轻度污染产业增加出口退税的措施，有助于清洁产业的出口增加，加上国内产量的变动会使进口也发生变化，从而呈现正向变动趋势。由总出口增加可知，对污染产业出口的抑制作用会被清洁产品的出口上升所抵消。

四、小结

　　本章利用 CGE 模型分别模拟了贸易政策、环境政策以及贸易与环境政策协调作用对宏观经济、污染排放、清洁产业产量与价格及进出口的影响。可以得到以下结论：

　　第一，在宏观经济方面，贸易政策与环境政策分别作用时，会使国内生产总值、消费以及进出口等各项经济指标出现负向变动。由于环境政策的作用对象是各项污染物，所以会对各个产业都有冲击作用，而贸易政策仅作用于重度污染产业，所以环境政策对经济发展的负面影响更大。在污染治理方面，环境政策对污染物排放减少的效果更明显，原因在于环境政策将污染治理成本内部化，而贸易政策是促使企业以经济产出最优化而不是环境最优化决定生产行为，在短期内有可能出现污染企业加大排放量以提高利润和转移污染的情况。而贸易与环境政策协调使用时，可以在控制污染的同时促进经济增长。

第二，从对清洁产业的影响来看，在清洁产业的产量及价格方面，贸易政策与环境政策的使用都可以使清洁产业的生产规模扩大。因为对污染产业减少出口退税使其出口量下降，改变了现有贸易结构，进而促进劳动力和资本的流动，使国内清洁产业比重上升，而清洁产业的污染物排放量较少，环境政策对其的作用力度相对较弱，企业的成本增加不明显，在一定程度上也鼓励了清洁产业的发展，所以两项政策对清洁产业的发展都是有利的。当两种政策协调作用时，从结果可以看出，清洁产业的产量增加幅度更大，价格也会下降，而污染产业的产量下降，产业结构变化更为明显。在清洁产业出口方面，模拟结果都显示，由于清洁产业产量的增加以及对污染产业的抑制作用，清洁产品出口量均上升。

第三，在贸易与环境政策协调作用的情景下，环境政策通过减少污染排放保护环境，实施贸易政策扩大清洁产业的出口，两者结合使用相当于对清洁产业的补贴力度更强，促进了产业结构的升级。此外，在对污染排放物征收环境税的同时，对清洁产业增加出口退税，可以形成政策互补优势，促进清洁产业扩张，兼顾环境保护与经济发展。从本章研究结果来看，政策的协调使用可以弥补政策单一使用的不足，对推进我国经济平稳快速发展有积极意义。

第四节　政策启示

我国作为世界上最大的发展中国家，劳动力资源相对丰富，长期以来依靠出口化解我国产能过剩的问题，同时也带动经济高速发展。但是现阶段我国的对外贸易还处于物流链的较低端，出口产品技术含量低，耗能偏大，排放较高，加重了环境污染。随着全球对环境问题的重视以及环境问题给生产生活带来的巨大危害，人们已经意识到保护环境的重要性。对于我国目前的状况，必须大力对清洁产业进行政策扶持，通过产业结构升级转变经济发展方式。习近平总书记多次提出的供给侧结构性改革，就是要提高供给质量，推进结构调整。针对我国的钢铁、水泥等高能耗和高污染行业持续亏损、产能过剩严重的现状，我们必须加大研发成本和政策倾斜力度，促进我国清洁产业的发展，调整产业结构，在解决产能问题的同时促进环境保护。我国目前是低端产品供给过剩、高端产品供给不足，这更需要发展清洁产业中技术含量高的行业，改变高端技术依赖进口的局面。对于发展清洁产业并实现其出口扩张的问题，根据本书研究结果，提出以下几点建议。

一、进一步加大对清洁产业的出口补贴力度

从前文的分析中可以看出，对某一产业实施贸易政策，会对该产业的产量以及进出口带来较大变动，进而调整现有产业结构。对于我国目前的状况，可以进一步加大对清洁产业的出口补贴力度，鼓励清洁产业生产规模的扩大，在出口方面以清洁产品代替污染产品。我国作为一个发展中国家，要坚定不移地依靠"走出去"战略提升国际地位，铁路、船舶、航空航天设备制造业，计算机、通信和其他电子设备制造业，精密仪器及设备制造业等高新技术行业以及金融业、保险业等服务性行业等都属于本书研究的清洁产业，2012～2014 年车辆、航空器、船舶及有关设备出口金额均为 1000 亿美元左右，2014 年占出口总额的比例极小，仅为 0.7%[①]，表明这些行业还有很大的发展空间。第一，鼓励低排放清洁产业的出口贸易发展，如太阳能和风力发电设备、信息技术产品等，政府可以对这些关系到我国未来发展的高新技术产业加大出口退税及出口补贴力度，以及对清洁产业提供出口信贷贸易政策，在对外贸易方面加大优惠力度，促进这些产业生产规模扩大，带动相关产业的发展，在改善环境的同时增加出口量。第二，优化出口商品结构，使我国出口清洁产品达到环保技术认证标准，提升产品的附加值，增强出口贸易的核心竞争力。第三，政府提供研发资金支持，促进清洁产业低碳创新，将清洁产业作为我国绿色制造的新优势，从劳动力出口向技术出口转型，积极主动对接相关国家的需求。尤其在"一带一路"战略下，沿线五六十个国家中大多数经济发展水平较低，更要发

[①]　资料来源：《中国统计年鉴》（2014）。

挥我国的技术优势，将我国的清洁产品像发展高铁一样协作配套"走出去"，通过出口带动产业结构的转变。

二、对清洁产业执行差异性的环境税收政策

本书研究结果显示，实行环境税是非常有必要的，可以将环境问题内部化，当环境税高于治理成本时，可以规范企业的行为，使企业对内部产生的工业废水、工业废气、工业固体废弃物等污染物进行先治理后排放的处理。环境具有非竞争性、非排他性的公共产品的性质，因而私人部门缺乏保护意识，环境被破坏后，政府需要大量资金去修复，征收环境税可以增加财政收入，拨付专项资金对环境进行保护。但统一标准的税收制度会给清洁产业和经济增长带来不利的影响，所以可以对清洁产业实施相对宽松的环境税收政策，适当降低企业的生产成本，从而有利于清洁产业的发展。第一，要设置差别化的税率，清洁产业对环境污染的作用有限，可以对其征收较低税率的环境税，保证经济发展。第二，可以制定每年减排的比例，对污染产业实行差异化的减排激励，先进治污企业的减排任务可以适当低于减排比例，落后企业要承担更多的减排任务，对超额完成减排任务的企业可以进行适当奖励。此外，在环境政策方面，还需要注意：第一，为了保护环境，应加强监督与执行力度，将税收工作落到实处，用完善的法律体系保证环境保护顺利进行。第二，环境税与我国目前的一些税种有重叠的部分，如资源税、车船使用税等，出台政策时，环境税应作为独立的税种，要有确定的税基，防止过度、重复征税，对企业的持续经营造成过大压力。第三，环境税对征收人员的专业技能要求高，其对于污染物的排放种类和排放量要有基本认识，因而需要对征管人员进行专业化培训。

三、加强政策协调使用，促进经济发展

当政府致力于经济增长时，对环境造成了损害，当实行环境政策保护环境时，又抑制了经济发展，所以政府要注重政策的协调使用，环境政策可以调节国内产业结构，而贸易政策可以改变进出口结构，两者共同发挥作用，可以在保护环境的同时，促进经济的健康发展。电力、钢铁及化工行业作为我国的支柱产业，加重了环境污染，可以从以下几个方面实行环境政策，改善环境质

量：第一，可以采用奖励机制，对污染治理效果好的企业采取减免税收或增加补贴的方式奖励，树立良好的示范效应。第二，可以采用扩张性的财政政策，增加对重要支柱产业的转移支付，或者减少企业其他方面的税赋如企业所得税，以削弱征收环境税对企业的抑制作用，保持发展活力。第三，政府下发行政指令将污染排放量大的企业进行集中管理，积极推行小企业合并。我国现在之所以高污染的行业排污状况严重，正是因为这些企业治污技术水平不够，合并后产生的规模效应有助于提高企业的利润和加大对治污设备的投资。第四，在高新技术产业进出口中，我国出口最多的是美国和欧盟，它们作为技术研发中心和主要消费市场占领了生产链条的首尾，进口最多的是韩国和日本，我国要积极学习发达国家的科学技术。如航空业属于高端技术产业，航油消耗量增速高达 8%，排放物也会对环境质量产生影响，因此要加大对高新技术产业的研发补贴和法律保护，将节能思想贯穿到每个行业，提高研发积极性，增强技术竞争力。

此外，随着人们生活水平的提高，对改善环境质量的呼声越来越高，环保意识越来越强，对清洁产品的需求同样可以使清洁产业生产规模扩大，如在新能源汽车广泛应用的同时，加强基础设施建设，加快充电桩布点装置，达到城际互联、远程出行的目标，让居民使用清洁产品成为习惯，从而促进清洁产业的发展。

附录　贸易与环境政策 CGE 模型的社会核算矩阵

	商品1	商品2	商品3	商品4	活动1	活动2	活动3	活动4	化学需氧量	氨氮化物	二氧化硫	氮氧化物	劳动力	资本	居民	企业	政府	政府补贴	国外	资本账户	总和
商品1					170408	33388	82515	65403							9215					16	360945
商品2					32555	32074	20352	22435							37386					2049	146851
商品3					60300	40333	136480	44272							34832		1094			91352	408663
商品4					21301	9741	26641	50796							63282		32341			132178	336280
活动1	333783																	1787	27298		362868
活动2		132599																942	14391		147932
活动3			337978															3693	56410		398081
活动4				329046														905	13812		343763
化学需氧量					17	7	1	1													26

续表

	商品1	商品2	商品3	商品4	活动1	活动2	活动3	活动4	化学需氧量	氨氮化物	二氧化硫	氮氧化物	劳动力	资本	居民	企业	政府	政府补贴	国外	资本账户	总和
氨氮化物					15	4	1	2													22
二氧化硫					102	6	1	0.5													109.5
氮氧化物					98	2	1	0.5													101.5
劳动力					28193	11974	69880	80962													191009
资本					33214	12192	42975	64347													152728
居民													191009	4685		51650	1762		2808		251914
企业														146860							146860
政府	4623	2430	11181	1612	16665	8211	19234	15544	26	22	109.5	101.5			4836	12844				78825	176264
政府补贴																	7327				7327
国外	22539	11822	59504	5622										1183			177			13872	114719
资本账户															103363	82366	133563				318292
总和	360945	146851	408663	336280	362868	147932	398081	343763	26	22	109.5	101.5	191009	152728	251914	146860	176264	7327	114719	318292	3864755

注：活动1、活动2、活动3 及活动4 分别指重度污染产业、中度污染产业、轻度污染产业和非污染产业部门的生产活动，商品与之相对应。

参考文献

［1］张欣. 可计算一般均衡模型的基本原理与编程［M］. 上海：格致出版社，2010.

［2］Roland 等. 政策建模技术：CGE 模型的理论与实现［M］. 北京：清华大学出版社，2009.

［3］保罗·克鲁格曼. 战略性贸易政策与国际经济学［M］. 北京：中国人民大学出版社，2002.

［4］布莱恩·科普兰，斯科特·泰勒尔. 贸易与环境——理论及实证［M］. 上海：上海人民出版社，2009.

［5］徐滇庆. 可计算一般均衡模型（CGE）及其新发展［A］//现代经济学前沿专题［C］. 北京：商务印书馆，1993.

［6］保建云. 新贸易保护主义的新发展与中国的战略性贸易政策选择［J］. 国际贸易问题，2007（5）.

［7］柏菊. "中国是污染避难所"假说的理论分析与实证检验［D］. 南京工业大学硕士学位论文，2006.

［8］刘嘉，秦虎. 美国环保产业政策分析及经验借鉴［J］. 环境工程技术学报，2011（1）.

［9］王盟. 战略性贸易政策在我国环保产业的应用研究［D］. 辽宁大学硕士学位论文，2012.

［10］王文志，陆建明. 外商直接投资于中国制造业的污染排放：基于行业投入—产出的分析［J］. 世界经济研究，2011（8）.

［11］王绪龙. 外商投资对我国环境污染的影响分析与对策［J］. 价格月刊，2009（1）.

［12］陈诗一. 能源消耗、二氧化碳排放与中国工业的可持续发展［J］.

经济研究，2009（4）.

[13] 段志刚. 中国省级区域可计算一般均衡建模与应用研究［D］. 华中科技大学博士学位论文，2004.

[14] 贺菊煌，沈可挺，徐嵩龄. 碳税与二氧化碳减排的 CGE 模型［J］. 数量经济技术经济研究，2002（10）.

[15] 侯瑜. 理解变迁的方法：社会核算矩阵及 CGE 模型［M］. 大连：东北财经大学出版社，2006.

[16] 姜林. 环境政策的综合影响评价模型系统及应用［J］. 环境科学，2006（5）.

[17] 牛海霞，罗希晨. 我国加工贸易污染排放实证分析［J］. 国际贸易问题，2009（2）.

[18] 庞军，邹骥. 可计算一般均衡模型在环境经济研究中的应用和展望［J］. 环境保护，2005（1）.

[19] 任重，周云波. 环渤海地区的经济增长与工业废气污染问题研究［J］. 中国人口·资源与环境，2009（2）.

[20] 童锦治，沈奕星. 基于 CGE 模型的环境税优惠政策的环保效应分析［J］. 当代财经，2011（5）.

[21] 王灿，陈吉宁，邹骥. 基于 CGE 模型的 CO_2 减排对中国经济的影响［J］. 清华大学学报，2005（12）.

[22] 魏涛远，格罗姆斯洛德. 征收碳税对中国经济与温室气体排放的影响［J］. 世界经济与政策，2002（8）.

[23] 魏巍贤. 基于 CGE 模型的中国能源环境政策分析［J］. 统计研究，2009（7）.

[24] 许璞，苏振天. 税制改革、经济效率和社会福利——基于 A-KOLG 框架下的动态 CGE 模拟分析［J］. 当代财经，2012（1）.

[25] 袁欣. 中国对外贸易结构与产业结构："镜像"与"原像"的背离［J］. 经济学家，2010（6）.

[26] 张友国，郑玉歆. 中国排污收费征收标准改革的一般均衡分析［J］. 数量经济技术经济研究，2005（5）.

[27] 张捷，张媛媛. 出口导向型发展模式与产业结构转型升级——以广东省为例［J］. 学术研究，2011（7）.

［28］朱永彬，王铮．碳关税对我国经济影响评价［J］．中国软科学，2010（12）．

［29］金艳鸣，雷明．二氧化硫排污权交易研究［J］．山西财经大学学报，2012（8）．

［30］李洪心，付伯颖．对环境税的一般均衡分析与应用模式探讨［J］．中国人口·资源与环境，2004（3）．

［31］王德发．能源税征收的劳动替代效应实证研究［J］．财经研究，2006（2）．

［32］王京芳，刘丽丽，盛其杰．环境税的倍加红利效应及 CGE 模型对其的支持［J］．城市环境与城市生态，2005（6）．

［33］余群芝．"污染天堂"假说与现实［J］．中南财经政法大学学报，2014（3）．

［34］曾凡银，郭羽诞．绿色壁垒与污染产业转移成因及对策研究［J］．财经研究，2004（4）．

［35］王晓东．环保产业应用战略性贸易政策路径［J］．开放导报，2014（10）．

［36］蔡冬青，朱玮玮．日本家电产业战略性贸易政策实践及对中国的启示［J］．中国科技论坛，2009（9）．

［37］陈秀山，韩波．政府战略性贸易政策对中国汽车产业发展影响效应分析［J］．江海学刊，2007（1）．

［38］陈红蕾，陈秋峰．我国贸易自由化环境效应的实证分析［J］．国际贸易问题，2007（3）．

［39］陈红蕾，陈秋锋．"污染避难所"假说及其在中国的检验［J］．暨南学报，2006（6）．

［40］邓荣荣，詹晶．基于"污染天堂"假说检验的湖南经济增长与环境综合质量关系研究［J］．地域研究与开发，2013（8）．

［41］谷朝君，盘颖．内梅罗指数法在地下水水质评价中的应用及存在问题［J］．环境保护科学，2011，28（2）．

［42］郭笑笑，刘丛强，朱兆州，王中良，李军．土壤重金属污染评价方法［J］．生态学杂志，2011，30（5）．

［43］胡昭玲．战略性产业政策的理论与实证分析［M］．天津：南开大学出版社，2002．

［44］胡昭玲. 战略性贸易政策适用于中国轿车行业的经验分析［J］. 世界经济，2000（9）.

［45］黄先海，谢璐. 中国汽车产业战略性贸易政策的实证研究——R&D补贴政策与出口补贴政策之比较［J］. 世界经济研究，2005（12）.

［46］黄毓青. 战略性贸易政策与我国新型工业化战略的实施［J］. 经济问题探索，2006（2）.

［47］李怀政. 国际贸易与环境问题溯源及其研究进展［J］. 国际贸易问题，2009（4）.

［48］Barbara J. Spencer, James A. Brander. International R&D Rivalry and Industrial Strategy［J］. Review of Economic Studies, 1983（4）.

［49］Barbara J. Spencer, James A. Brander. Tarrifs and the Extraction of Foreign Monopoly Rents under Potential Entry［J］. Canadian Journal of Economics, 1981（14）.

［50］Barbara J. Spencer, James A. Brander. Trade Warfare: Tariffs and Cartels［J］. Journal of International Economics, 1984（3-4）.

［51］Bagwell and Staiger. The Sensitivity of Strategic & Corrective R&D Policy in Oligopolistic Industries［J］. Journal of International Economics, 1994（1-2）.

［52］Collie D. Export Subsidies and Countervailing Tariff［J］. Journal of International Economics, 1991（3-4）.

［53］Dixit. Optimal Trade and Industrial Policies for the U.S. Automobile Industry［J］. Empirical Methods for International Trade, 1988.

［54］Ederingington, Levinson and Minier. Footloose and Pollution Free［J］. Review of Economics and Statistics, 2005（1）.

［55］Grossman G. M., Krueger A. B. Economic Growth and the Environment［J］. Review of Economic Studies, 1994（2）.

［56］Gruenspecht H. K. Export Subsidies for Differentiated Products［J］. Journal of International Economics, 1988（3-4）.

［57］Jie He. Pollution Haven Hypothesis and Environmental Impacts of Foreign Direct Investment: The Case of Industrial Emission of Sulfur Dioxide（SO_2）in Chinese Provinces［J］. Ecological Economies, 2006（1）.

［58］James A. Brander, Barbara J. Spencer. Export Subsidies and International

Market Share Rivalry [J]. Journal of International Economics, 1985 (18).

[59] Krishna. Trade Restrictions as Facilitating Practices [J]. Journal of International Economics, 1989 (3-4).

[60] Krugman P. Increasing Returns, Monopolistic Competition and International Trade [J]. Journal of International Economics, 1979 (4).

[61] Low R., A. Yeats. Do Dirty Industries Migrate? In International Trade and the Environment [J]. Journal of International Economics, 1992 (4).

[62] N. Shafik. Economic Development and Environmental Quality: An Econometric Analysis [J]. Oxford Economic Papers, 1994.

[63] Park Jee Hyeong. Strategic R&D Policy under Vertically Differentiated Oligopoly [J]. Canadian Journal of Economics, 2001 (4).

[64] Raspiller and Riedinger. Do Environmental Regulations Influence the Location Behavior of French Firms? [J]. Land Economics, 2008 (3).

[65] Merican Y. Foreign Direct Investment and the Pollution in Five ASEAN Nations [J]. Journal of Economics and Management, 2007 (2).

[66] Allan G., N. Hanley, P. McGregor, K. Swales, K. Turner. The Impact of Increased Efficiency in the Industrial Use of Energy: A Computable General Equilibrium Analysis for the United Kingdom [J]. Energy Economics, 2007 (27).

[67] Copeland and Taylor. Trade, Growth and the Environment [J]. Journal of Economic Literature, 2004, 42 (1).

[68] Dellinkr W. W. AGE Analysis of the Impact of a Carbon Energy Tax on the Irish Economy [J]. Ecological Economics, 2007, 61 (4).

[69] Dufournaud M. C., Harrington J. and Rogers P. Leontief's "Environmental Repercussions and the Economic Structure..." Revisited: A General Equilibrium Formulation' [J]. Geographical Analysis, 1998, 20 (4).

[70] Galinis A., Van Leeuwen M. J. A CGE Model for Lithuania: The Future of Nuclear Energy [J]. Journal of Policy Modeling, 2000 (6).

[71] Grossman G. M., A. B. Krueger. Environmental Impacts of a North American Free Trade Agreement [R]. National Bureau of Economic Research Working Paper, 1991.

［72］Jian Xie and Sidney Saltzman. Environmental Policy Analysis：An Environmental Computable General—Equilibrium Approach for Developing Countries ［J］. Journal of Policy Modeling，2000，22（4）.

［73］Jorgenson D. W.，P. J. Wilcoxen. Intertemporal General Equilibrium Modeling of U. S. Environmental Regulation ［J］. Journal of Policy Modeling，1999，12（4）.

［74］King，Stephen，Dean Schreiner. A Small Region Forestland Resource SAM Using IMPLAN ［C］. 2000 National IMPLAN User's Conference，Colorado State University，Fort Collins，Colorado，2000.

［75］McKibbin W. J.，P. J. Wilcoxen. The Theoretical and Empirical Structure of the G-Cubed Model ［J］. Economic Modeling，1998（1）.

［76］Naqvi F. A computable General Equilibrium Model of Energy，Economy and Equity Interactions in Pakistan ［J］. Energy Economics，1998（20）.

［77］Panayotou T. Empirical Tests and Policy of Environmental Degradation at Different Stages of Economic Development ［G］//Geneva. International Labor Office ［J］. Technology and Employment Programme，1993.

［78］Xie J. Environmental Policy Analysis ［M］. Aldershot：Ashgate Publishing Company，1996.